想要眾星拱月，但你根本發不出光芒！
想要成為鴻鵠一展長才，可是你連飛都飛……
別擔心！成功名人案例就在這裡！
邊他們穢土轉生一階一階帶你扶搖直上九萬里！

弱者即地獄

鴻鵠之志 × 遠見卓識 × 應變能力

強者即真理

複製贏家心態，不怕被淘汰！

目錄

第五章　能伸亦能屈，可進也可退

第六章　屢敗仍屢戰 - 輕易不低頭

第七章　終身勤學習，提升我自己

第八章　品行求高潔 - 終身有保證

第九章　時間不等人，善用必有成

第十章　心態定命運，積極加樂觀

第十一章　不顯山露水，惜銳利鋒芒

第十二章　能戰勝自己，做人生強者

前言

　　大鵬一日同風起，扶搖直上九萬里。強者之強，始於志氣。清末重臣李鴻章在 23 歲時曾作言志詩：「丈夫隻手把吳鉤，意氣高於萬丈樓；一萬年來誰著史，三千里外覓封侯。」而和他同一個時代的重臣左宗棠，在 24 歲時作有一副言志對聯：「身無半畝，心憂天下；讀破萬卷，神交古人。」李鴻章立志做大官（覓封侯），終平步青雲、爵位顯赫；左宗棠立志做大事（憂天下），終平叛定亂、戰功顯赫。不同境界的志向，造就了不同的人生。有心成為強者的人，志當存高遠，宜立做大事之志而莫立做大官之志。

　　立下鴻鵠之志，當為志向而努力。那些走一步算一步的棋手，休想在棋盤上稱霸。在人生的棋盤上，強者莫不是個個善於布局謀勢，走一步看數步，謀定而後動。他們有計畫，卻不死板；行事如水，隨器而成形，卻不改水之本色。

　　處處都恃強好勝的人，絕不是什麼強者。強者能屈能伸，可進可退。若是合理，坐得天下；若是不合，分文不取。他們有時候會委屈自己，但他們的「屈」絕非逆來順受，而是一種識時務的智慧、顧大局的氣概。

　　強者是最珍惜時間的人。有一位外國牧師的墓碑上寫著這樣一句話：「假如時光倒流，世上將會出現一半偉人。」這個牧師經常為臨死的人做禱告，他大概聽了太多臨終者對於往昔的追悔，因此有了這個感悟。

　　小勝靠謀，大勝靠德。品行是強者之所以「強」的基石。一個品行不端的人，越「強」越易行大惡，遭大災。這一點，古今中外的無數惡人的下場已經提供了有力的證明。

　　老子在《道德經》中有云：「知人者智，自知者明；勝人者有力，自勝者強。」意思是：了解別人是智慧，了解自己是聖明；戰勝別人是有力量，戰勝自己才是強大。一個能夠戰勝自我的人，沒有什麼是不能戰

勝的。只有「自勝者」，才是真正的強者。強者所面臨的最大敵人不是命運，不是他人，而是自己。在成為強者的路上，倒下了不少聰明絕頂的人、能力超群的人，他們最後沒有成為強者，只源於他們不能戰勝自己內心的欲念。

而戰勝了自己的人，我們不論他成就幾何，都是當之無愧的人生強者！

編者

第一章
懷鴻鵠之志，顯英雄本色

志當存高遠。—— 諸葛亮

志不強者智不達。—— 墨翟

燕雀戲藩柴，安識鴻鵠遊。—— 曹植

窮且益堅，不墜青雲之志。—— 王勃

大鵬一日同風起，扶搖直上九萬里。—— 李白

三軍可奪帥，匹夫不可奪志。—— 孔子

老驥伏櫪，志在城，烈士暮年，壯心不已。—— 曹操

青年應立志做大事，不可立志做大官。—— 孫中山

「燕雀安知鴻鵠之志哉！」當陳勝喟嘆穿越 2,000 多年的歷史時空，依然那樣擲地有聲。我們似乎仍能看到他臉上的堅毅，仍能感受到他內心的躁動。這個與人傭耕的貧苦農民，後來同吳廣在大澤鄉斬木為兵、揭竿為旗，掀起了一場「伐無道、誅暴秦」的大起義，可謂驚天動地。

「王侯將相，寧有種乎？」陳勝用他的行動證明了自己的誓言。雖然他的起義最終被鎮壓，因他而起的星星之火很快就將暴秦燒為灰燼。而陳勝，也因轟轟烈烈的一生而名垂青史。

大鵬一日同風起，扶搖直上九萬里。不管棲身何處，人皆應有鴻鵠之志。有志者，事竟成，破釜沉舟，百二秦關終屬楚 —— 項羽胸懷大志終滅秦。丈夫隻手把吳鉤，意氣高於萬丈樓；一萬年來誰著史，三千里外覓封侯 —— 這是清末重臣李鴻章在 23 歲時寫下的言志詩，將其封侯的志向盡顯無餘。相比李鴻章「封侯」之志，同一時代的重臣左宗棠在 24 歲時所作的言志對聯「身無半畝，心憂天下；讀破萬卷，神交古人」，顯然在境界上要高出一截。一個立志做大官 ——「覓封侯」，一個立志做大事 ——「憂天下」，不同境界的志向，也就造就了他們人生境界的高低。覓封侯者終平步青雲、爵位顯赫，憂天下者果平叛定亂、戰功顯赫。

人人都希望成為強者

「志向」與「理想」是一個老生常談的話題。或許是因為從小討論太多，或許是因為理想與實際之間的困難太大，長大後我們對這個話題似乎沒有多大的興趣。

因此，在現實生活中，隨處都可以看到這樣一些人，他們只是毫無目標地隨波逐流，既沒有固定的方向，也不知道停靠在何方，他們在渾渾噩噩中虛度了寶貴的光陰，荒廢了青春的歲月。他們在做任何事時都不知道其意義的所在，他們只是被挾裹在擁擠的人流中被動前進。這些人連他自己也不知道到底要去做什麼，只是漫無目的地等待機會，希望以此來改變生活。

然而，自己都不知道往哪裡去，又如何能找到該去的地方？

西晉文學家左思，幼時智商愚鈍，口齒不清，沒有一絲才氣。少年時讀子張衡的《兩京賦》，受到了很大的震撼，決心將來撰寫一篇與之齊名的《三都賦》。大文學家陸機聽了不禁撫掌而笑。認為像左思這樣的粗俗之人，居然想作與《兩京賦》齊名的鴻篇巨著，簡直是笑話。即使費力寫成，肯定只配用來蓋酒罈子而已。面對這樣的羞辱，左思矢志不移。他聽說著作郎張載曾遊歷岷、邛（今四川），就多次登門求教，以便熟悉當地的山川、物產、風俗，並廣泛查詢了解，大量蒐集資料，然後專心致志，奮力寫作。在他的房間裡，籬笆旁，廁所裡到處放著紙筆，只要想起好的詞句，就隨手記錄下來，並反覆修改。左思整整花費了十年心血，終於完成了《三都賦》。《三都賦》流傳到京城洛陽，居然使京城的紙猛然貴了好幾倍──這就是「洛陽紙貴」的典故。陸機閱後，都佩服得五體投地，甘拜下風。

明代旅行家徐霞客，幼年便勤奮好學，博覽圖經地誌。由於明末政治黑暗，他不去做官，立志當一個旅行家。從22歲開始出遊，前後經過32年，徐霞客的足跡北至燕晉，南達雲貴和兩廣，名山大川幾乎沒有不到過的。在遊歷之時，他嘗盡了千辛萬苦。星月寒星之下，他露宿過；嚴寒酷暑，他都未間斷過；忍飢挨餓的境況，他常碰到。他常常拿著一根幾尺長的棍子，去登山，去探尋險境。城牆邊，枯樹下，點燃篝火，藉著火光就寫他的遊記。終於經過數十年的努力，他以驚人的毅力，寫出了千古奇書《徐霞客遊記》。

亞歷山大‧米哈伊洛維‧布特列洛夫（Alexander Mikhaylovich Butlerov）（俄國著名化學家，西元 1928～1986 年），少年時代在學校讀書時就對化學特別喜好，經常私自在宿舍裡動手做實驗。有一次，在實驗的過程中發生爆炸，嚴屬的舍監把他關進了禁閉室，還在他胸前掛了一塊牌子，上面寫著：「偉大的化學家」。譏諷和懲罰反而堅定了布特列洛夫從事化學研究的偉大志向。經過不斷的探索和努力，他終於在33歲的時候，提出了有機化合物的結構問題的創見，被人們譽為「偉大的化學

家」。他終於可以驕傲地說：「這個稱號在 20 年前是對我的懲罰，現在卻實現了。」

　　人人都希望自己能成為強者，但成為強者的基本前提是要有一顆強者的雄心與決心。心有多大，事業才有多大。一份能夠稱之為「事業」的事，絕非糊裡糊塗就能成就的。

謀萬世功方有百代名

　　強者之所以能名垂青史，是因為他們考慮問題時能站在一定的高度，所做的事情能澤被萬代，能夠經得起歷史的檢驗。

　　古代春秋時期的著名教育家孔子，從小就建立了遠大的志向。他長大以後，曾經做過管理倉庫的「委吏」和管理牧場牲畜的「乘田」，這在當時都是很卑微的職位，但是他仍舊做得很有成績，受到魯國權臣季氏的賞識，從此踏入士大夫階層。

　　當時，周天子的地位已經衰微，諸侯之間一心想著征伐對方，天下「禮壞樂崩」。孔子看到這一切，決定用自己的思想和力量去改變這個世道，建設一個天下統一、充滿仁愛的，用「仁」、「禮」法維持的有序的社會。在他五十歲的時候，當上了魯國的中都宰，這使他有機會實施自己的救世主張。他任中都宰（相當於現在的市長）僅僅一年，就把中都治理得井井有條，四方的官吏都爭相去向他學習。魯國的國君了解到孔子的政績，升他為大司寇（相當於現在的外交部長）並代行國相（相當於行政院長）的職務，參與治理國政。在孔子參與治理國政僅三個月，魯國就發生了很大的變化，商人們不再哄抬物價，全國百姓恪守禮法，社會秩序安定。在此期間，孔子還為魯國做了兩件大事：一是他在齊、魯兩國國君會盟的時候，運用自己智慧和口才使強大的齊國歸還了侵占魯國的領土；二是他下令拆毀了魯國三大權臣之中的季氏和叔孫氏的城池，使魯國國君的地位得到了強化。雖然孔子參與國政的時間很短，但是他「為政以德」的思想得到了廣泛的運用，而且成效顯著。

　　這時，齊國看到魯國發展得越來越好，害怕魯國的壯大對自己不利，就向魯國國君進獻了大量的美女和歌妓。魯王被美女和歌妓所迷惑，從此無心朝政。孔子看到這些，覺得自己的理想在魯國是無法實現了，於是就帶著自己的學生，打算到其他諸侯國宣傳自己的救世主張，希求繼續得到其他諸侯的信任。

　　當時，各諸侯國幾乎都是由權臣或大氏族執政，他們怕國君任用孔子搶了自己的威風，因而都極力排斥他。有的人又怕別的諸侯國任用孔子，對自己國家不利，於是也加害他。孔子到了衛國，就有人帶著手持利刃的官兵來威脅和恐嚇他；孔子到宋國講學，宋國權臣派人來暗殺他；孔子到了楚國，得到楚昭王的賞識，賜給他封地 700 里，卻遭到令尹子西的反對。孔子還幾次受到圍攻，差點送了性命。雖然他冒著生命危險在各國之間奔波，受盡了磨難，但是他始終執著地堅持著自己的理想，一刻也沒有改變過。有一次，孔子在陳國、蔡國之間遭到了兩國大夫的圍攻，他已經幾天都沒有吃東西了，一點力氣都沒有了，他的學生也因為疾病和飢餓都相繼倒下了。孔子面對圍攻依然彈瑟吟唱，沒有一點沮喪洩氣的樣子。學生們看到老師身處逆境卻仍舊樂觀自若都非常佩服他，他們說：我們的老師理想高尚而遠大，不為世人所理解，但是我們的老師仍然盡力去推行自己的理想，這是君子所為啊！

　　有些逃避亂世而隱居山林的人，自以為是看透了世間冷暖，就嘲笑孔子和他的救世思想，說他是在做無謂的努力，因為他的思想根本無法實現，他只能到處碰壁。還勸孔子的學生不要跟著孔子做傻事，不如也隨他們歸隱山林，等到太平盛事再出來。孔子對此不屑一顧，對學生們說：「我們是不能與山林中的鳥獸為伍的。但是如果天下太平了，我就不會與你們一起去改變這個世道了。」

　　孔子在各國奔波，常常寄人籬下，連個落腳的地方都沒有，處境十分艱難。他到了齊國後，齊景公打算賜給他田宅，可是孔子卻拒絕接受。他對學生們說：「我的主張齊景公並不接受，但他卻賞給我田宅，他真是太不了解我了。」孔子把為政以德視為最高理想追求，不為榮華富貴所動

搖，離開齊國後他又回到了自己的家鄉魯國。孔子自從離開魯國後，14
年沒有回過故鄉，自己的主張得不到諸侯的贊同，他就回到魯國專門從事
教育事業。他打破原有的貴族子弟才能讀書的傳統，提倡「有教無類」，
在平民中招收學生，培養了許多有才華、有道德的學生。其中一些人被各
諸侯所用，他們貫徹老師的思想，為挽救衰世而不斷奮鬥。在孔子死後，
到了漢朝的時候，儒士董仲舒把孔子的思想加以改進使它更適合時代的需
要，得到漢朝皇帝的認可，孔子的思想因此得到了弘揚光大。

　　魏晉時名士嵇康說：沒有志向的人如同禽獸。

　　明清學者唐翼修說：「一個人立身處世，當頂天立地，萬物備於我。
范仲淹還是秀才時便立志以天下為己任，這是有宰相的氣象。設心行事，
能利人利物，就是聖賢，就是豪杰。小志向豈能成大事？」人的志向小，
眼光就短淺；眼光短淺，見識就不長遠；見識不長遠，氣象就不輝煌。

　　這是說一個人的志願應高遠，志氣應恢宏，志向應堅定，做人做事具
備這四個條件的人，很少不能超凡出眾。

讓目標引領人生航向

　　「人生志向」與「人生目標」說的基本是一回事，都是對前途的一種
憧憬，只不過「志向」略微抽象一些 —— 如前面提及的李鴻章之「覓封
侯」與左宗棠之「憂天下」，而「目標」則要求具體一些 —— 如前面提
及的左思決心寫《三都賦》。

　　「少數人渡過河流，多數人站在河流的這一邊；他們站在河岸邊，跑
上又跑下。」偉大的佛陀，以它超然的大智大慧俯視芸芸眾生，傳達出這
個超越時空的喻示。

　　人們在生活中行色匆匆，卻又不知道要去哪裡。於是，在「河岸邊」
跑上跑下，又忙又累，終於碌碌無為，沒有到達彼岸。

　　—— 這就是弱者人生。

　　每個人看起來總是忙碌不堪，但是當被問到為何而忙時，大多數人除

了一問三搖頭之外，唯一可能的回答就是：「瞎忙！」

法國科學家約翰‧法伯（Johan Farber）曾做過一個著名的「毛毛蟲實驗」。這種毛毛蟲有一種「跟隨者」的習性，總是盲目地跟著前面的毛毛蟲走。法伯把若干個毛毛蟲放在一隻花盆的邊緣上，首尾相接，圍成一圈；在花盆周圍不到六英吋的地方，撒了一些毛毛蟲喜歡吃的松針。毛毛蟲開始一個跟一個，繞著花盆，一圈又一圈地走。一個小時過去了，一天過去了，毛毛蟲們還在不停地、堅韌地團團轉。一連走了 7 天 7 夜，終因飢餓和筋疲力盡而死去。這其中，只要任何一隻毛毛蟲稍稍與眾不同，便立刻會過上更好的生活（吃松葉）。

人又何嘗不是如此，隨大流，繞圈子，瞎忙空耗，終其一生。一幕幕「悲劇」的根源，皆因缺乏自己的人生目標。

古希臘波得斯說：「須有人生的目標，否則精力全屬浪費。」

古羅馬小塞涅卡（Seneca the Younger）說：「有些人活著沒有任何目標，他們在世間行走，就像河中的一棵小草，他們不是行走，而是隨波逐流。」

人生就好像是攜帶著一張地圖，地圖顯示天大地大，但你的身心只有一副，你若處處都想去，你就哪裡都去不了，只能原地踏步。你的時間有限，只有短短的數十年，因此，你要在早年便訂好明確清楚的目標，在地圖上標出一個地點，那就是你想去的地方。

有一位困惑的年輕人曾向成功學大師拿破崙‧希爾（Napoleon Hill）求教。年輕人對於目前的工作甚不滿意，希望能擁有更適合於他的事業，他極想知道如何做才能改善他目前的情況。

「你想往何處去呢？」希爾這樣問他。

「關於這一點，說實在的，我並不清楚，」年輕人猶豫了一下子，繼續回答道，「我根本沒有思考過這件事，只是想著要到不同的地方去。」

「你做過最好的一件事情是什麼呢？」希爾接著問他，「你擅長什麼？」

「不知道，」年輕人回答，「這兩件事，我也從來沒有思索過。」

「假定現在你必須要自己做選擇或決定，你想要做些什麼呢？你最想追求的目標是什麼呢？」希爾追問道。

「我真的說不出來，」年輕人相當茫然地回答，「我真的不知道自己想做些什麼。這些事情我從未思索過，雖然我也曾覺得應該好好思考這些事才對……」

「現在我可以這樣告訴你，」希爾這麼說著，「現在你想從目前所處的環境中轉換到另一個地方去，但是卻不知該往何處，這是因為你根本不知道自己能做什麼、想做什麼。其實，你在轉換工作之前應該把這些事情好好做個整理。」

由於絕大多數的人對於自己未來的目標及希望只有模糊不清的印象，因而通常不懂選擇。試想，一個不知道自己要去哪裡的人，又如何指揮腳的方向？

一個沒有目標的人生，就是無的放矢，缺少方向，就像輪船沒有了舵手，旅行時沒有了指南針，會令我們無所適從。

人的生活就像一條航道，船就像是一個人，人沿著這條航道不斷向前。應該知道自己要去哪裡，每一次選擇都可以衡量自己是否適當，因為目的地是自己的目標。當選擇有利於接近自己目的地的話，就算只移近了一分一寸，那也是有意義的，否則，就是偏離了方向。最怕的是倒退，不但沒有靠近目的地反而遠離了目的地，這樣的話，我們就應該反省自己錯誤的選擇。

你現在可以做些什麼呢？如果目前你還在讀書階段。那麼，你現在就要把書讀好，增加知識，提高學歷，並且多留意和自己興趣有關的事，保持對這個目標的興趣，畢業之後就報考這個專業，而且最好是考名校，這對你將來實現目標之路頗有幫助。

另外，學習除了要有頭腦，還要有強健的體格，在求學階段還應練出強健的身手，對邁向自己的目標甚有意義，如能精通武術，那就更佳。

事業目標訂得清楚了，做起事來就有方向可尋，雖然離目標尚遠，但在此時此地，便已經有事可做，就不會糊糊塗塗地過日子。

制定目標的一個最大好處是有助於人們妥善安排日常工作中的輕重緩急。沒有目標，人們很容易陷進與理想無關的日常事務當中。一個常常忘記最重要事情的人，會成為瑣事的奴隸。有人曾經說過，「智慧就是懂得該忽視什麼東西的藝術」，道理就在於此。許多年前，某報作過 300 條鯨魚突然死亡的報導。這些鯨魚在追逐沙丁魚時，不知不覺地被困在了一個海灣裡。弗雷德里克‧布朗（Fredric Brown）這樣說：「這些小魚把海中巨人引向死亡，鯨魚為追逐小利而死。為了微不足道的目標而空耗了自己的巨大力量。」

沒有目標的人，就像那些鯨魚，牠們有巨大的力量與潛能，但總是把精力放在小事情上，小事情使牠們忘記了自己本應做什麼。說得清楚一點，要發揮潛力，就必須全神貫注於利用自己的優勢去完成有高回報的目標。目標能幫助你集中精力。另外，當你不停地在已有優勢的方面做出努力時，這些優勢會進一步發展，最終達到目標。

雖然目標是有待將來實現的，但目標能使我們掌握住現在。為什麼呢？因為目標要求我們把大的任務看成是由一連串小任務和小步驟組成的，要實現任何理想，首先要這些小的目標。所以，如果你能集中精力於當前手上的工作，心中明白自己現在所作的種種努力都是為實現將來的目標鋪路，那麼你在成功的道路上就不會走彎路。

看清楚你的人生目標

你也許沒有像愛迪生（Thomas Edison）的發明才華，但天生我才必有用，看看自己喜歡做些什麼，然後就為這個目標努力，從事相關的行業，學習相關的東西，或在行內浸淫，加上運用創意以及各種條件配合，無論如何都會有些成果。

你在訂立事業目標的時候，不妨閉上眼睛，按照自己的慾望，想一下

十年以後自己到底想變成什麼模樣，是企業家？是發明家？是某些行業的翹楚？你當然不能憑空去想，你要有一些條件在手，足以令你產生一些想像力，而這股想像力是順著你的慾望產生的。

當然，一味按照自己的慾望來制定目標是不理性的，最好是能將慾望與個人的長處嫁接起來。很多強者的成功，首先得益於他們充分了解自己的長處，根據自己的特長來進行定位。如果不充分了解自己的長處，只憑自己一時的興趣和想法，那麼定位就很可能不準確，並帶來很大的盲目性。歌德（Johann Wolfgang von Goethe）一度沒能充分了解自己的長處，建立了當畫家的錯誤志向，害得他浪費了十多年的光陰，為此他非常後悔。美國女影星荷莉‧杭特（Holly Hunter）一度竭力避免被定位為矮小精悍的女人，結果走了一段彎路。幸虧經紀人的引導，她重新根據自己身材嬌小、個性鮮明、演技極富彈性的特點進行了正確的定位，出演了《鋼琴課》等影片，一舉奪得坎城電影節的「金棕櫚」獎和奧斯卡大獎。

類似的例子實在是太多了。

愛迪生兒時在校學習時，老師認為他是一個愚笨的孩子，經常責怪他。而愛迪生的母親卻發現了自己兒子愛探索的天賦，用心培養他，後來他終於成了發明大王。

達爾文（Charles Darwin）學數學、醫學呆頭呆腦，一摸到動植物卻靈光煥發……

艾薩克‧艾西莫夫（Isaac Asimov）是一個世界聞名的科普作家，同時也是一個自然科學家。一天上午，他坐在打字機前打字的時候，突然意識到：「我不能成為一個第一流的科學家，卻能夠成為一個第一流的科普作家。」於是，他幾乎把自己的全部精力放在科普創作上，終於成了當代世界最著名的科普作家。

威廉‧倫琴（Wilhelm Röntgen）原來學的是工程科學，他在老師奧古斯特‧昆特（August Kundt）的影響下，做了一些物理實驗，並逐漸體會到，這就是最適合自己的職業。後來他果然成了一個有成就的物理學家。

　　一些遺傳學家經過研究認為：人的正常智力由一對基因所決定。另外還有五對次要的修飾基因，它們決定著人的特殊天賦，有著降低或提高智力的作用。一般說來，人的這五對次要基因總有一兩對是「好」的。也就是說，人總有可能在某些特定的方面具有良好的天賦與素養。

　　所以，每一個人都應該努力根據自己的特長來設計自己，量力而行。除此之外，還應根據自己的興趣、環境、條件，全面考量謀求最大優勢以確定目標。不要埋怨環境與條件，應努力尋找有利條件；不能坐等機會，要自己創造條件，拿出成果來，獲得社會的承認。強者不僅要善於觀察世界，觀察事物，也要善於觀察自己，了解自己。

設定目標時適度伸展

　　你或許會感到不解，到底麥可・喬丹（Michael Jordan）努力不懈的動力來源於何處？那是發生在他高中一年級時某次籃球場上的挫敗，激起他決心不斷地向更高的目標挑戰。就在這個目標的推動下，飛人喬丹一步步成為全州、全美國大學，乃至 NBA 職業籃球歷史上最偉大的球員之一，他的事蹟改寫了籃球比賽的紀錄。

　　當你問起 NBA 職業籃球高手「飛人」麥可・喬丹，是什麼因素造就他不同於其他職業籃球運動員的表現，而能多次贏得個人或球隊的勝利？是天分嗎？是球技嗎？抑或是策略？他會告訴你說：「NBA 裡有不少有天分的球員，我也可以算是其中之一，但造成我跟其他球員截然不同的原因是，你絕不可能在 NBA 裡再找到像我這麼拚命的人。我只要第一，不要第二。」

　　有限的目標會造成有限的人生，所以在設定目標時，要適度伸展自己。一個唾手可及的目標，既不能激起你昂揚的鬥志，也不能激起你身上的潛能。你需要一個有些難度的目標。

　　在給自己制定目標時，不要輕易給自己設限。

在「跳蚤訓練」試驗中，科學家把牠們放在廣口瓶中，用透明蓋子蓋上。跳蚤會跳起來，撞到蓋子，而且是一再地撞到蓋子。當你觀察牠們跳起來並撞到蓋子時，你會注意到一些有趣的事情：跳蚤會繼續跳，但是不再跳到足以撞到蓋子的高度。然後你拿掉蓋子，雖然跳蚤繼續在跳，但不會跳出廣口瓶外。理由很簡單，牠們在調節自己所跳的高度，一旦確定，便不再改變。

人也一樣，不少人準備寫一本書、爬一座山、打破一項紀錄或做出一項貢獻。開始時，他的夢想毫無限制，但是在生活的道路上，並非一切都能隨心所欲，他會多次碰壁。這時候，他的朋友與同事可能會消極地批評他，結果他就容易受到消極的影響，認為自己的目標「超越了自己的能力」。「容易受消極的影響」只會給自己找到失敗的藉口而不是成功的方法。

突破「跳蚤訓練」的另一個最顯著的例子就是羅傑‧班尼斯特（Roger Bannister）。多少年來，新聞媒體不斷長篇大論地推測 4 分鐘跑完 1 英里的可能性，而一般人的意見則認為 4 分鐘跑完 1 英里是超出人類的體能的。結果很多的運動員受到「消極影響」而無法跑出 4 分鐘 1 英里的成績。

羅傑‧班尼斯特不想受「消極影響」，他是一位成功突破「跳蚤訓練」原理的聰明人。所以，他成為首位用 4 分鐘跑完了 1 英里，然後，澳大利亞的約翰‧蘭迪在班尼斯特突破障礙後不到 6 週，也跑出了 4 分鐘 1 英里的成績。緊接著，又有 50 位以上的選手在 4 分鐘之內跑完了 1 英里，其中還包括一位 37 歲的「老」運動員。西元 1973 年 6 月在路易斯安娜州的巴頓羅格（Baton Rouge）地區舉行的全美田徑賽中，有 8 位運動員同時在 4 分鐘之內跑完了 1 英里。一切似乎不可思議，但細想卻在情理之中。4 分鐘跑 1 英里的障礙突破了，但那不完全是因為人類的體能發生了變化。障礙本身主要是心理上的障礙，而不僅是身體的限制。

因此，在設定自己的目標時，不要被一些所謂的「不可能」矇住了眼睛。在飛機發明之前，幾乎所有的人都認為一個鐵定家是不可能在天上飛

的。但萊特兄弟不這麼認為。他們為自己設立了一個別人看起來不可能實現的目標，並為這個目標付出了大量的心血。於是，他們的名字被寫在航空史上。

強者登場：比爾‧柯林頓

　　西元 1946 年 8 月，一個名叫比爾‧柯林頓（Bill Clinton）的孩子出生在美國阿肯色州南部一個叫做霍普的小鎮。父親在他出生前 3 個月就因車禍身亡。母親因無力養家而把出生不久的兒子託付給自己的父母撫養。小柯林頓既未見過父 平等，在巴迪舅舅那裡學到了做人的道理。

　　柯林頓 4 歲時，母親與第二個丈夫羅傑‧柯林頓結婚，比爾‧柯林頓 7 歲時正式改隨繼父姓柯林頓。坎坷的童年生活培養了柯林頓適應環境的能力和討人喜歡的性格。小學和中學時的柯林頓都是一名很有天分的優秀學生。他不僅刻苦學習，而且積極參加學校的各種活動。西元 1963 年夏天，他獲得了決定他一生的絕佳機會。他在中學生模擬政府的競選中被選為「參議員」。這使他有幸作為阿肯色州的代表參觀了白宮（White House）和國會山莊（Capitol Hill），受到約翰‧F‧甘迺迪（John F. Kennedy）總統的接見並和總統一起照了相。這次機遇使柯林頓放棄了當音樂家並產生了投身政治的念頭，將來也像甘迺迪一樣當總統的強烈慾望和長遠志向。這種慾望激勵著他報考了喬治城大學（Georgetown University）學習國際政治。他之所以做出這樣的選擇，是因為這所大學離國會山很近，他可以有更多機會了解美國的政治中樞 —— 白宮和國會。大學時代起柯林頓就開始有意識地接觸和了解政治。

　　大學畢業後，柯林頓獲得了羅德獎學金（Rhodes Scholarships），赴英國牛津大學深造，為實現自己的宏偉志向做準備。兩年後，柯林頓返回美國。為了獲得將來躋身美國政壇所需的學位，他又入耶魯大學法學院攻讀法律。在那裡與同班的女高材生希拉蕊‧羅登（Hillary Rodham）相識並相愛。西元 1973 年，柯林頓和希拉蕊雙雙從耶魯大學法學院畢業並都獲得了法學博士學位。畢業後，他謝絕了導師的推薦，自願到阿肯色州大學擔任法學教授。

　　法學教授一職不過是柯林頓的權宜之計，他的真正意圖是競選公職。西元 1974 年，年僅 27 歲的他便初試身手，競選聯邦眾議員，但終因資歷

太淺而敗北。然而，柯林頓在這次競選中的表現，卻使他的知名度大大提升，也為他今後的發展奠定了基礎。

西元 1976 年，步入而立之年的柯林頓成功當選為州司法部長。這一年，柯林頓被報紙評為「本州上升最快的政治明星之一」。兩年之後，柯林頓首次參加州長競選，獲得成功，成為美國當時最年輕的州長。然而，在 1980 年連任州長的競選中，他失敗了。失敗使柯林頓變得更加老練、成熟。他用兩年的時間拉近與選民的距離，注意聽取選民意見，為選民辦事，贏得選民的信任。終於在兩年後又捲土重來，奪回了州長交椅。隨後，柯林頓又連任了四屆州長，使阿肯色州這個偏僻小州經濟上保持了高成長，社會穩定，迅速躋身於美國先進州行列。

柯林頓在阿肯色州取得的成功經驗，提升了他要當總統的信心。他開始耐心等待競選總統的時機，並加緊競選的準備。1991 年 10 月 3 日，柯林頓在州長官邸鄭重宣布他決定參加競選。他表示要成為一名跨世紀的總統，不僅要成為美國「西元 1900 年代的最後一位總統」，還要成為「2000 年代初的第一位總統」。他提出了「振興美國」的競選口號，把矛頭直接指向喬治・赫伯特・華克・布希（George H. W. Bush）當政 4 年的經濟蕭條狀態。柯林頓的演講簡明生動，能抓住要害，抓住聽眾的心。他可以不假思索地回答各種人提出的問題，並將問題向有利於自己的方向轉化。柯林頓還根據人心思變的心理，提出了「變革」的口號，擬定了一整套變革政治、經濟、思想、策略的新方法，鼓舞了人心，他的支持度直線上升。

1992 年 11 月 3 日，大選揭曉，柯林頓獲勝。1993 年 1 月 20 日，美國第 42 任總統，47 歲的柯林頓站在國會山前正式宣誓就職。此時此刻，柯林頓並沒有為到手的勝利而沾沾自喜，他又開始計劃實現其「跨世紀美國總統」的藍圖。

在 1996 年 11 月 5 日的美國大選中，他又擊敗了共和黨對手鮑勃・杜爾（Bob Dole），蟬聯下屆總統。這樣，衛冕成功的柯林頓就成為 50 年來美國第一位競選連任獲勝的民主黨總統，也真的成為美國自西元 1776 年獨立以來第三位在任上跨越世紀的總統。

第二章
有遠見卓識，善布局謀勢

君子務知大者遠者，小人務知小者近者。──《左傳》

以近知遠，以一知萬，以微知明。── 荀子

德不優者，不能懷遠；才不大者，不能博見。── 王充

不畏浮雲遮望眼，自緣身在最高層。── 王安石

明者遠見於未萌而智者避免於無形。── 司馬遷

舉凡強者，話說出口絕不反悔，事情一動手便無更改，這都是由於他經過了深思熟慮的緣故。然而，這並非愚笨的固執。《孫子兵法》中說，為將為官的，有一個重要的必備條件，那就是敏銳的洞察力和卓越的預測能力。在行軍打仗之前，要從利與害的兩個方面，進行周密的、客觀的全盤考慮。既考慮了事情的順利和獲勝的一面，因而勝利了也不驕傲；也考慮了可能出現的意外或不利因素，以及損失的代價，一旦處於敗境也不會驚慌失措，六神無主。這就是深思熟慮，這就叫做有先見之明，並非愚笨的固執。不單是行軍打仗，人生中的各種事情，言行舉止都要深思熟慮，三思而後行。

　　《仁道》（作者：長樂老，五代時期人）中有云：「有為之人，必深謀之，遠慮之，此所謂遠猷。遠猷者，思遠而謀深之謂也。」這段話的意思是：有作為的人，一定會精心謀劃，長遠考慮，這就是遠猷。遠猷，就是說高瞻遠矚、謀劃之深。

　　魯肅（西元 172 ～ 217 年），字子敬，臨淮東城（今安徽定遠東南）人，三國時期吳國著名軍事家、策略家、政治家和外交家。他不但治軍有方，聞名遐邇，而且慮深思遠，見解超人。吳貫中所作的《三國演義》將其塑造成一個忠厚老實之人，忽略了他的才能，這是小說藝術的需要，與史實並不相符。

　　魯肅出生時其父就去世了，和祖母共同生活。魯肅家中異常富有，但由於祖輩無人出仕為官，魯肅的家庭雖然資財豐足，但並不屬於士族階層，只是那種在地方上有些勢力的豪族。據考，魯肅體魁貌奇，少時就胸有壯志，心思縝密，且愛擊劍騎射。魯肅性格樂善好施。由於家道殷富，他常招聚少年，一起講兵習武。晴天，偕眾往南山（今江蘇盱眙諸山的古稱）射獵；陰雨，則聚眾講習兵法，以此練習武藝。

　　東漢末年，魯肅眼看天下將大亂，忙賣掉田地、散盡家財，以周濟困窮，結交英雄。為此，魯肅深受鄉民擁戴。

　　周瑜在任居巢縣長時，為募集軍糧的事找到魯肅。當時，魯肅家裡有

兩個圓形大糧倉，每倉裝三千斛米。周瑜剛說出借糧之意，魯肅毫不猶豫，立即手指其中一倉，贈給了他。經此一事，周瑜確信魯肅是個仗義輕財的人物，主動與他相交。

群雄相互爭奪的烽火燒到了魯肅的家鄉。魯肅為了避亂，舉家遷居東城。當時的東城是袁術的轄地。袁術聞其名，請他出任東城長。但魯肅發現袁術部下法度廢弛，不足以成大事，率百餘人南遷到居巢投奔周瑜。

周瑜後來投奔孫策，在孫策英年早逝後，極力向繼承孫策權力的孫權（孫權為孫策之胞弟）舉薦魯肅。孫權接見魯肅，賓主之間大歡。從此，魯肅在孫權手下如魚得水，官至都督，為孫權日後稱帝立下了汗馬功勞。

亂世散財以避禍聚勢，辭官（東城長）不做以遠離陷阱，加盟東吳以伸展自己……一連串非平常人所能做到的轉折，將魯肅的一生推向了事業的頂峰。看來，行事若不能高瞻遠矚、深思熟慮，是難以實現其強者抱負的。

眼光看得深遠

當秦公子異人在趙國作為人質時，沒有人發現他身上蘊藏的巨大機會。呂不韋發現了。於是，呂不韋做了一單令人嘆為觀止的「貨人」大買賣，完成了從商人到秦國相國的飛躍。

古人云：人無遠慮，必有近憂。遠慮來自何處？來自於遠見。一個只知道看一步走一步的棋手，休想在棋盤上稱強。在人生的棋盤上，強者從來都是看數步走一步，未雨綢繆。

當安陵君在楚國盡享榮華富貴時，一個叫江乙的人看出了安陵君風光背後的災禍隱患。

江乙對安陵君說：「您對楚國沒有絲毫的功勞，也沒有骨肉之親可以依靠，卻身居高位，享受厚祿，人民見到您，沒有不整飾衣服，理好帽子，畢恭畢敬向您行禮的，這是為什麼呢？」安陵君回答說：「這不過是

因為楚王過於看重我罷了；不然，我不可能得到這種地位。」江乙說：「用金錢與別人結交，當金錢用完了，交情也就斷絕了；用美色與別人交往，當美色衰退了，愛情也就改變了。所以，愛妾床上的蓆子還沒有皺紋，就被遺棄了；寵臣的馬車還沒有用壞，就被罷黜了；您現在盡享楚國的權勢，可自己並沒有能與楚王結成深交的東西，我非常為您擔憂。」

江乙可謂目光如炬，能從繁花似錦中看到巨大的隱患。只有先看到事物發展的趨勢，才能提前採取應對措施，將好事收入囊中，將壞事規避或轉變成好事。

眼光不僅要看得遠，還應該看得深。平常人認為的平常之事，強者往往能看到平常外表下的本質。

建寧王李琰是唐肅宗的兒子。此子文武雙全，深得肅宗的喜歡和軍中將士的愛戴。有一回唐軍東征，肅宗覺得李琰是兵馬大元帥的理想人選，有意讓李琰來擔任兵馬大元帥。

丞相李泌知道後，對肅宗說：「建寧王確實很有才能，從文從武上說，這次東征的元帥當非他莫屬，但是有件事您不要忘了，他還有一個哥哥廣平王在呢。您把全國的主要兵力都由建寧王帶走，他又有很高的名望，那廣平王會很不舒服的。如果此次東征失利，那也罷了，如果大獲全勝，凱旋而歸，建寧王和廣平王誰輕誰重，天下人都會瞭然於胸了。」

肅宗擺手道，「先生大可不必為此擔心，廣平王乃是我的第一皇子，將來立太子繼承帝位是一定的，他不會將一個元帥的位置看得很重的。」

李泌回答：「皇上所言極是，可目前廣平王尚未被立為太子，外人也都不知道您的想法。再說，難道只有長子才能立為太子嗎？在太子未立之時，元帥之位就為萬人所矚目。在世人眼中，也就是誰當了元帥，誰就最有可能成為太子。假如建寧王當了元帥並在東征中立大功，到了那時，陛下您即使不想讓他當太子，建寧王自己也不想當太子，可是，那些隨他建功立業的將士們難免會蠱惑他登位？特別是您的封賞若稍有差池，他們更有可能藉機實行兵變，擁立建寧王為太子，到時形勢所逼，建寧王怎

能推卻？我朝初年的太宗皇帝和太上皇帝玄宗的例子，不就是前車之鑑嗎？」

李泌的一席話，使肅宗恍然大悟，於是下令任廣平王為天下兵馬大元帥，掛印東征。

身為丞相的李泌，透過唐初的玄武門事件，很快洞悉到如果任命建寧王為兵馬大元帥，將來極可能會引起宮廷政變。他超強的洞察力使得一場潛在的紛爭消弭於無形。

先謀定而後動

「看到」只是強者謀事的序幕。為了達到目的，強者總是在出手前深思熟慮，將事情規劃好，方方面面考慮到。這樣，一旦開始行動，能做到心裡有數、按部就班、有條不紊。即使出現一些變故，也因計畫的周全而不致於不知所措。

我們在前面所說的呂不韋的「貨人」之舉，雖說撿到了一個大餡餅，但真正要進口還需要一番大動作，弄不好大餡餅變成了張著血盆大口的大陷阱，自己弄得死無葬身之地。讓我們來看強人呂不韋是如何導演這場驚天大戲的：

首先，呂不韋找到作為人質的異人，說：「公子傒有繼承王位的資格，其母又在宮中。如今公子您既沒有母親在宮內照應，自身又處於禍福難測的敵國，一旦秦趙兩國交戰，公子您的性命很難保全。如果公子聽信我，我倒有辦法讓您回國，且能繼承王位。我先替公子到秦國跑一趟，必定接您回國。」呂不韋的分析非常有道理，異人沒有半點拒絕的理由。

於是，呂不韋動身去了秦國。他遊說秦孝文王王后華陽夫人的弟弟陽泉君說：「閣下可知？閣下罪已至死！您門下的賓客無不位高勢尊，相反太子門下無一顯貴。而且閣下府中珍寶、駿馬、佳麗多不可數，老實說，這可不是什麼好事。如今大王年事已高，一旦駕崩，太子執政，閣下則危

如累卵，生死在旦夕之間。小人倒有條權宜之計，可令閣下富貴萬年且穩如泰山，絕無後顧之憂。」陽泉君聽了，自然非常為自己的前途擔心，於是趕忙讓座施禮，恭敬地表示請教。呂不韋獻策說：「大王年事已高，華陽夫人卻無子嗣，有資格繼承王位的子傒繼位後一定重用秦臣士倉，到那時王后的門庭必定長滿蒿野草，蕭條冷落。現在在趙國為質的公子異人才德兼備，可惜沒有母親在宮中庇護，每每翹首西望家邦，極想回到秦國來。王后倘若能立異人為子，這樣一來，不是儲君的異人也能繼位為王，他肯定會感念華陽夫人的恩德，而無子的華陽夫人也因此有了日後的依靠。」陽泉君說：「對，有道理！」

　　一個是朝廷無人難顯貴，一個是後繼無人顯貴難長久。這就像是一個急需找個合適的乾爹往上爬，一個急需找個合適乾兒子替自己養老送終。呂不韋只需兩面開導，然後牽線搭橋就行了。

　　果然，華陽夫人的弟弟陽泉君趕緊進宮，將呂不韋的話轉告華陽夫人。華陽夫人一聽，果然有道理，忙說服秦孝文王，要求趙國將異人遣返回秦。

　　好事向來多磨。趙國不肯放行。呂不韋就去遊說趙王：「公子異人是秦王寵愛的兒郎，只是失去了母親照顧，現在華陽王后想讓他做乾兒子。大王試想，假如秦國真的要攻打趙國，也不會因為一個王子的緣故而耽誤滅趙大計，趙國不是空有人質了嗎？但如果讓其回國繼位為王，趙國以厚禮好生相送，公子是不會忘記大王的恩義的，這是以禮相交的做法。如今孝文王已經老邁，一旦駕崩，趙國雖仍有異人為質，但又有誰在乎他呢？」平心而論，呂不韋的話句句在理。於是，趙王就將異人送回秦國。

　　公子異人回國後，呂不韋讓他身著楚服晉見原是楚國人的華陽夫人。華陽夫人對異人的打扮十分高興，認為他很有心計，並特地親近說：「我是楚國人。」於是把公子異人認做乾兒子，並替他更名為「楚」。

　　有了華陽夫人這棵大樹，異人就可以時常出入宮中了。一次，異人乘秦王空閒時，進言道：「陛下也曾羈留趙國，趙國豪杰之士知道陛下大名

的不在少數。如今陛下返秦為君，他們都惦念著您，可是陛下卻連一個使臣未曾遣派去撫慰他們。孩兒擔心他們會心生怨恨。希望大王將邊境城門遲開而早閉，防患於未然。」秦王覺得他說話極有道理，為他的見識感到驚訝。華陽夫人乘機勸秦王立之為太子。秦王召來丞相，下詔說：「寡人的兒子數子楚最能幹。」並立異人為太子。

異人也就是公子楚做了秦王以後，任呂不韋為相，封他為文信侯，將藍田十二縣作為他的食邑。母憑子貴，華陽夫人也因此成了華陽太后，諸侯們聞訊都向太后奉送了養邑。

呂不韋是歷史上的一個奇人，他的謀略和口才都是歷史人物中第一流的。他憑著一人之力，就促成了自己終身的榮華富貴。他是那種善於進行大的策劃、善於實施和完成這個策劃的人，這種人要口才出眾，自己就是謀劃的貫徹實施者。

就謀略而言，呂不韋不僅謀得深、算得遠，而且謀得全，算得廣。他共分了四個步驟來進行謀劃：其一，當他看到公子異人時就覺得奇貨可居，是一個能夠贏得整個未來的上佳投資項目，於是他說服異人聽他指揮。其二，這個「奇貨」要推銷出去、這份投資由風險轉化為巨大利潤，還是需要做出艱苦的努力和費力的工作。他不僅要安排好接人，而且要安排好放人。他算計到華陽夫人及其弟弟的潛在的、迫切的需要，使華陽夫人能夠為了自己的利益而為異人奔走，使秦國開始向趙國要人。其三，他又遊說趙王，以長遠的利益說動趙王送歸異人。其四，人接回後，為更上一層樓，他在異人身上下了點工夫，使秦王最終立異人為太子。呂不韋在兩國間穿針引線、巧妙安排、運籌得當、步步迭進，他真是個一流的策畫家、設計家。完成他的這次交易，實際上是個大工程。要調動事主、接人的秦國、放人的趙國、認乾兒子的王后、立太子的秦王等，龐大而複雜，必須要高屋建瓴且滴水不漏地進行規劃。

兵法有云：上兵伐謀，謀定而後動。我們看呂不韋揮灑自如地下了一盤很大的棋，招招巧妙、步步得勢。其背後傾注了他多少深謀思慮的心血啊！

謀事要先謀勢

「勢」者，形勢、趨勢、態勢也，就是事關全局的發展趨勢；所謂的「謀」，是對形勢、趨勢、態勢的分析和研究，對時代特徵、主要矛盾、發展規律等策略問題的理解、掌握與謀劃。

強者的「強」，一方面在於自身能力的強勢，另一方面在於懂得乘勢而行，待時而動。龍無雲則成蟲，虎無風則類犬。識時為俊傑，乘勢是英雄。飛蓬遇飄風而行千里，正是乘勢而為。勢在必得，勢不可擋，勢如破竹，這些成語所傳遞給我們的都是乘勢的神奇力量。

曾經觀看過高手對弈，跳馬出車飛象之間，全無殺氣。數十個回合後，但見一方神情愈來愈凝重。再走幾步，竟大汗淋漓，堅持片刻便拱手認輸。而一旁的我細觀棋局，怎麼也看不出輸者究竟輸在何處。年少氣盛的我替輸者不服，問輸的一方：輸在何處？輸者回答：大勢已去！我自告奮勇替輸者下完殘棋，幾步之後，果然局勢明朗，我方損兵折將，身陷泥潭。輸棋之後，仍不服，請求贏方允許我悔棋重下。得到允許後，把棋局復原到我接盤的狀態繼續對弈，結果再輸。如是者三，方明白什麼叫「大勢已去」。

外行人眼裡平平常常的幾顆棋子，在內行人貌似隨意的布局下，居然形成了一個天羅地網般大氣嚴密的陣勢，令對手無處可逃。故古人云：善弈者謀勢，不善弈者謀子。下棋如此，經營人生又何嘗不是如此？看有些人不顯山不露水，數年之後竟好運連連、功成名就；而更多的人忙忙碌碌、東奔西跑，卻一直沒有出頭的日子。這其中的差別無非在於：前者重「謀勢」，而後者謀的只是「事」。謀勢者，善於辨勢、預勢、造勢、乘勢，借勢、蓄勢，力之所至，勢如破竹；謀事者拘於瑣事，難免「一葉障目，不見泰山」，得到的往往只是眼前的微利，卻可能損失了將來的厚報。

謀勢謀些什麼

在《荀子・王霸篇》中，荀子認為：「（農夫）上不失天時，下不失地利，中得人和，而百事不廢。」而和荀子處於同一個時代的孟子，對於天時、地利與人和也極為注重，他曾有「天時不如地利，地利不如人和」之說。荀子所議之事是農事，其「天時」是指農時，「地利」是指土壤肥沃，「人和」是指人的分工。認為農夫能依照農事安排耕作、適應土地肥沃種植加以科學的農業分工，便能使農事順暢，豐衣足食。孟子所議之事是戰爭，其「天時」指的是作戰的時機、氣候，「地利」是指山川險要，城池堅固，「人和」則指人心所向，內部團結。

具體到人生的謀畫，「天時」我們可以理解為社會的時勢、潮流以及社會變遷的趨向，「地利」可以理解為身處有利的環境，「人和」則可以理解為人際和諧、人心所向。

「天時」並非是指看不到摸不著的神祕東西，時勢、潮流是可以辨別的，而社會變遷的趨向是可以預測的。因此，謀勢要建立在辨勢與預勢的基礎之上。只有看清了當下的形勢，才能順應形勢。也只有預測了將來的形勢，才能做到未雨綢繆。

有一句老話可以幫助我們理解「地利」—— 樹挪死，人挪活。人如何挪？從高雄到臺北是挪，從甲單位到乙公司是挪，從 A 職業到 B 工作也是挪。人為什麼一挪就「活」了？那是因為他挪到了一個更加適合自己發揮與發展的環境。當然，不是人人都會一挪就活，只有挪到了適合自己的地方才能「活」。

人心齊，泰山移。傳統的世界觀中，「人和」是最重要的。孔子曰：「和為貴」，孟子曰：「天時不如地利，地利不如人和」。何以人和最重要的呢？古人是從人力的角度，來強調人和的重要性。《荀子・王制》說：「水炎有氣而無生，草木有生而無知，禽獸有知而無義。人有氣，有生，且有義，故最為天下貴也。力不若牛，走不若馬，而牛馬為用，何也？曰：人能群，延續不能群也。人何以能群？曰：分。分何以能行？曰：

義。故義以分則和，和則一，一則多力，多力則強，強則勝物。故宮室可得而居也；故序四時，裁萬物，兼利天下。無它故焉，得分義也。」就是說個人的力量比不過禽獸，可禽獸卻被人所利用，原因就在於人和（即眾人的合力）。用今天的話來說，就是個人的力量（體力和智力）是有限的，只有將有限的個人力量聯合起來，力量才是無限的。

　　天、地、人三者之間的關係，古往今來都是人們所關注的。爭論誰最重要似乎很難有一個同意的答案，折中的看法是三者並重，謀求最佳的綜合優勢為上上選。而在這三項上謀求到了最佳的綜合優勢者可以稱為強者。

● 慧眼如炬明勢

　　「明勢」的意思是知曉目前靜態的局勢與預估將來動態的走勢，也就是「辨勢」與「預勢」。

　　老子在《道德經》的第三十三章說：「知人者智，自知者明。」要明勢，先要知道自己的「實力」與「勢力」如何。怎樣評估自己的「實力」與「勢力」呢？

　　首先，你要知道自己的目標。要實現目標需要具備哪些個人的實力，需要哪些外界的協助。你擁有了這些因素中的哪一些，還有哪一些需要提高、補充與完善？不妨將這些因素一一列舉出來，這些是你的實力與勢力。

　　知曉了自己的「勢」，還要看清楚外界的形勢。人所做的事情，都不能脫離於這個社會。你的目標與時代的洪流是否合拍？什麼時候是最佳的衝刺時機？

　　實際上，「辨勢」與「預勢」是一對孿生兄弟，難以分割。「辨勢」立足於當下，「預勢」則著眼於將來。而將來的局勢又和當下連繫緊密。只知「辨勢」而不知「預勢」的人，不是強者——即使貌似強勢也容易在後來的日子裡栽跟頭。

世上常發生這樣的事，我們也常在一些影視報刊中看到這樣的事：有的人正在經營著很輝煌的事業，彷彿一切順風順水，如日中天，不料卻一場變故突如其來，事業之舟頃刻轟然坍塌，一切化為烏有。個人也從萬眾矚目淪為一文不名，甚至成為乞丐或階下囚。這在我們的社會中幾乎是司空見慣。

楚國才子宋玉在《風賦》中云：「夫風生於地，起於青萍之末 ……」。後人遂有「風起於青萍之末」之語，意為見微知著、一葉落而知秋。一切事情的或好或壞的結果，都有其預兆，只不過被大家忽略了。比如說地震，我們知道在它發生前就會出現地光、地聲等，一些動物也會表現異常，如雞在半夜時分突然鳴叫，狗無緣由地突然狂吠不止 …… 雖說人生無常，但許多的結局，我們還是可以從平日的所作所為，或其所交往的人員，或所處的環境中，看出一些蛛絲馬跡，解讀出能預示吉凶禍福的一些密碼來。

明洪武初年，嘉定縣有個叫萬二的大富翁，因為世襲了元朝祖上的龐大家業，日子過得逍遙快活。某天，有人從京城回嘉定，萬二問起該人京城見聞，那人告之一件八卦新聞：「皇帝最近作了一首詩：在僚未起朕先起，百僚已睡朕未睡；不如江南富足翁，日高三丈猶披被。」萬二聽罷，良久嘆道：「大事不好。」這後，他偷偷變賣了部分家產，把剩餘的家產交給幾個能幹的夥伴掌管，帶上金銀細軟攜家人離開了嘉定，外出四處旅遊。

萬二出外不到兩年，江南有名望的財主相繼破產，唯有萬二在外不顯山不露水，得以躲過一劫。待風波過後，萬二帶著保全的家產重返家鄉，再次把家業經營得風生水起。

● 快如閃電乘勢

明勢的最終目的是為了乘勢，在乘上勢頭，要抓住最佳的時機。雖有智慧，不如乘勢。所以有大智者不與天爭，不與勢抗。因為他們明白，真理有如舟船，時運有如江河。沒有可達彼岸的浩瀚之水，真理只不過是一

個寸步難移的客觀規律。

時勢造英雄，哪一個強者不是順應時勢？近幾年來的房地產熱門，催生了多少大大小小的富翁？大的直接投資做開發商，隨便賺個上千萬；小的做些買房賣房的小投資，輕易賺個百十萬。可以這樣說，近年來做房地產生意的人，想不賺錢都難。

其實，我們前面所說的「辨勢」和「預勢」，一切都是為了「乘勢」。一個人要真正能夠掌握機會，讓機會變成實實在在的回報。

「勢」是指那些促成某件事成功的各種上部條件同時具備，即是恰逢其時、恰在其地、恰遇其人，好的機會彙集而成的某種大趨勢。具體說來，這種「勢」，也就是由時、事、人等因素相互作用形成的一種可以助你「畢其功於一役」的合力。這裡的「時」即時機。所謂「此一時，彼一時也」，同樣一件事，此時去辦，也許無論花多大的力氣都無法辦成，而彼時去辦，可能「得來全不費工夫」。這裡的「事」是指具體將辦之事。一定的時機辦一定的事情，同樣的事情此時該辦亦可辦，彼時卻也許不該辦亦不可辦。可辦即一辦即成，不可辦則絕無力成之望。這裡的人即實際處理事情的人。同一件事，不同的人會完成不同的結果，即使能力不相上下的兩個人，這個人處理好的某件事，另一個人卻不一定能處理好。所謂乘勢而行，也就是要在恰當的時機由恰當的人選去辦理該辦的事情。

形勢賜予我們的機遇往往是決定性的成功因素。一個人縱然有通天本領，如果處於一個萬馬齊喑的時代，他也不可能有大的作為。好的形勢則猶如東風，此時乘勢而行就猶如順風揚帆，可以事半功倍。所以，要想做一個頂天立地、呼風喚雨的強者，必須懂得順應形勢、趨利避害。

無勢者需造勢

強者就是一些有勢乘勢，無勢造勢以乘勢的高手。古人云：無勢不尊。沒有聲勢之人一定是落魄之輩，無人追隨和扶持，生存都是艱難的，尊貴更是遙遠。造勢要借助於智慧，通達事理方能收取人心、增強人望。

事實上，人都是有弱點的，也是有所追求的，只要在這方面多動些腦筋，善加運用，就不愁聲勢不壯大。一旦聲勢漸起，事業便可期待了。

有勢當乘勢，無勢怎麼辦？

—— 造勢。

唐代詩人陳子昂 21 歲來到京師，懷著一番雄心，卻始終沒有引起重視。有一天，陳子昂在街上遇見個賣琴的人，開價百萬，覺得貴得離譜，陳子昂卻用車子運來現金，當場買下了琴。四周的人問：「想必您一定琴彈得非常好。」

陳子昂說：「我確實善於此道。」大家又問能不能欣賞一下呢？

「可以！」陳子昂說，「明天請大家來我家。」

第二天，大家都到了，陳子昂準備了酒餚招待，捧出琴，對大家說：「我陳子昂有文章上百卷，大家不知道，居然對這區區彈琴的小技感興趣。」

說完把琴舉起來，當場砸碎，並且把上百卷文章分送給大家。就這樣，陳子昂一日之內，名滿京師。

花費巨資購琴→約好奇者賞琴→砸琴→分發自己的文章，陳子昂的造勢手法真是高明之極。甚至我們還可以做出一個大膽而又合理的推論：那個高價賣琴者是陳子昂僱傭的「托」。陳子昂只是將百萬巨資從自己的左口袋轉到右口袋，他唯一損失的只是一把並不值多少錢的琴。他是整個一夜成名案例中的「推手」，親自把自己推紅。

造勢把自己推上潮頭，不能沒有真功夫。否則盛名之下難符其實，就像陳子昂將自己的文章分發眾人，若文章平平，恐怕也只是成為京都的百姓茶餘飯後的笑料而已。這一點，造勢者不可不察。

取長補短借勢

北宋薛居正在《勢勝學》中云：「缺者，人難改也。」意思是：天生的缺陷，僅靠自身的努力難以改變。

人無完人，一個人不管有多大的本事，他也會有解決不了的問題，完全不借助他人是不可能的事。借勢能使弱者變強、強者更強，不會借勢就是不懂成功之道。其實，任何一個強者的成功都不是純粹個人能力的結果，都多多少少借助了他人的力量。就像亂世中崛起的草根英雄劉邦，文韜不如張良，武略不及韓信，但借助這兩人的能耐，竟成就了一番帝業。

借勢是借助他人的力量，為自己所用，補我不足，這就要求人們要正視自己的不足，切莫剛愎自用、自高自大。承認自己的弱點並不可恥，否則，就會帶來無盡的羞辱了。

孔明初出茅廬第一把火，燒退了十萬曹軍，留下了一個火燒博望坡的典故。《孫子兵法》中有「火攻篇」曰：「以火佐攻者明，以水佐攻者強。」水和火都是可以借助的力量。當自身力量不太強大時，指揮者常常需要借助外力而強身，這個外力，可以是自然力量，如水、火；也可以是友人的力量，甚至是敵人的力量。借助外力，不是為了被外力所支配，而是要操縱外力。

西晉著名文學家左思，在未成名前十年磨一劍，寫成《三都賦》。然而當他把《三都賦》送呈文學界人士品評時，那些文人一見作者是位無名小卒，就根本不予細看，搖頭擺手，把《三都賦》貶得一無是處。左思不甘心自己的心血遭到埋沒，找到了著名文學家張華。

張華先是逐句閱讀了《三都賦》，然後細問了左思的創作動機和經過，當他再回頭來體察句子中的含義和韻味時，不由得為文中的句子深深感動了。他越讀越愛，到後來竟不忍釋手了。他稱讚道：「文章非常好！那些世俗文人只重名氣不重文章，他們的話是不值一提的。皇甫謐先生很有名氣，而且為人正直，讓我和他一起把你的文章推薦給世人！」

皇甫謐看過《三都賦》以後也是感慨萬千，他對文章予以高度評價，並且欣然提筆為這篇文章寫了序言。他還請來著作郎張載為《三都賦》中魏都賦做注，請朱中書郎劉逵為蜀都賦和吳都賦做注。劉逵在說明中說道：「世人常常重視古代的東西，而輕視新事物、新成就，這就是《三都賦》開始不傳於世人原因啊！」

在幾位名人作序推薦下，《三都賦》借名人推薦之勢很快風靡了京都洛陽，以致於造成洛陽的紙價上漲了幾倍。甚至當時的文壇泰斗陸機看了《三都賦》之後，也大聲叫好，並主動放棄了寫《三都賦》的計畫，因為他感覺自己寫的絕不會超過左思。

「勢」就有這麼大的威力，任何人不承認都不行。

智者不與勢鬥

明朝大儒呂坤的《呻吟語》，歷代被視為一本寫透人生的奇書。其中有云：智者不與勢鬥。

無論做什麼事，勢都是非常關鍵的。水蓄起來才會有勢，才會造成力量。大水沖過來的時候，我們也會躲起來的。因為我們的力量再大，也不足以與水勢相抗衡。當自然法則運行到一定的階段，就會形成一種勢力。比如說春雷震盪，秋雨連續連綿等，都是自然的規律。甚或是地震、洪水，那都是自然地殼的變化，或者氣候水分的調節。人類是沒有辦法的，只能去理解並且適應這個自然的規律。

逆潮流而動是不明智的，個人不管有何能力，都抵抗不了歷史的洪流。度勢要順應時代要求，它不是標新立異，而是認清形勢，摒棄個人的偏見。順應形勢有時要犧牲一些個人利益，這是成就大事的必要付出，用不著計較太多。明知不可為而強為之，是不會有好結果的。

萬物有盛有衰，再大的勢力終會走向沒落，這是自然法則，人們要清醒地看到，個人的勢力雖不能改變最終的命運，但還是大有作用的，絕不

可消極等待。有備無患是立足長遠的，在勢水消解之前，多做一些善事，多做一份思考，多留一條後路，不僅必要，而且有益。在這方面，人們要有危機意識，不能一拖再拖，否則，一旦危機來臨，一切就顯得太晚了。

齊國相國孟嘗君門下，有個名叫馮諼的食客。一次他奉命到孟嘗君的封地薛地去收債，臨行時，他問孟嘗君收完債買些什麼回來。孟嘗君說家裡缺什麼就買什麼。馮諼到薛地後，假借孟嘗君的命令，將債契全都燒了。借債的百姓對孟嘗君感激涕零，齊呼萬歲。

馮諼回來後，孟嘗君問他債收齊了沒有，買了些什麼回來。馮諼回答說，他見相國器具什麼也不缺，就缺一個「義」字，因此以相國的名義將契債全燒了，把「義」買了回來。孟嘗君聽了雖然不大高興，但也無可奈何。

一年以後，孟嘗君相國的職務被齊王免除，只好回到薛地去。離薛地還有一百多里路，老百姓就扶老攜幼前來迎接。孟嘗君這才看到了馮諼給他買的「義」字的珍貴，非常感謝馮諼。但馮諼對他說：「狡猾的兔子有三個洞穴，但這僅僅使牠免於被獵人打死，被猛獸咬死。如今您只有一個洞穴，還不能安枕無憂。請允許我再為您鑿兩個洞穴。」於是，孟嘗君便聽從了馮諼的建議，讓他帶著車馬黃金到魏國去遊說。

馮諼在魏王面前為孟嘗君說了很多好話。魏王馬上派使臣攜帶許多財物和馬車去齊國，聘請孟嘗君來魏國當相國。

馮諼又趕在使臣之前回到薛地，告誡孟嘗君不要接受聘請。魏國使臣如此往返三次，孟嘗君還是拒絕接受聘請。齊王得知這個消息後，擔心孟嘗君到魏國任職，於是趕緊恢復了孟嘗君相國的職位，並向他賠禮。這樣，孟嘗君為自己鑿成了第二個窟。

之後，馮諼又建議孟嘗君向齊王請求賜給先王祭器，在薛地建造宗廟供奉。這樣一來，齊王就會派兵來保護，使薛地不受其他國的侵襲。齊王答應了這個請求。等到宗廟建成，馮諼對孟嘗君說：「三窟已成，現在您可以高枕無憂了。」

強者登場：曹操

東漢末年，軍閥混戰，天下大亂。曹操為了壯大自己的聲勢，準備去迎接漢獻帝。曹操對手下眾將說：

「天子受難，顛沛流離，我身為臣子，不忍見之。何況我等勢弱，迎接獻帝又可收取天下人心，於我有利無害，此事當抓緊辦理，莫讓他人占先。」

有人疑慮道：

「如今天下各自爭奪城池，沒有人把天子放在眼裡，將軍又何必多此一舉呢？天子來歸，將軍還要尊崇於他，這豈不是自縛手腳嗎？此事還應從長計議。」

眾將爭執不下，各自陳詞，毫不相讓，曹操一時心亂，難下決斷。

謀士荀彧、程昱支持曹操的主張，他們私下鼓勵曹操說：

「將軍目光遠大，方有此等建議，我等十分贊同。時下形勢未明，凡事不可想當然猜測，反對此議者只憑自己想像妄議大事，並不是什麼好的見解。雖然迎接天子會給我們帶來一些麻煩，但是慮及長遠，這件事意義重大，將軍盡可施行吧！」

曹操見二人所言正合自己的心意，十分興奮，他大聲道：

「若是出於私利，我尚有幾分不情願，做大事不能感情用事，為了公義就要有所犧牲。正因現在形勢未明，我們才要多思多想，免得草率招禍啊！」

曹操又考慮了幾日，這才派曹洪率兵向西去迎獻帝。曹操「挾天子以令諸侯」，取得了很大的效益。

建安五年（西元 200）年，曹操要親自東征劉備，將領們反對說：

「與將軍爭奪天下的是袁紹，現在袁紹虎視眈眈，而將軍卻放下他東征劉備，將軍不擔心袁紹來攻嗎？」

曹操一笑道：

「研判大勢不要只憑想像，特別是在複雜未明的形勢下，更要拋棄個人成見，多用頭腦思考。劉備雖然勢小，但他是人中豪杰，現在不消滅他，將來必是大害。袁紹為人寡斷，志大才疏，他驕傲自滿，安於現狀，我料定他不會出兵的。」

謀士郭嘉一向頗有謀略，他也反對曹操的主張，他說：

「將軍如此自信，萬一所料不中，豈不凶險萬分？此事關係我軍存亡，將軍還是慎重行事為妥。」

曹操耐心解釋說：

「時下局勢一夕三變，一旦抓住時機，最忌怯弱，不敢決斷。打仗就是凶險的事，只要事先考慮周到，有所損失也是難免的，這件事無需再議了！」

曹操馬上出兵攻擊劉備，大獲全勝，而袁紹始終未動，一如曹操所料。

曹操和袁紹後來在官渡決戰，僵持不下，從袁紹處叛逃來的許攸給曹操獻計，建議他攻取袁紹的屯糧處。許攸說：

「一旦將軍夢毀了袁紹的軍糧，那麼袁紹大軍將不戰自潰。不過此計需將軍決斷，在下只是建議而已。」

曹操思量良久，他對手下將領說：

「袁紹勢大，我軍與其對峙，只有必敗一途。此時不用奇計，便難以制勝。許攸之策甚合我意，看似凶險，實有一招制敵之效，我要率兵親往。」

手下將領惶惶道：

「將軍如此決斷是否太草率了呢？」

曹操揮手說：

「戰事緊急，不容多議，這不是異想天開，而是攻其不備，打其要害，我們還是抓緊行動吧！」

　　曹操親自帶領步兵、騎兵共五千人連夜前去，一舉成功。袁紹軍心大亂，曹操趁勢進擊，取得了決定性的勝利。

　　曹操在收檢袁紹的信札時，發現許多手下官員寫給袁紹通敵的信件。曹操心頭一驚，冷汗冒出。

　　曹操冷靜下來，決定不予追究此事，他對手下將領說：

　　「人們度勢不明，做下糊塗之事是難免的，此次我就佯作不知了。人們習慣表面看人，自以為高明，其實這是會犯下大錯的，你們都要引以為戒啊！」

　　曹操命人將信件全部燒掉，有人不解地向曹操說：

　　「賣主通敵，此是不赦之罪，將軍為何輕輕放過他們？」

　　曹操回答說：

　　「當時敵強我弱，也難怪人們思量自保之策。何況我軍雖勝，但根基未穩，如果大肆追究，那麼只能是削弱自己，壞了今日的大好形勢。我考慮再三，不能為洩私憤而毀大事，我為自己的這個決斷感到欣慰啊！」

　　後世不少文學作品中，曹操均以奸雄的形象出現。事實上，不論是論文韜武略，還是以成敗來論，曹操都是三國時數一數二的大英雄。

第三章
行事有分寸，處世知方圓

聖人擇可言而後言，擇可行而後行。—— 管子

可以仕則仕，可以止則止，可以久則久，可以速則速。—— 孟子

張而不弛，文武弗能；弛而不張，文武弗為；一張一弛，文武之道也。—— 孔子

與不可，強不能，告不知，謂之勞而無功。—— 管子

攻之惡毋太嚴，要思其堪受；教人之善毋過高，當使其可從。
——《菜根譚》

在生活悲歡離合、喜怒哀樂的起承轉合過程中，強者總是隨時隨地、恰如其分地選擇合適自己的位置。孔子說：「貴在時中！」時就是隨時，中就是中和。所謂時中，就是順時而變，恰到好處。正如孟子所說的：「可以仕則仕，可以止則止，可以久則久，可以速則速」。鑒於人的情感和慾望常常盲目變化的特點，講究時中，就是要注意行事的分寸。

　　過猶不及，不及是大錯，大過是大惡，恰到好處的是不偏不倚的中和。常言說：「做人不要做絕，說話不要說盡。」廉頗做人太絕，不得不肉袒負荊，登門向藺相如謝罪。鄭伯說話太盡，無奈何掘地及泉，隨而見母。

　　一個人成熟的標幟之一是行事是否有分寸。凡事留一線，日後好見面。凡事都能留有餘地，方可避免走向極端。特別在權衡進退得失的時候，務必注意適可而止，盡量做到見好就收。

　　太剛則缺，太銳則折。分寸是人生長河中的分水嶺，或過或不及；好與壞、善與惡、美與醜、愛與恨，喜劇與悲劇，都常常因此而發生變化。做事做到恰到好處，是人生的大學問。

　　分寸是一種力量。生活中對分寸掌握得到位的人，從某種意義上說他們首先是一個征服並昇華了自己的人，是一個悟性高與定力好的人。能夠有這種功力的人，十有八九戰勝了自己的貪婪、淺薄、盲動或狂妄。

　　分寸是一種智慧。人要在世界上立得起、行得遠，不能沒有一定的哲學思想、文化底蘊、科學知識和歷史經驗的薰陶，這些東西匯聚在一起，形成你獨特的「分寸」。這些都是智慧，智慧是藏不住的。除非你道德感不好，否則，這種守分寸的智慧總會表現出來。這也是為什麼受到良好教育的人以及年長者，凡事都比較有「度」的深層次原因。

　　分寸是一種成熟。植物需要陽光和雨露，人生也少不了學習與歷練。或許你年少無知時吃了不少虧，但有失必有得，正如哲人所言：受挫一次，對生活的領會就加深一層；失誤一次，對人生的醒悟就增添一分；磨難一次，對成功的理解就辨正一點。人生，大凡借此漸入佳境。

至剛至柔兼顧

曾國藩說：「做人的道理，剛柔互用，不可偏廢。太柔就會萎靡，太剛就會折斷。剛不是殘暴，而是正直；柔不是軟弱，而是謙退。趨事赴公，需要正直；爭名逐利，需要謙退。」剛中有柔，柔中帶剛，就會處處得心應手，獲得別人的支持與幫助。

曾國藩是一位複雜而且具備多元影響的清代人物。對他褒獎的人把他捧得比天還高；貶斥他的人又把他看得一文不值、不足稱道。曾國藩一生歷盡周折，走出湘江大地成為中興名臣，他熟練地駕馭著各種權力，深藏不露，隨機應變，最終取得了成功。他的成功取決於剛中有柔，柔中帶剛的性格。

「剛」是曾國藩性格的本色。曾國藩剛練水勇時，水陸兩軍約有萬餘人，這時若和太平天國的百萬之師相抗衡，無異是以卵擊石。因此曾國藩為保護他的起家資本，曾一度對抗朝廷的調遣，令咸豐奈何不得。

西元 1853 年，曾國藩把練勇萬人的計畫告訴了愛將江忠源。江忠源魯莽無知，向朝廷全盤奏出，結果船炮未齊就招來咸豐皇帝的一連串徵調（即將湘軍調出去支援外省）諭旨。曾國藩深知太平軍兵多將廣，訓練有素，絕非普通農民起義隊伍可比。況且與太平軍爭雄首先是在水上而不能在陸地，沒有一支得力的炮船和熟練的水勇，是吃力不討好的。曾國藩為此打定主意：船要精工良木，堅固耐用！炮要不惜重金，全購洋炮。船炮不齊，絕不出征。正如他所說的：「斂翅不利不可以斷割，毛羽不豐不可以高飛。」因而，當咸豐皇帝催促其「趕緊赴援」，並以嚴厲的口吻對曾國藩說：「你能自擔重任，當然不能與畏葸者比，言既出諸你口，必須盡如所言，辦與朕看。」曾國藩接到諭旨後便拒絕出征。他在奏摺中陳述船炮未備、兵勇不齊的情況之後，激昂慷慨地表示：「我知道自己才智淺薄，只有忠心耿耿，萬死不辭，但是否能夠成功，卻毫無把握。皇上責備我，我實在無地自容，但我深知此時出兵，毫無取勝的可能，與其失敗犯欺君之罪，不如現在具體陳述，寧可承受畏首畏尾的罪名。」他進一步傾

訴說：「我對軍事不太嫺熟，既不能在家鄉服喪守孝，使讀書人笑話，又以狂言大話辦事，讓天下人見笑，我還有何臉面立於天地之間呢！每天深夜，想起這些，痛哭不已。我懇請皇上垂鑒，體憐我進退兩難的處境，誠臣以敬慎，不要再責成我出兵。我一定殫盡血誠，斷不敢妄自矜詡，也不敢稍有退縮。」咸豐皇帝看到這封語氣剛中有柔，柔中又帶剛的奏摺，深為曾國藩的一片「血誠」所感動，從此不再催其赴援外省，並安慰他說：「成敗利鈍固不可逆睹，然汝之心可鑒天日，非獨朕吿。」曾國藩「聞命感激，至於泣下」。

正是曾國藩這種剛硬的性格讓他保存了湘軍的力量，為湘軍的發展壯大提供了條件，也為大清江山積蓄了後備力量。且不說他的這種違抗君命的做法是否正確，但是抗旨的勇氣和強硬，是讓人刮目相看的。

曾國藩在他一生之中，並不是處處推崇「剛」，他也重「柔」。因為他知道，柔代表弱小，卻是成長中的事物，充滿了強大的生命力；而至剛則已到了頂，達到了極限，比起「柔」來，它暫時是占有優勢，但長久的優勢不在它一方。一根草、一條線，是「至柔」，但許多根、許多條結合起來，則是「至剛」的刀也難以斬斷。曾國藩相信，強大處下，柔弱處上；天下莫柔弱於水，而攻堅強者莫之能勝，以其無以易之。所以，在取得了一定的成就之後，曾國藩決定改變自己原來過剛的性格。曾國藩號滌生，滌生就是洗滌性格中不好的東西，錘鍊出理想性格。他在給弟弟曾國荃的信中說：「近歲在外，惡人以白眼藐視京官，又因本性倔強，漸近於愎，不知不覺做出許多不恕之事，說出許多不恕之話，至今愧恥無已。」曾國藩年輕時性格剛而倔強，幾乎到了剛愎自用的地步，以致碰過不少壁。

曾國藩透過不斷的錘鍊逐漸改變了自己倔強而近於剛愎的性格，從而使他具備了剛柔並濟的性格特徵。特別能顯示曾國藩剛中有柔性格的地方，是他和左宗棠的交往。曾國藩為人拙誠，言語木訥，而左宗棠恃才傲物，語言尖銳，鋒芒畢露。曾國藩曾見左宗棠為如夫人洗腳，便笑著說：「替如夫人洗足。」左宗棠立即諷刺說：「賜同進士出身。」又有一次，

曾國藩幽默地對左宗棠說:「季子才高,與吾意見常相左(季子是左宗棠的字)。」左宗棠也不示弱:「藩侯當國,問他經濟又何曾!」一對一答之中,曾國藩言語比較溫和,既抓住了左宗棠的個性特點,又指出了彼此的矛盾,但對此不發表任何議論。而左宗棠的言語,明顯過於尖刻,且盛氣凌人,大有不把曾國藩放在眼裡、不可一世之態。可是,曾國藩沒有怪罪他。

左宗棠識略過人,又好直言諱。曾國藩第一次兵敗投水未遂時,左宗棠前來探望曾國藩,見他奄奄一息。責備他說國事並未到不可收拾的地步,何必速死,此乃不義之舉。曾國藩怒目圓瞪,不發一言。後來,曾國藩在江西端州營中聞父逝世,立即返鄉。左宗棠認為他捨軍奔喪,是很不應該的,湖南官紳也譁然應和。第二天,曾國藩奉命率師援浙,路過長沙時,登門拜訪並手書「敬勝怠,義勝欲;知其雄,守其雌」十二字為聯,求得左宗棠的篆書,表示敬仰之意,使二人一度緊張的關係趨向緩和。由於曾國藩採取寬容的態度,用柔和的心態包容剛硬耿直的左宗棠,二人一直相處得融洽。

曾國藩曾寫過一聯:「養活一團春意思,撐起兩根窮骨頭。」這也是剛柔兼濟。正是這種剛中有柔,柔中帶剛的性格使曾國藩游刃於相互傾軋的清代官場之中。

「弱肉強食」是動物界中的普遍現象,弱小的動物總是被強大的動物吞掉。在人類社會也存在著這種現象,軟弱的人總是受人欺壓,被人欺凌,處處扮演受氣包的角色,實際生活中做人太軟弱是不行的,軟弱的人總是會被人利用或欺負。

人若無剛,不如粗糙。後主李煜,沒有人君之才,卻做了人主;既為人主又不為民思,用小人,疏忠臣,耽湎於聲色酒樂。面臨強敵威脅,又不思防禦,只希望以專心事宋而保持苟安局面,成為宋室之囚,且不得善終。作為男人,他沒有一點剛強之氣,實在窩囊。

在為人處世中我們提倡忍讓,但「忍」並非軟弱可欺。我們要善於軟

硬兼施。該軟時軟，該硬時絕不退讓。人生在世，待人接物，應該說更多的時候是軟的，所謂有話好說，遇事好商量，遇事讓人三分 …… 都是人們待人接物中常有的態度和常用方法。但不是所有的時候軟的手段都靈驗，有的人就是欺軟怕硬，敬酒不吃吃罰酒，好話聽不進，惡話倒可讓他清醒。這樣，強硬的態度與手段就成為必要了。

不可意氣用事

三句話不對頭，便拍案而起；兩杯酒下肚，便勾肩搭背 —— 這都非強者本色。

毫無疑問，人人都有情緒，聽到惡言心裡多些不爽，遇到談得來的難免心生好感。但情緒是人對事物的一種最浮淺、最直觀、最不用腦筋的情感反應，它往往只從維護情感主體的自尊和利益出發，不對事物做深入和理智的考慮。這樣的後果，常使自己處在很不利的境地或為他人所利用。

本來，情感占主導地位就跟智謀距離很遠了（人常以情害事，為情役使，情令智昏），情緒更是情感的最表面部分，最浮躁部分，帶著情緒做事，焉有理智的？不理智，能夠穩操勝券嗎？不理智，能不惹禍上身嗎？

但是我們在工作、學習、待人接物中，卻常常依從情緒的擺布，什麼蠢事都敢做，什麼蠢事都做得出來。比如，因一句無甚利害的話，我們便可能與人爭鬥，甚至拚命（詩人米哈伊爾‧萊蒙托夫（Mikhail Lermontov）、詩人金亞歷山大‧普希金（Aleksandr Pushkin）與人決鬥死亡，便是此類情緒所致）；又如，因別人給的一點假仁假義而心腸頓軟，犯下根本性的錯誤（西楚霸王項羽在鴻門宴上耳軟、心軟，以致放走死敵劉邦，最終痛失天下，便是這種婦人心腸的情緒所為）；還可以舉出很多因情緒而犯的過錯，大則失國失天下，小則誤人誤己誤事。事後冷靜下來，自己也會感到很後悔。這都是因為情緒的躁動和亢奮，使自己頭腦發熱，矇蔽了心智所為。

　　除了日常生活中的這種習慣所為和潛意識所為，敵戰之中，人們有時故意使用這種「激將法」，來誘使對方中計。所謂「激將」，就是刺激你的情緒，讓你在情緒躁動中，失去理智，從而犯錯。因為人在心智冷靜的時候，大都不容易犯錯。楚漢之爭時，項羽將劉邦父親五花大綁陳於陣前，並揚言要將劉公剁成肉泥，煮成肉羹而食。項羽意在以親情刺激劉邦，讓劉邦在父情、天倫壓力下，自縛投降。劉邦很有智慧，也很冷靜，沒有為情所矇蔽，他的大感情戰勝了親私情，他的理智戰勝了一時的情緒，他反以項羽曾和自己結為兄弟之由，認一己父就是項父，如果項羽要殺其父，煮成肉羹，他願分享一杯。劉邦的超然心境和不凡舉動，項羽根本沒想到，以致無策回應，只能潦草收兵。與此相同的是，三國時諸葛亮和司馬懿祁山交戰，諸葛亮千里勞師欲速戰。司馬懿看穿孔明急於求戰的心理，因為蜀軍遠征，糧草供給線過長，時間越久越對蜀軍不利，所以他便以逸待勞，堅壁不出，以空耗蜀軍士氣，然後伺機取勝。諸葛亮面對司馬懿的閉門不戰，無計可施，最後想出一招，送一套女裝給司馬懿，羞辱他閉門不戰宛若婦人。一般人根本難以忍受這種侮辱，可司馬懿畢竟非同一般，他落落大方地接受了女裝，情緒並無影響，還是堅壁不出，諸葛亮幾乎無計可施，最後身死五丈原。

　　以上是戰勝了自己情緒的例子。在生活中，也有許多人克制不住自己而成為情緒的俘虜。在三國演義中，諸葛亮七擒七縱孟獲，這個蠻王孟獲便是一個深為情緒役使的人，他之所以不能勝過諸葛亮，正是心智不及諸葛亮的緣故。蜀國大國壓境，孟獲以帝王自居，小視外敵，結果一戰即敗，完全不是對手。

　　孟獲一戰即敗，應該坐下慎思，再出奇招，卻自認一時晦氣，再戰必勝。再戰，當然又是一敗塗地。如此幾番，把個孟獲氣得渾身亂顫。又一次對陣，只見諸葛亮遠遠地坐著，搖著羽毛扇，身邊並無軍士戰將，只有些文臣謀士之類。孟獲頭腦一發熱，不及深想，便縱馬飛身上前，欲直取諸葛亮首級。可想而知，諸葛亮已將孟獲氣成什麼樣子了，以及孟獲已被一己情緒折騰成什麼樣子了。諸葛亮的首級並非輕易可取，身前有個陷馬

坑，孟獲眼看殺到諸葛亮車前時，卻一頭墜入陷阱，又被諸葛亮生擒。孟獲敗給諸葛亮，除去其他原因，孟獲生性爽直、不動腦筋，為情緒矇蔽，經常頭腦發熱，不仔細思考問題，也是一個重要的因素。

意氣用事是衝撞和魯莽的表現，會傷害到別人，同時也會傷害到自己。意氣用事的人往往欠缺思考，他們也沒有時間去思考。他們的行動已經被感情所控制，要麼處於極端憤怒的狀態。要麼處於不顧一切後果的狀態，在這種狀態下，任何人說的話他們都不會聽；任何人對他們的幫助，他們也會視而不見。這樣的人是很危險的。

意氣用事的人往往會傷害身邊的人。意氣用事的人極有可能經常遭遇失敗，將自己推到了一個萬劫不復的地步。其實在很多時候，我們人要學會隨遇而安，比如現在的狀況雖然不如意，但是如果意氣用事，自己可能會有更大的不如意。因此，在很多時候人們要學會冷靜和理智。意氣用事的人往往失去理智，失去理智的人往往連自己的想說的話都說不清楚，他又怎麼可能讓別人覺得他確實有理呢？

意氣用事的人往往還會給別人造成耍橫的樣子，別人很快就會認為這人是在胡攪蠻纏，因此不會對他有太多的照顧。其實人要追求什麼東西，或者向人要討回什麼東西，在這種時刻人更多的應該學會理智很清醒，學會把自己的想法清晰有序地表達出來。

對人奉承和意氣用事走的是兩個方向。對人奉承是一種柔的方向，而意氣用事則是一種剛的方向。

成功的領袖、領導者，都善於控制自己的情緒，掌握自己的心態，約束自己的言行。無論受到什麼刺激，他們都能保持沉著、冷靜。必要時能克制自己的憤怒與悲傷，忍受身心的痛苦與不幸，克制自己各種不利於大局的情緒，表現出高度的自律和自制，在待人接物上做到忍讓克己。

在平常生活中，善於控制情緒的人更受人歡迎，更受人尊重。有些人易衝動，控制不了自己的情緒和行為，遇到刺激，易興奮，易激動；處理問題冒失、輕率，好意氣用事，不顧後果。這種人，你會喜歡他嗎？你

會把自己的心事與他分享嗎？你會信任他能幫你解決難題嗎？

潮起潮落，冬去春來，日出日落，月圓月缺，花開花謝，草榮草枯，自然界萬物都在循環往復的變化中。我們也不例外，情緒會時好時壞，受各種干擾，但我們要學會控制自己的情緒。因為，昨天的歡樂會變成今天的哀愁，今天的悲傷又會轉為明日的喜悅。福兮，禍兮，福禍相依兮。

弱者讓情緒控制自己，強者讓自己控制情緒，我們要學會與自己的情緒對抗。

縱情得意時，要想想競爭對手的強悍；悲傷恐懼時，要開懷大笑著努力向前；自以為是時，要知道山外有山；自卑沮喪時，要換上新裝引吭高歌；出離憤怒時，要想到憤怒的後果，耐心地聽別人解釋；病痛哀傷時，要記起天下那些生來殘缺的身體，想想明日仍會升起的太陽。

學會控制自己的情緒，才能真正成為自己的主人，同時也向堅強、理智、沉穩、樂觀、有遠見等許多優秀特質靠近。

你只有先成為自己的主人，並具備這些能給人力量、支持和喜悅的特質，才能成為別人所愛、所敬、所信任的人。

切忌斤斤計較

斤斤計較是一種弱者心態，它的表現就是凡事都要較個真，都要分出個子丑寅卯來。其實，有許多事情都是無關緊要的，是跟自己沒有什麼利益衝突的，凡事都去計較實在是浪費時間，同時也顯得沒有肚量，不僅容易弄糟自己的情緒，也容易破壞人與人之間的關係，甚而影響自己的前程。

「水至清則無魚，人至察則無徒」，太認真了，就會對什麼都看不慣，連一個朋友都容不下，把自己同社會隔絕開。鏡子很平，但在高倍放大鏡下，就呈凹凸不平的山巒狀；肉眼看著乾淨的東西，拿到顯微鏡下，滿目都是細菌。試想，如果我們帶著放大鏡、顯微鏡生活，恐怕連飯都不

敢吃了。如果用放大鏡去看別人的缺點，恐怕看誰都覺得不可救藥。

　　人非聖賢，孰能無過。與人相處就要互相諒解，經常以「難得糊塗」自勉，求大同存小異，有度量，能容人，你就會有許多朋友，且左右逢源，諸事遂願；相反，「明察秋毫」，眼裡不揉半粒沙子，過分挑剔，什麼雞毛蒜皮的小事都要論個是非曲直，容不得人，人家就會躲你遠遠的。最後，你只能關起門來「稱孤道寡」，成為使人避之唯恐不及的異類。古今中外，凡強者都具有一種優秀的特質，就是能容人所不能容，忍人所不能忍，善於求大同存小異，團結大多數人，他們極有胸懷，豁達而不拘小節，大處著眼而不會目光短淺，從不斤斤計較，不糾纏於非原則的瑣事，所以他們才能成大事、立大業，使自己成為不平凡的偉人。

　　不過，要真正做到不認真計較、能容人，也不是簡單的事，需要有良好的修養，需要有善解人意的思考模式，需要從對方的角度設身處地考慮和處理問題。多一點體諒和理解，就會多一些寬容，多一些和諧，多一些友誼。比如，有些人一旦做了官，便容不得下屬出半點錯誤，動輒捶胸頓足，橫眉立目，屬下畏之如虎，時間久了，必積怨成仇。想一想，天下的事並不是你一人所能包攬的，何必因一點點問題便與人鬥氣呢？

　　還有在公共場所遇到不順心的事，也不值得生氣。素不相識的人冒犯你肯定是別有原因的，不知什麼煩心事使他這一天情緒低落，行為失控，正巧被你遇到了，只要不是侮辱你的人格，應該寬大為懷，不以為意，或以柔克剛，曉之以理。總之，不能與這位和你原本無冤無仇的人斤斤計較。假如動肝火、爭鋒相對，造成不好的後果，得不償失。跟萍水相逢的陌生人認真計較，實在不是聰明人做的事。假如對方沒有教養，認真計較就等於把自己降低到了對方的水準。此外，對方的冒犯從某種程度上是在發洩和轉嫁痛苦，雖說我們沒有分攤他痛苦的義務，但客觀上卻實際幫助了他，無形之中做了件善事。這樣一想，心情就平靜多了。

　　清官難斷家務事，在家裡更不要認真計較，否則你就愚不可及。與老婆孩子之間哪有什麼原則、立場的大是大非問題，都是一家人，非要用「階級鬥爭」的眼光看問題，分出個對和錯來，又有什麼用呢？人在單

位、在社會上扮演著各種各樣的規範化角色，如恪盡職守的國家公務員、精明體面的商人，還有工人、職員，但一回到家裡，脫去西裝革履，也就是脫掉了你所扮演的這一角色的「行頭」，即社會對這一角色的規矩和種種要求、束縛，還原了你的真實樣貌，盡可能地享受天倫之樂。假如你在家裡還跟在社會上一樣認真、一樣循規蹈矩，每說一句話、每做一件事還要考慮對錯、妥否，顧忌影響、後果，掂量再三，那不僅可笑，也太累了。頭腦一定要清楚，在家裡你就是丈夫、就是妻子。所以，處理家庭瑣事要採取「綏靖」政策，安撫為主，大事化小，小事化無，當個笑口常開的和事佬。

言辭謹慎節制

「病從口入，禍從口出。」這是一句人盡皆知的老話了。

據說當年沙皇抓了一名國外的間諜，將其送上絞刑架，卻不料絞刑剛一開始，絞索就斷了。依照慣例，執行絞刑時繩索斷了，應視為上天有意赦免該人。驚魂未定的間諜從地上爬起來，高興地對圍觀的人群說：「看看，愚蠢的沙皇政府居然連一條繩索也做不好！」沙皇得知絞索斷裂，正要依例放人，隨口問了前來報告的行刑官：「他當時說了什麼？」行刑官如實相告。「那麼，我覺得我們有必要證明給他看，我們到底能否做好一條繩索。」沙皇後來是這麼說的。結果不用多說，相信各位讀者能猜到。

人的禍患很多時候都是由嘴巴造成的。人們在說話的過程中要麼得罪了人，要麼是讓別人看不起自己。遵從愚道的人往往會控制好自己的嘴巴，不會口無遮攔。

口無遮攔是個嚴重的缺點，很多人為了圖一時口快，往往將不該說的話說了出來。人腦的運轉速度往往要快過嘴巴。有些人往往會說哪些該說，哪些不該說，其實我也不知道。嘴快的人還會說，誰說我不知道，不就是 …… 說到這裡他自己就會後悔。這些口無遮攔的人往往是沒有心機的，而且對別人戒備心也不是太強，往往有些喜歡爭強鬥勝。有些人往往

懂得用激將法來獲取別人的祕密，這種手段雖然卑劣，但是屢試不爽。其實自己應該反思一下，把不該說的話說出來不過是一時口快，但是說出來以後，自己卻要背負沉重的心理負擔。既然是這樣，在一開始就應該有很強烈的、出言謹慎的意識。然而這世界上確實有些讓人防不勝防，有些人會使用各種手段來套取別人不該說的話，對付這樣的人，最簡單的辦法就是不再搭理他，根本就不跟他搭腔。

在我們身邊，說話尖酸刻薄的人並不少見。這類人中甚至有的人其實是「豆腐心」，只是管不足自己開合的嘴，讓刀子從嘴裡一把一把地飛出來。為什麼要字字句句直逼對方的要害呢？是為了突出自己的伶牙俐齒，還是為了顯示自己的權威？

尖酸刻薄的話，傷在人的心上，是看不見的暗傷。看得見的明傷好治療，看不見的暗傷難痊癒。嘴上損人只須一句話，別人記恨或許是一輩子。一個尖酸刻薄、處處樹敵、遭人記恨的人，我們很難想像他會與成功和幸福有緣。

一則法國諺語說：「語言造成的傷害比刺刀造成的傷害更讓大家感到可怕。」某部書中說：「老天爺禁止我們說那些使人傷心痛肺的話，有些話語甚至比鋒利的刀劍更傷人心；有些話語則使人一輩子都感到傷心痛肺。」

此外，還有些人喜歡在他人面前展示自己的「才華」，於是便喜歡上了抬槓，凡事都要與他人爭個高低，分出個勝負，目的是讓別人知道自己的智慧有多高，顯示自己是個多麼有想法、有創意的人。

這種人只要一搭上話題，馬上針鋒相對，不管別人說什麼，他們總要予以反駁。當你說「是」時，他們一定要說「否」；當你說「否」的時候，他們又說「是」。總之，事事都要出風頭，時時都想顯示自己。實際上，這樣的人並不一定才華橫溢，很可能是胸無點墨、腦袋空空、沒有主見的人。

與人抬槓爭風的做法，並不是智者所為。凡事都想搶占上風的人，在

與人抬槓時，總擺出一副不把別人逼進死胡同誓不罷休的架勢，他們的下場不用說大家也清楚。

喜歡抬槓的人，不知道你們有沒有想過，你與人抬槓時，自己的虛榮心得到了滿足，但別人會是怎樣的感受呢？喜歡抬槓的人大都沒有意識到這一點。

生活中，與人抬槓爭風的人，在別人眼裡只是個跳梁小醜，難成什麼大器。在工作中，這種不良習慣也會使你與同事產生隔閡，沒人願意給你提好的意見或建議。原本是好人的你，一旦不幸染上抬槓的壞毛病，朋友、同事都將遠離你。

那麼如何才能做一個不與人抬槓的聰明人呢？其實方法很簡單。

如果你與別人只是閒談，要明白對方根本不是來聽你說教的，只是當作娛樂罷了。倘若這時你自作聰明，一定要拿出自己對話題的「高見」與對方抬死杠，相信任何人都不會接受的。所以，你千萬不能時刻擺出教訓人的架勢與他人抬槓，即使他人的看法是錯誤的也要佯裝贊同，因為那只不過是為了娛樂而已。

抬槓爭風傷人又不利己，因此在他人面前不要顯擺自己，應該虛心請教他人的意見建議，人長處為己所用，完善自己的看法，如此一來，既尊重了別人，又充實了自己，可謂一舉兩得。

那些強者在說話方面也如同在任何其他事情方面一樣，總是注意自我克制，總是避免心直口快、尖酸刻薄，絕不能傷人感情為代價而逞一時口舌之快。比如，有的人在工作中看到別人事情處理不好時，他不會在旁邊指手畫腳，說三道四，更不會把別人攆走，顯示他的才能，而是很客氣地說：「我試試看怎麼樣？」這樣說了，即使在接下來的工作中做不好也不會丟面子；如果做得好，即使別人嘴裡不說，心裡也會佩服他。尤其是他沒傷害別人的面子，又替別人做好了事，大家從心底認為這個人「夠意思」，做人沉穩踏實，又有真本事。

良言一句三冬暖，惡語幾字六月寒。某高僧在給其弟子的一封信中寫

道：「禍從口出而使人身敗名裂，福從心出而使人生色增光。」它的意思是：有時說話的人並無惡意，但對聽者而言，卻可能是傷及其自尊心的惡語，所以勸世人，說話應謹慎，只說該說的話。

說話有分寸，則讓人高興；說話無遮攔，只會讓人傷心。一句話就是同一個意思，出自兩個人之口，聽起來也有區別。你自己信口開河，根本意識不到會傷害他人，但別人認為你是有意的，俗話說「口乃心之門」，你明顯是故意傷害他。

馬克・吐溫（Mark Twain）曾說，我可以靠別人說的一句好話，開心長達兩個月 —— 這是極有意思的。其實，你我又何嘗不是如此呢？既然我們的一句好話，就可能暖人心田，贏得人心，那麼我們何不一試呢？須知，這也是在幫助我們自己啊！

忠言何須逆耳

忠言逆耳利於行 —— 這句話歷代被引為圭臬，似乎只要出發點是好的，忠言逆耳很正常，甚至於認為忠言就該逆耳否則就不是忠言了。

《菜根譚》中有云：攻人之惡毋太嚴，要思其堪受；教人之善毋過高，當使其可從。意為責備別人過錯的時候，千萬不要過於嚴厲，要學會顧及對方是否能夠承受；教誨別人行善的時候，也不要有太高的期望，而要顧及對方能否做到。

為什麼忠言必須逆耳呢？歷史上有很多大臣都因為進忠言而被國君所殺，後世人雖然稱讚他們是忠臣，那些君王也被稱為昏君。但這其實和忠言逆耳並沒有必然的連繫，人們常常用良藥苦口來形容忠言逆耳。可是良藥有時也可以不苦口，只不過多放一些糖而已。

一般人，即使是千古名君，比如唐太宗，大都是不喜歡聽逆耳的忠言的。唐太宗有一回怒氣衝衝地回到後宮說要殺了那個種田的，長孫皇后明白他要殺魏徵，她知道肯定是魏徵又因為直言勸諫惹惱了唐太宗。於是穿

著十分正式的服裝來向唐太宗恭賀他有個諍臣。唐太宗這個時候怒氣才消。試想如果沒有長孫皇后「不逆耳」的勸諫，唐太宗一怒之下真有可能把魏徵給殺了。像唐太宗這樣的明君，都很難忍受逆耳的忠言，可想其他人該是如何看待逆耳忠言了。

其實，幾乎是所有人在有些時候可能會聽得進逆耳的忠言，但絕不會一直喜歡聽逆耳的忠言。人們之所以不喜歡聽逆耳的忠言，其主要原因在以下四個方面：

首先，沒有人喜歡聽逆耳的話。試想如果一個陌生人對你說了逆耳的話，你會怎麼反應，必定是認為他在挖苦譏諷，或是在挑釁滋事。也許人家真的是一片好心，但是一般人對陌生人都有防備心理，覺得陌生人不可能沒有任何企圖。倘若這個陌生人後來成了你的朋友，你也比較信賴他，說一兩次逆耳忠言你也許聽得進去，但是忠言如果總是同樣逆耳，你仍然會覺得他看不起你，自然會慢慢疏遠他。

其次，一般人最需要的是鼓勵，而不一定都是忠告。如果你想保持和朋友之間親密的關係，那就最好不要常用逆耳的方式說忠言，也不要看不起那些經常說你朋友好話的人。忠言即使逆耳也只能在關鍵時刻說。有些人認為自己確實是在為朋友著想才說逆耳忠言。但是他們忽略了一個事實，這個世界上許多人內心都很自卑，即使是那些十分成功的人，逆耳的忠言可能讓他們的自卑情結進一步加深。他們此時需要的是鼓勵，而不是忠言，更何況還那麼逆耳。逆耳的忠言此時就是十分無情的打擊，這樣做不失去朋友才怪。

再次，每個人往往都有自己的主張。同樣看待一件事情，從不同的角度來看會有不同的結果。別人做出一個決定，是由於他認為這個決定能夠得到最大的效益於是才做出的。在這個時候如果你給他意見，公開反對這個決定，別人往往會很不開心。雖然他明白你可能是為了他好，但他可能會生氣。高明的人也許會做個樣子，會對給他的建議和主張表示感謝，此時要見好就收，而不要反覆提忠言。忠言太多，別人會覺得你在干擾他的決策，畢竟對方覺得自己做出這個決定，是經過十分謹慎和細膩思考才想

出來的。

最後，能給建議的人太多，自詡能提供意見的人更多。這些話如果非讓別人都聽進去的話，那麼這個人也就成為了處理訊息的機器，而沒有了自己的主見。每一個人都應該有自己的主見，也應該有自己的想法，而且也會利用自己手中掌握的權力來貫徹自己的想法。過度地干涉別人的決策，別人當然不高興。有些人看到別人偶爾採納了自己的一些意見，就不斷持續給別人提意見。殊不知，別人偶爾採納只不過是意思意思而已，是不想讓提意見的人失望罷了。如果硬要反覆提的話，總有一天別人會不耐煩的。

我們一定要明白一個道理：忠言並不一定要逆耳。有很多人在說到忠言的時候往往不知道變通，不知道語言藝術，不知道用十分委婉的方法將自己的主張表達出來，結果呢，忠言往往惹怒了別人，而自己還怪別人不能聽進忠言。

忠言都是經過「加糖」，所以別人愛聽，喜歡聽自然會採納。有些人似乎認為忠言不逆耳就不夠力度，於是總是添油加醋說些很刺耳的話，說什麼如果不這樣做的話，一切將變得如何如何不可收拾。我們小時候聽到過這樣的「忠言」大都是來自我們的長輩，諸如「你不好好學習就考不上大學」一類的話，多的簡直數不勝數。

如果忠言確實是杯苦藥，那麼千萬要記得多加點糖。只要目的達到，多加點糖並不是什麼損失。千萬不要將做人的原則和迂腐的觀念拿來說事，那樣做很容易得罪人。就如同說真話固然重要，但是也要注意表達方式，表達方式錯了，真話也沒有人願意聽。

有理且讓三分

不知你有沒有發現：人們看自己的過錯，往往不如看別人那樣苛刻。原因當然是多方面的，其中主要原因可能是我們對自己犯錯誤的來龍去脈了解得很清楚，因此對於自己的過錯也就比較容易原諒；而對於別人的過

錯，因為很難了解事情的方方面面，所以比較難找到原諒的理由。

大多數人在評判自己和他人時不自覺地用了兩套標準。例如，如果我們發現了旁人說謊，我們的譴責會是何等嚴酷，可是哪一個人能說他自己從沒說過一次謊？也許還不止一百次呢！

或許是生活中有太多需要忍耐的不如意：和老闆罵了、被妻子怨了、被兒子氣了 …… 這些都似需要無條件忍耐。有的人忍一忍，氣就消了；有的人忍耐久了，心中的不平之氣就如堤內的水位一樣節節攀升。對於後者來說，一旦逮到一個合理的宣洩口，心中的怒氣極易如洪水決堤般洶湧而出，還美其名曰：「理直氣壯」。

做人要學會給人留下臺階，這也是為自己留下一條後路。每個人的智慧、經驗、價值觀、生活背景都不相同，因此在與人相處時，相互間的衝突和爭鬥難免 —— 不管是利益上的爭鬥還是非利益上的爭鬥。

大部分人一陷身於爭鬥的漩渦，便不由自主地焦躁起來，一方面為了面子，一方面為了利益，因此一旦自己得了「理」便不饒人，非逼得對方鳴金收兵或豎白旗投降不可。然而「得理不饒人」雖然讓你吹著勝利的號角，但這也是下次爭鬥的前奏，因為這對「戰敗」的一方而言也是一種面子和利益之爭，他當然要伺機「討要」回來。

有一位哲人說過這麼一句引人深思的話：「航行中有一條公認的規則，操縱靈敏的船應該給不太靈敏的船讓道。我認為，人與人之間的衝突與碰撞也應遵循這一規則。」

最容易步入「得理不讓人」迷思的，是在能力、財力、勢力上都明顯優於對方時，也就是說你完全有本事乾淨俐落地收拾對方。這時，你更應該偃旗息鼓、適可而止。因為，以強欺弱，並不是光彩的行為，即使你把對方趕盡殺絕了，在別人眼中你也不是個勝利者，而是一個無情無義之徒。

《菜根譚》中說：「鋤奸杜倖，要放他一條生路。若使之一無所容，譬如塞鼠穴者，一切去路都塞盡，則一切好物俱咬破矣。」所謂「狗急跳

「牆」，將對方緊追不捨的結果，必然招致對方不顧一切的反擊，最終吃虧的還是自己，這也算是一種讓步的智慧吧！

交際距離適中

　　馬超是東漢名將馬援的後代，曾經與曹操、劉備的大軍交過手，皆不分勝敗，可以說是一員不可多得的猛將。劉備招降他之後，對他相當賞識，沒多久便任命他為平西將軍，且冊封為都亭侯。

　　馬超以「新貴」的身分備受禮遇後，便開始自命不凡，志得意滿，自覺形同劉備的知己、手足，也不太注意君臣應有的禮節。與劉備說話不避名諱，左一句「玄德」，右一句「玄德」，劉備心裡不大痛快，與劉備一起打拚多年的眾「核心幕僚」聽起來更是刺耳！

　　關羽氣不過，想要殺了他，但劉備不同意。這時，張飛說：「如果不殺他，也要教教他懂點禮節，注意點分寸！」

　　言教不如身教，所以，他們決定給馬超來一次「機會教育」。

　　第二天，劉備召集所有部將開會，關羽和張飛都刻意提前到達，而且持刀恭敬地站立兩旁，讓君臣的從屬關係看起來真的是有不可踰越的距離。

　　馬超進來後，看見「前輩」關、張二將直挺挺地站在一旁，並沒有就座，這才恍然大悟，心想以關、張的身分地位，都不敢造次，自己算考幾？於是他便有些尷尬地退到一旁。從此之後，馬超再也不敢太過於囂張，這使他最終真正成了劉備蜀漢朝中舉足輕重的一員大將。

　　俗語說，僕人面前無偉人。上司在某種程度上需要保持一定威儀，若和他過從甚密，他就難以進入角色，顯不出那一份尊重來。另外，與上司過於親密，也容易失去其他人緣，也會招致同事的輕視和討厭，甚至有些人還會起來拆你的臺。馬超不懂這些，所以招來劉備的不快與關羽的殺機。劉備念在馬超有些價值，方才避免了他人頭落地的悲劇。

　　現代社會中沒有古時那麼血腥，但相關的「禮數」與「規矩」仍然存在。不光是上下級之間，同事之間、朋友之間甚至伴侶之間，都有一個距離的問題。距離太近，讓對方感覺不自在，距離太遠，又讓對方感到怠慢。這中間的尺度與分寸拿捏，委實難倒了不少人。

　　究竟要怎樣才算得上距離適中呢？

　　以對上級來說，既不引人注目又不默默無聞，既讓上級感覺到你的存在又不讓其感覺你無所不在，關係和諧卻不至於親密，這種狀態最好。以同事之間來說，既合作又競爭。既有話可說又不無話不說，這種狀態最好。以朋友之間來說，既親密又不過分熱情，既講義氣又不盲從，這種狀態最好。以伴侶之間來說，既關愛又不寵愛，既親密又留點空間，這種狀態最好。

　　當然，要領會與貫徹上面所說的分寸，並非一日之功。「分寸」是一個多方力量博弈的平衡點，人們只有在實際的生活中敏銳感知力量的牽引，才能找到最適中的位置。

強者登場：陸遜

　　關羽兵敗麥城被吳軍所殺，劉備痛失結拜兄弟兼愛將，悲憤交加，不顧諸葛亮等人的苦苦勸諫，親率70多萬大軍出川伐吳。蜀軍一路連戰皆勝、勢如破竹。東吳上下恐慌，孫權採用了闞澤的建議，拜年輕小將陸遜為兵馬大都督。陸遜受命於危難之際，沉著鎮定。

　　面對劉備的強盛攻勢，陸遜採用了堅守不出、拖垮敵軍的戰術。他下令各處關防牢守隘口，不得出兵迎戰。這使得東吳一班急於出戰復仇的將軍大為不滿，這些身經百戰的將領嘲笑陸遜的書生懦弱。劉備派老弱兵士在關前辱罵搦戰，後面隱藏重兵，想誘敵深入，然後圍而殲之。東吳將領被罵得火冒三丈，都請命出戰，陸遜看出其中有詐，仍不讓出戰。劉備無奈，只好率大隊人馬回營。

　　有一次，蜀軍又來罵陣，陸遜下達命令，要大家堅守營寨，不可出戰。可是將領們都不服從，紛紛要出去迎戰。陸遜霍地站起，手按寶劍，注視著眾將說：「劉備是天下聞名的英才，曹操都懼他三分。如今他率領大軍親自作戰，絕不可輕敵妄動。諸位都受過國家大恩，應該和睦相處，齊心合力消滅強敵，以報國家。但是，你們卻不服從我的指揮，究竟為什麼？我陸遜雖為一介書生，卻是受了主公的委任。主公之所以委屈各位做我的部下，是認為我還有一點點可以稱道，就是能忍辱負重。大家各有職責，豈能推辭！軍有常法，不可違犯！」

　　各位躍躍欲試的將領聽了，礙於軍法，只好服從。

　　當時正值酷暑盛夏，遠道而來的蜀軍既累又熱。劉備久攻不下，只好傍山林下寨，待秋天再出擊。陸遜見蜀軍樹柵相連，縱橫700里紮營，正中下懷。如此宿營，首尾兼顧，的確堅固，但有一個致命的弱點，即最怕火攻。一旦火起，無法營救。陸遜正希望蜀軍如此，以便他大顯身手。當時的魏主曹石及遠在成都看守大本營的諸葛亮都事先看到了這一點，諸葛亮前去通知已來不及，而曹石卻想等東吳大勝追擊時偷襲江東。

　　機會來了，陸遜卻並沒有立即出兵，而是首先進行了一次試探，以麻

痺劉備。陸遜派末將淳於丹率 5,000 兵馬攻擊敵營，這是東吳堅守以來的第一次出擊，結果大敗而歸。劉備得勝，愈發輕視陸遜，不再警惕。

　　第二天夜裡，陸遜派主力來到時，蜀營已有所察覺，劉備卻毫不在意：「昨夜將他們打得丟盔棄甲，今夜他們還敢再來嗎？」劉備顯然中計了。陸遜首先在大營前後縱火，火借風勢，蔓延開來，蜀兵大亂奔竄。陸遜的兵馬四處夾攻，蜀軍大敗，死傷無數。幸而從川中趕來的趙雲搭救了劉備，逃往白帝城。經此大劫，劉備一病不起，最終死於白帝城。

　　陸遜大敗蜀軍的消息令孫權喜笑顏開。他在得知陸遜是如何力排眾議時，對陸遜說：「將軍當初為什麼不向我舉報那些不聽指揮的人？」陸遜回答說：「我受主公恩德深重，而這些將領，或者是陛下的心腹愛將，或者是陛下的得力助手，或者是國家功臣，都是陛下應該依賴、共同成就大業的人。我仰慕藺相如、寇恂以國家為重、委曲求全的做法，為的是有利於國家。」孫權聽了大笑，加給陸遜輔國將軍稱號，兼任荊州牧，改封為江陵侯。

　　陸遜在整個火燒連營的戰役中，處處表露出一種作為強者的分寸感。例如當部將們意氣用事要迎戰時，他用鐵般堅硬的軍法阻止，同時著眼於大局，沒把將士輕慢自己的事情上報孫權。而在戰事完畢，孫權知道了整個過程後，依然沒有談及自己的半點委屈，將話題放在「將相和」上。陸遜在處理下級與自己、自己與上級之間的關係上，顯示出一種精確的分寸。正是這種分寸，他贏得上下的一致好感。

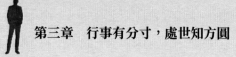

第四章
遇亂能冷靜，應變力超強

水因地而制流，兵因敵而制勝。故兵無常勢，水無常形。——
《孫子兵法》

泰山崩於眼前而色不變，麋鹿興於左而目不瞬，然後可以制在，
可以待敵。—— 蘇洵

水隨器成其形。——《作庭記》

窮則變，變則通，通則久。——《周易·系敵下》

拿破崙（Napoléon Bonaparte）認為，在戰場上最重要的一點是應變力，他曾說：「應變力也是戰鬥力，而且是重要的戰鬥力。」拿破崙的觀點其實並不新鮮，早在 2,000 多年前的春秋末年，著名的軍事家孫子就說過：「兵無常勢，水無常形」，強調戰爭中要善於隨機應變。

恐龍不可謂不強大，蟑螂不可謂不弱小。但大自然的叢林法則是「適者生存」而不是「強者生存」。強者在變幻的自然面前若不能積極應變，強弱的轉換可以一下令曾經的強者跌入毀滅的深淵。恐龍的滅絕就是因為應變能力不夠。而不起眼的蟑螂，是適應各種環境的高手，在面對各種各樣的環境時，身體結構也能隨之做出最適應的改變，所以能堅強地生存下來。

所以，真正的強者做起事來如水一樣，能「隨器成其形」。放在桶裡的水是圓的，放在箱子裡的水是方的，遇冷成冰，受熱化霧，隨勢而變，不拘一格，卻不改其水的本色。當今社會瞬息萬變，並且變化速度日益加快，被人稱之為「10 倍速時代」。只有快速反應，提高應變力，才能生存，並在生存中圖發展。

善於變通才會贏

《周易·繫辭下》有云：窮則變，變則通，通則久。意思是事物到了盡頭就會發生變化，變化就能通達，通達了就能長久。先人們大約是認為竹簡太金貴了，所以惜墨如金，區區的九個字，卻包含了無窮的智慧。任何事物都有一個發生、發展、衰落的過程，大到國家社會、小到個人都是這樣。在事物發展到衰落階段時，就要尋求變化以謀出路。如果一味堅持原來的舊規矩而不思變化，只能僵化致死；反之，如果能適應環境的變化而改變策略，革故鼎新，就能立於不敗之地。

以不斷變通的思想要求自己，讓自己不斷探尋新的思路，就可以突破原有的成就，將自己提升到另一個高度，創造出新的輝煌。

法國伯納德·庫塔茲（Bernard Coutaz）做郵購唱片生意，一做就是

10 年，儘管他很努力，但仍舊兩手空空。庫塔茲想：「總是跟在別人後面跑，不是辦法啊！為什麼不另起爐灶，走一條自己的路呢？」於是他下定決心向其他同行不願意涉足的領域進軍。

市內的藝術館保留了許多歐洲中世紀的風琴音樂作品，其中很大一部分與宗教藝術有關，卻乏人問津。庫塔茲嘗試著製作了這類作品的唱片，投放市場後，備受年長顧客和外國遊客的青睞，因此他大受鼓舞。於是庫塔茲就地取材，把開發「稀有曲目」當作自己的經營方向。

在經營過程中，庫塔茲本著不搞噱頭，曲目和錄音都以追求品質為首要任務的方針開展生意，結果不但擴大了業務，還挖掘了許多「冷僻樂曲」，挽救了不少面臨失傳的「宗教音樂資產」。如今，庫塔茲在歐美的 6 個國家設有分公司，本人也獲得了「唱片大王」的美稱。

沃爾伍茲是一家五金行的小職員，他只想當一名稱職的員工。當時他們的商店積壓了一大堆賣不出去的過時產品，使得老闆十分煩心。沃爾伍茲看到這些產品，頓時產生了一個新的想法，他想如果把這些東西標價便宜一些，讓大家各取所需自行選擇，肯定會有好的銷路。

他對老闆說：「我可以幫您賣掉那些東西。」老闆聽了他的想法後同意了。於是他在店內擺起了一張大桌子，將那些賣不出去的物品都拿出去，每樣都標價 10 元，讓顧客自己選擇自己喜歡的商品，這些東西很快就銷售一空。後來他的老闆又從倉庫裡尋找一些積壓多年的物品放在這張桌子上，也都很快銷售一空。

於是沃爾伍茲建議將他的新點子應用在店內的所有商品上，但他的老闆害怕此舉用於新產品會給他的生意帶來損失，因此拒絕了他的建議。於是沃爾伍茲用自己的想法來獨立創業！

沃爾伍茲找來了合夥人，經過努力他很快就在全國建立起多家銷售連鎖店，賺取了大量的利潤。他的前老闆後悔地說：「我當初拒絕他的建議時所說的每一字，都使我失去了一個賺到 100 萬元的機會。」

上面的那些故事告訴了我們這樣一個道理：佛法自然，人法變通。人活一世，生存環境不斷變遷，各種事情接踵而來，因循守舊、不知變通是

無論如何都行不通的。生活中有一些人總是失敗，就是因為他們頑固不化、按圖索驥、墨守成規，不會變通，從而把自己的道路堵死，結果導致自己寸步難行。其實一些舊思想、舊規矩都是可以打破的，只要我們做事變通而不反常規，靈活而不違原則，這樣就能符合時代的變遷和社會的發展。

　　在這個複雜多變的社會，只有隨機應變、機靈通達才能讓我們立足於世，並且生活得越來越好。

變通做事易成功

　　在西元 1700 年代的法國，馬鈴薯種植曾有很長一段時間得不到推廣。宗教迷信者不歡迎它，給它起了個怪名字 ——「鬼蘋果」；醫生們認定它對健康有害；農學家斷言，種植馬鈴薯會使土壤變得貧瘠。

　　法國著名農學家安托萬・奧古斯丁・帕爾芒捷（Antoine Augustin Parmentier）切曾在德國吃過馬鈴薯，覺得馬鈴薯是一種很好的食品，於是決定在本國培植它。可是，過了很久，他都未能說服任何人。

　　面對人們根深蒂固的偏見，他一籌莫展。後來，帕爾芒捷決定借助國王的權力來達到自己的目的。西元 1787 年，他終於得到了國王的許可，在一塊出了名的低產田上栽培馬鈴薯。帕爾芒捷發誓要讓這不受人歡迎的「鬼蘋果」走上大眾的餐桌！

　　他要了個小小的花招 —— 請求國王派出一支全副武裝的衛隊，白天晚上輪流值班對那塊土地嚴加看守。這異常的舉動，撩撥起人們強烈的偷窺慾望。此舉的確顯得十分神祕，一塊馬鈴薯地怎麼會派哨兵日夜把守呢？周圍的農民無不好奇，不斷地趁著士兵的「疏忽」而溜進去偷馬鈴薯，小心翼翼地把偷來的馬鈴薯拿回去研究，種在自家地裡，精心侍弄，看到底有何不同。哨兵對周圍的農民偷馬鈴薯，表面上似乎嚴禁，實際上則睜一眼閉一眼。當周圍農民種的馬鈴薯獲得豐收之後，所謂的「鬼蘋果」的優點也就廣為人知了。就這樣，透過這個巧妙的主意，馬鈴薯在法

國普及開來，很快成為最受法國農民歡迎的農作物之一。馬鈴薯食品也昂然走進了千家萬戶。

　　人的每一種行為，每一種進步，都與自己的思辨能力息息相關，否則就什麼事情也辦不成了。之所以有的人成就了偉業，有的人卻碌碌無為一輩子，原因就在於思辨能力的差異。其實，成功的機會無處不在，只是它更青睞於善於思考，善於變通的人。別人成功了，我們卻沒有，並不是別人運氣好，而是他們善於思考，對這個世界多了些觀察，對自己的生活多了些思考，在事情的解決方法中學會變通。就像有人說的：這個世界不缺少能做事的人，缺少的是會思考會變通的人。許多成功人士一生不敗，關鍵就在於他們在為人處事中精通變通之道，進退之時，俯仰之間，都超人一等。

　　其實人與人之間，誰比誰聰明、誰比誰幸運並不是最大的差距，最大的差距在於誰思考更深入，變通更及時。因此，我們在生活中要勤於思考善於變通，對於一些別人解決不了的問題，我們可以換個思路去解決；對於別人想不到的事情，我們要努力想到並實現。「只有想不到，沒有做不到」，這句稍顯誇張的話，從某種角度講，是有一定道理的。會思考、會變通的人是永遠不會被困難阻擋的，即使前面荊棘叢生，他們也能披荊斬棘，奮勇直前。

　　人的發展永遠都離不開機會，要想自己能夠把握機會、迎合機會、創造機會，那麼我們就必須不停地開動腦筋；運用智慧，否則我們就有可能會被時代淘汰。西方有一句諺語「上帝在關上一道門時，就會在別處給你打開一扇窗。」詩人陸游詩：「山重水複疑無路，柳暗花明又一村。」只要我們不拒絕變化，並且善於運用變通的思考模式，不斷改變自己的觀念，我們就能抓住機會，走出困境，進入新的天地。

　　世間事物千奇百怪，變幻莫測，固定、單一的思考模式是不足以應對一切複雜多變的世事的。可以說世間唯一不變的真理就是「變」。在做事的時候，只有不斷變通，才可能繞開生活道路上的一切障礙，讓你輕鬆獲得成功。

大路車多走小路

　　一次從城東乘計程車去城西參加一個重要會議。因為時間較緊，我囑咐司機找一條最快的路。「那麼，只有走小路了，不過要繞多一點距離。」我奇怪地問為什麼走小路比大路更快。司機說：「現在是上班時間，大路上的私家車和大巴很擁擠，因此要想快的話最好是繞一點的小路，因為小路車少不堵反而會更快一點。」司機的話給我上了一場人生哲理課。

　　魯迅先生曾說過：「其實地上本沒有路，走的人多了，也便成了路。」而世間之路又有千千萬萬，綜而觀之不外乎兩類：直路和彎路。

　　毫無疑問，人們都願走直路，沐浴著和煦的微風，踏著輕快的步伐，踩著平坦的路面，這無疑是一種享受。相反，沒有人樂意去走彎路，在一般人眼裡彎路曲折艱險而又浪費時間。然而，人生的旅程中是彎路居多，山路彎彎，水路彎彎，人生之路亦彎彎，所以喜歡走直路的人要學會繞道而行。

　　學會繞道而行，迂迴前進，適用於生活中的許多領域。比如當你用一種方法思考一個問題和做一件事情時，如果遇到思路被堵塞之時，不妨另用他法，換個角度思索，換種方法重做，也許你就會茅塞頓開，豁然開朗，有種「山重水複疑無路，柳暗花明又一村」的感覺。

　　在一次歐洲籃球錦標賽上，保加利亞隊與捷克斯洛伐克隊相遇。當比賽只剩下 8 秒鐘時，保加利亞隊僅以 2 分優勢領先，按一般比賽規則說來已穩操勝券，但是，那次錦標賽採用的是循環制，保加利亞隊必須贏球超過 5 分才能取勝。可要用僅剩的 8 秒鐘再贏 3 分絕非易事。

　　這時，保加利亞隊的教練突然請求暫停。當時許多人認為保加利亞隊大勢已去，被淘汰是不可避免的，該隊教練即使有回天之力，也很難力挽狂瀾。然而等到暫停結束比賽繼續進行時，球場上出現了一件令眾人意想不到的事情：只見保加利亞隊拿球的隊員突然運球向自家籃下跑去，並迅速起跳投籃，球應聲入網。這時，全場觀眾目瞪口呆，而全場比賽結束的時間到了。但是，當裁判員宣布雙方打成平局需要加時賽時，大家才恍然

大悟。保加利亞隊這一出人意料之舉，為自己創造了一次起死回生的機會。加時賽的結果是保加利亞隊贏了 6 分，如願以償地出線了。

如果保加利亞隊堅持以常規打完全場比賽，是絕對無法獲得真正的勝利的，而往自家籃下投球這一招，頗有迂迴前進之妙。在一般情況下，按常規辦事並沒有錯，但是，當常規已經不適應變化了的新情況時，就應解放思想，打破常規，善於創新，另闢蹊徑。只有這樣，才可能化腐朽為神奇，在似乎絕望的困境中尋找到希望，創造出新的生機，取得出人意料的勝利。

當我們在生活中遇到走到路的盡頭，無路可走的情況時，回過頭來，繞道而行便可以找到一條新路，所以世上只有死路沒有絕路，而我們之所以往往會感到面對「絕路」，那是因為我們自己把路給走絕了，或者說我們的目光短淺、思路狹隘，缺乏「繞道」迂迴的意識。

《孫子兵法》中說：「軍急之難者，以迂為直，以患為利。故迂其途，而誘之以利，後人發，先人至，此知迂直之計者也，」這段話的意思是說，軍事戰爭中遇到最難處理的局面時，可把迂迴的彎路當成直路，把災禍變成對自己有利的形勢。也就是說，在與敵的爭戰中迂迴繞路前進，往往可以在比敵方出發晚的情況下，先於敵方到達目的地。

美國矽谷專業公司創立初期曾是一個只有幾百人的小公司，面對競爭能力強大的半導體器材公司，顯然不能在經營項目上一爭高低。為此，矽谷專業公司的經理決定避開競爭對手的強項，並抓住當時美國「能源供應危機」中節油的這一訊息，很快設計出「燃料控制」專用矽片，供汽車製造業使用。在短短 5 年裡，該公司的年銷售額就由 200 萬美元猛增到 2,000 萬美元，成本則由每件 25 美元降到 4 美元。由此可見，雖然經商者尋求的是不斷增加營利，然而經營者在激烈的競爭中每前進一步都會遇到困難，很少有投資者能以單一經營方式直線發展取勝，因此迂迴發展是大多數經商者都走過的相同道路。

在逆境當中，我們也應有迂迴前進的概念，凡事不妨換個角度和思路

多想想。世上沒有絕對的直路，也沒有絕對的彎路。關鍵是看你怎麼走，怎麼把彎路走成直路。有了繞道而行的技巧和本領，彎路也成了直路了。

　　學會繞道而行，撥開層層雲霧，便可見明媚陽光。也許你曾經奮鬥過，也許你曾經追求過，但你認定的路上紅燈卻頻頻亮起。在你焦急無奈，恨天怨地時，不如繞道而行！

　　繞道而行，並不意味著你面對人生的逆境望而卻步，也並不意味著放棄，而是在審時度勢。繞道而行，不僅是一種生活方法，更是一種豁達和樂觀的生活態度和靈活應變的處事理念。大路車多走小路，小路人多爬山坡，以豁達的心態面對生活，勇於和善於走自己的路，這樣你永遠不會是一個失敗者，而是一個勇於開拓的創新者。

另闢蹊徑智者勝

　　根據經典的相反趨勢理論，人在最絕望的時候，孕育的正是反向思考的最佳機會。身臨絕地，按常規出牌，往往將必敗無疑，若能獨闢蹊徑，定能起死回生。

　　從前，有位商人和他長大成人的兒子一起出海遠行。他們隨身帶上了滿滿一箱珠寶，準備在旅途中賣掉，他們沒有向任何人透露過這一祕密。一天，商人偶然聽到了水手們在交頭接耳。原來，他們已經發現了他的珠寶，並且正在計劃著謀害他們父子，以掠奪這些珠寶：

　　商人聽了之後嚇得要命，他在自己的小屋內踱來踱去，試圖想出擺脫困境的辦法。兒子問他出了什麼事情，父親於是把聽到的全告訴了他。

　　「跟他們拚了！」年輕人斷然道。

　　「不，」父親回答說，「他們會制服我們的！」

　　「那把珠寶交給他們？」

　　「也不行，他們還會殺人滅口的。」

　　過了不久，商人怒氣衝衝地衝上了甲板，「你這個笨蛋！」他對兒子

喊道，「你從來不聽我的忠告！」

「老頭子！」兒子也同樣大聲地說，「你說不出一句中聽的話！」

當父子開始互相謾罵的時候，水手們好奇地聚集到周圍，看著商人衝向他的小屋，拖出了他的珠寶箱。「忘恩負義的傢伙！」商人尖叫道，「我寧肯死於貧困也不會讓你繼承我的財富！」說完這些話，他打開了珠寶箱，水手們看到這麼多的珠寶時都倒吸了口氣。而商人又衝向了欄杆，在別人阻攔他之前將他的寶物全都投入了大海。

又過了一下子，父與子都目不轉睛地注視著那只空箱子，然後兩人躺倒在地，為他們所做的事而哭泣不止，後來，當他們單獨一起待在船艙裡時，父親說：「我們只能這樣做，孩子，沒有其他辦法可以救我們的命了！」

「是的，」兒子答道，「您這個方法是最好的了。」

輪船駛進了碼頭後，商人與他的兒子匆匆忙忙地趕到了城市的地方法官那裡。他們指控了水手們的海盜行為和犯了企圖謀殺罪，法官派人逮捕了那些水手。法官問水手們是否看到老人把他的珠寶投入了大海，水手們都一致說看到過。法官於是判決他們都有罪。法官問道：「什麼人會棄掉他一生的積蓄而不顧呢，只有當他面臨生命的危險時才會這樣做吧？」水手們聽了十分羞愧得表示願意賠償商人的珠寶，法官因此饒了他們的性命。

故事中這個久經商場磨練的商人見識確實高人一籌，而這種絕處求生的應變智慧，使他和兒子既保住了命，又使錢財失而復得。

「山窮水盡疑無路，柳暗花明又一村」，人有逆天之處，但天無絕人之路。生活中，不管我們遇到什麼樣的艱難險阻，也不要輕言放棄。上帝總會在我們最絕望時給我們留下一線生機，只要我們善於抓住這些轉瞬即逝的機遇，就能轉危為安，重新揚起希望的風帆。

一場火災燒燬了保羅祖傳的一座美麗的森林莊園，傷心的保羅想貸款重新種樹，恢復原貌，可是銀行拒絕了他的貸款申請。一天，他出門散

步，看到許多人排隊購買木炭。保羅忽然眼前一亮，他雇了幾個炭工，把莊園裡燒焦的樹木加工成優質木炭，分裝成 1,000 箱，送到集市上的木炭分銷店。結果，那 1,000 箱的木炭沒多久便被搶購一空。這樣保羅便從分銷商手裡拿到了賣木炭得來的一筆數目不少的錢。在第二年春天保羅又購買了一大批樹苗，終於讓他的森林莊園重新綠浪滾滾。一場森林大火，免費為保羅燒出了上等的木炭！

天災人禍往往不可預知、無法避免，遇到這樣的困難，是對我們生命的考驗。保羅處變不驚，沉著應對，化解了危機。在承受挫折的時候，我們也應像保羅一樣調整好心態，保持清醒的頭腦。坦然面對危機，在絕望之中找到另一種前進的動力。切記，如果面對危機自己亂了陣腳，不但找不到新的出路，而且還容易做出錯誤的決策，造成更大的損失。

當然，不是任何危機都可以利用，都能收到意外的收穫。但是，如果我們能善於掌握時機，沉著面對困境，就能把危機造成的損失降低到最低限度。

100 多年前，一個 20 多歲的猶太人隨著淘金人流來到美國加州，這個猶太人就是日後聞名遐邇的「牛仔褲之父」李維‧史特勞斯（Levi Strauss）。他看見這裡的淘金者人如潮湧，心想如果自己也參與進去，未必能撈到多少油水。於是靈機一動，想靠做一些生意賺這些淘金者的錢。他開了間專營淘金用品的雜貨店，經營鑊頭、做帳篷用的帆布等，前來光顧的人不少。

一天，有位顧客對他說：「我們淘金者每天不停地挖，褲子損壞很快，如果使用結實耐磨的布料做成褲子，一定會很受歡迎的。」

李維抓住了顧客的需求，憑著生意人的精明，開始了他的牛仔褲生意。剛開始時，李維把他做帳篷的帆布加工成短褲出售，果然暢銷，採購者蜂擁而來。李維靠此發了大財。

首戰告捷，李維馬不停蹄繼續研製。他細心觀察礦工的生活和工作特點，千方百計改進和提高產品的品質，設法滿足消費者的需求。考慮到幫

助礦工防止蚊蟲叮咬，他將短褲改為長褲；又為了使褲袋不致在礦工放樣品進去時裂開，特將褲子臀部的口袋由縫製改為用金屬釘釘牢；又在褲子的不同部位多加了兩個口袋。這些點子都是在仔細觀察淘金者的活動和需求的過程中，不斷地捕捉到並加以實施的，使牛仔褲日益受到淘金者的歡迎，銷路日廣。

由於牛仔褲的式樣源於「底層」百姓，因而儘管它受到大量礦工和年輕人的熱烈歡迎，但能否打入城市？還是未知數。

經過一次城市銷售的失敗之後，李維根據分析結果，對症下藥，認為上層社會排斥牛仔褲的原因，主要是因為它來自社會的底層，對上流人士是一種觸犯。為此，李維利用各種媒介大力宣傳牛仔褲的美觀、舒適，是最佳裝束，甚至把它說成是一種牛仔褲文化。這些鋪天蓋地的宣傳，把對牛仔褲「庸俗」、「下流」的斥責打得落敗而逃。於是，牛仔褲在各階層中牢牢地站穩了腳跟，並在美國市場上縱橫馳騁，繼而突破國界風靡全球。

在美國加州淘金熱潮中，不靠淘金而經營別的營生並成功致富的有很多例子。與李維・史特勞斯一樣，17歲的小農夫亞默爾也加入了這支龐大的尋金熱隊伍。他歷盡千辛萬苦趕到加州，經過一段時間，他同大多數人一樣沒有挖到一兩金子。

淘金夢是美麗的，山谷中艱苦的生活卻令淘金者難以忍受。特別是當地氣候乾燥、水源奇缺，尋找金礦的人最痛苦的是沒有水喝。許多人一面尋找金礦，一面不停地抱怨。

一個淘金者說：「誰能讓我痛飲一頓，我寧願給他一塊金幣。」另一個說：「誰給我喝一壺涼水，我寧願給他兩塊金幣。」還有一個人跟著發誓說：「我出三塊金幣。」

在一旁的亞默爾見這些人發完牢騷又繼續埋頭挖崛起金礦來，自己慢慢停住了手中的鐵鍬。他想：如果我把水賣給這些人喝，也許比挖金礦能更快賺到錢。於是，亞默爾毅然放棄找金礦，將手中挖金礦的鐵鍬變為挖

水渠的工具，從遠方將河水引入水池，經過細沙過濾，成為清涼可口的飲用水，然後將水裝在桶裡，運到山谷一壺一壺地賣給找金礦的人。

當時，有人嘲笑亞默爾，說他胸無大志，他們似乎都沒有細想亞默爾選擇的出發點。亞默爾毫不介意，繼續賣他的飲用水。結果，許多人深入寶山空手而回，有些人甚至忍飢挨餓流落異鄉，而亞默爾卻在很短的時間內靠賣水賺到了 6,000 美元，這在當時可是一筆十分可觀的財富呀！

陽光普照大地，萬物生機勃勃。可以說，只要有人的地方就有了賺錢的機會。尋找、發現並最終抓住這種機會，使你所做的正是大多數人所需要卻沒有人去做的，這就是與眾不同，你就是一個高明的成功者。

許多人在逆境的泥濘中，雖窮盡心力，但終究得不到幸運女神的青睞，對於這種人，最好的勸導就是讓他另闢蹊徑。

非常時期非常道

孔子的弟子子路武功不錯，他在和敵人決鬥的時候，一不小心把繫帽子的繩子弄斷了。子路想到老師告訴他君子的帽子不能戴歪，於是放下武器，把帽子扶正，結果瞬間敵人圍了上來，一刀把他殺死了。

子路在決鬥的時候，錯誤地理解老師的原話，而對他而言，最重要的一點是他要遵從老師教給他的「禮」。在這種關鍵時刻死板地選擇了禮，而不知變通，先確保生存，結果給後世留下了笑柄。

人在非常時期，需要非常之法，只要不違背律法及大節，不拘小節是可行的。

就是堪稱百世之師的孔子，也不拘泥與死板教條中。孔子居住在陳國，離開陳國到蒲國去。這時正好公叔氏在蒲國叛亂，蒲人擋住孔子對他說道：「你如果不到衛國去，我們就把你送出去。」於是，孔子就和蒲人盟誓絕不到衛國去。為此，蒲人把孔子送出東門。可是，出了東門，孔子就徑直向衛國走去。子貢不理解地問道：「盟約也可以違背嗎？」孔子答

道：「這是被迫訂的盟約神靈是不會承認的。」

可以看出，對孔子說來，在特殊的情況下只要能夠到達衛國，你提出什麼條件我都可以答應，說假話也在所不辭！看來，子路與老師孔子相比，還是有一定差距。

張齺做同州觀察判官時，朝廷命他製兵器以供邊關作戰用。一次，朝廷急令征十萬支箭，並限定必須用鵰雁的羽毛做箭羽。這種鳥羽較為稀少且價格昂貴，一時難以購得。張齺問節度使：「箭是射出去的東西，什麼羽不行？」節度使說：「改變箭羽應該向朝廷報告，請求批示。」張齺說：「我們這裡離京城兩千多里路，而邊關又急需用箭，這怎麼來得及呢？如果朝廷怪罪下來，本官承擔一切責任！」於是啟用其他羽毛造箭，不僅降低了幾倍購羽的開支，還按時完成了造箭的任務。

後來，朝廷非常讚賞張齺的做法。

張齺和孔子的行為特點，都可稱之為隨機應變。但他們所面對的外界環境，並不是白駒過隙稍縱即逝，相對而言，還有一點時間用來觀察和思考，為此，只要善於進行理性分析判斷並且不「死心眼」，就可以做到。

有些時候，外界環境的變化極其迅速，特別突然，令人猝不及防。究竟應做出什麼樣的反應才是合適的，幾乎來不及思考。這時的舉措言行，大多依賴直覺和靈感。

春秋時期，有這樣一段故事。齊國國君的大公子糾在魯國，二公子小白在莒國。後來聽說國君死了，齊國無君，公子糾和公子小白一齊歸返齊國，碰巧同時趕到，爭先而入。輔佐公子糾的管仲開弓放箭欲殺公子小白，但沒射中公子小白，射中了鉤。這時，輔佐公子小白的大臣鮑叔靈機一動，馬上讓小白倒下裝死，躺在車中。管仲以為公子小白已被射死，便告訴公子糾說：「你可以安穩地坐上國君的寶座了，公子小白已經死了。」這時，鮑叔抓緊時間，立刻驅車最先趕入齊國。於是，公子小白當了國君。

馮夢龍先生在評價這段故事時說：「鮑叔的應變能力真厲害，其心術

的運用像疾飛的箭頭一樣快！」

　　相傳北寧史學家司馬光，童年時代就常常表現得聰敏過人。有一天，司馬光和許多小朋友一起在一個大花園中玩耍，有一個小孩在爬假山時，腳下一滑，跌進了假山下的一口盛滿水的大花缸裡。別的孩子一見，個個驚慌失措，呼叫著四散而逃，有的想著去找繩索，有的想去叫大人來。司馬光知道時間緊迫，已經不容拖延，他靈機一動，搬起大花缸旁邊的一塊大石頭，狠命地向大花缸砸了過去。水缸被砸破了，頓時，水嘩嘩地流了出來。等到繩索拿來，大人趕來時，落水的孩子早已得救了。

　　按照通常的辦法，小孩落水，其他小孩應該馬上通知大人前來營救，而司馬光卻一反常規，用砸缸救人的辦法救出了同伴。因為根據當時的情況，首先在場的小孩們不能立刻從大花缸裡抱起落水的孩子，其次通知大人前來營救延誤時間可能會造成不可挽回的悲劇。所以司馬光採取這種救人的方法是最可取的。

　　打破常規，從另外的角度進行思考，或者將問題顛倒過來看一看，往往能夠柳暗花明又一村。這種事例在日常生活和工作中有很多，由於這種思考方式靈活多變，能出奇制勝，所以往往能取得意想不到的成功。

大難臨頭須冷靜

　　大部分人在危急時刻會手忙腳亂、不知所措，而強者總是能臨危不亂，沉著冷靜理智地應對危局。所以能這樣，是因為他們能夠冷靜地觀察問題，在冷靜中尋找出解決問題的突破口。可見，讓發熱的大腦冷卻下來對解決問題是何等重要。

　　思考決定行動的方向。那些成大事的強者，都是正確思考的決策者。正確的判斷是成大事者一個經常需要訓練的素養。為什麼呢？因為沒有正確的判斷，就會面臨更多的失敗和危急關頭。在失敗和危急關頭保持冷靜是很重要的。在平常狀況下，大部分人都能控制自己，也能做正確的決定。但是，一旦事態緊急，他們就自亂腳步，無法把持自己。

一位空軍飛行員說：「二次大戰期間，我獨自擔任 F6 戰鬥機的駕駛員。頭一次任務是轟炸、掃射東京灣。從航空母艦起飛後一直保持高空飛行，然後再以俯衝的姿態滑落至目的地的上空執行任務。」

「然而，正當我以雷霆萬鈞的姿態俯衝時，飛機左翼被敵軍擊中，頓時翻轉過來，並急速下墜。」

「我發現海洋竟然在我的頭頂。你知道是什麼東西救我一命的嗎？」

「我接受訓練期間，教官會一再叮嚀說，在緊急狀況中要沉著應付，切勿輕舉妄動。飛機下墜時我就只記得這麼一句話，因此，我什麼機器都沒有亂動，我只是靜靜地想，靜靜地等候把飛機拉起來的最佳時機和位置。最後，我果然幸運地脫險了。假如我當時順著本能的求生反應，未待最佳時機就胡亂操作了，必定會使飛機更快下墜而葬身大海。」他強調說，「一直到現在，我還記得教官那句話：『不要輕舉妄動而自亂腳步，要冷靜地判斷，抓著最佳的反應時機。』」

面對一件危急的事，出於本能，許多人都會做出驚慌失措的反應。然而，仔細想來，驚慌失措非但於事無補，反而會添出許多亂子來。試想，如果是兩方相爭的時候，對方就會乘危而攻，那豈不是雪上加霜嗎？

所以，在緊急時刻，臨危不亂，處變不驚。以高度的鎮定，冷靜地分析形勢，那才是明智之舉。

東晉時有個著名書畫家王羲之，七歲時開始練寫字，被人譽為「小神筆」。朝廷中有位叫王敦的大將軍，把王羲之帶到軍帳中表演書法，天色晚了，還讓他在自己的床上睡覺。

有一次，王羲之一覺醒來，聽見房間有人說話，仔細一聽，原來是王敦和他的心腹謀士錢風在悄悄商量造反的事，他們一時忘記了睡在帳中的王羲之。聽到談話內容時，王羲之非常吃驚，心想，如果他們想起自己睡在這裡，說不定會殺人滅口呢！怎樣才能度過這一關呢？恰好昨夜他喝了點酒，於是，他假裝酩酊大醉，把床上吐得到處都是，接著，蒙頭蓋臉，發出輕輕的鼾聲，好像是睡了似的。

王敦和錢風密談了多時，突然想起了王羲之，不由得膽顫心驚，臉色驟變。錢風惡狠狠地說：「這小子必須除掉，不然，我們都要遭受滅門之禍了。」

　　兩人手提尖刀，掀開被子，正要下手，突然王羲之說起了夢話，再一看，床上吐滿了飯菜，散發出一股酒味。王敦和錢風被眼前的一切迷惑了，在床前站了片刻，當確認王羲之仍處於酒後酣睡中時，便放棄了原來的計畫。

　　王羲之以他的聰明才智，假裝酒醉，改變了王敦和錢風殺人滅口的想法，躲過了一場意外殺身之禍。

　　歷史上有名的女皇帝武則天也曾經運用她的才智，巧妙轉移了唐太宗的目標話題，得以死裡逃生。

　　唐太宗晚年時，為求長生不老，誤服金石丹藥，一病不起，他明白自己將不久於人世，但又捨不得才貌過人的武媚娘，於是便有讓武媚娘殉葬的意思。

　　一天，武媚娘和太宗的兒子李治侍候太宗吃藥。太宗突然哭了，他對武媚娘說：「愛妃！你知道朕為什麼哭嗎？愛妃侍候朕多年，朕也最寵愛你。朕哭的原因是捨不得你呀！朕想效法古代帝王的葬禮……」話沒說完，太宗又咳嗽起來，聰明絕頂的武媚娘稍加思索，立即說：「萬歲，安心養病吧！臣妾明白萬歲的心情。只是萬歲您思考太多，萬歲是英明君主，恩德好比太陽的光芒普照人間大地。古人云：大德之人，必得長壽。萬歲的龍體雖有小恙，很快就會康復的，我根本沒想到萬歲會捨下臣妾。我生與萬歲共享人間富貴，死與萬歲同墓同穴。臣妾現已下決心，立即去感應寺削髮為尼，唸經拜佛，為萬歲祈禱長生不老。」在旁邊的李治也說：「兒臣啟奏父皇，武媚娘自願削髮為尼，願父皇成全她的心意。」太宗只得應允。

　　武媚娘憑自己的聰明才智，阻止了太宗口中說出的「殉葬」二字，從而巧妙地躲過了一劫。

從人的心理上講，遇到突然事件，每個人都難免產生一種驚慌的情緒，問題是怎樣想辦法控制。

楚漢相爭的時候，有一次劉邦和項羽在兩軍陣前對話，劉邦歷數項羽的罪過。項羽大怒，命令暗中潛伏的弓弩手幾千人一齊向劉邦放箭，一支箭正好射中劉邦的胸口，傷勢沉重痛得他伏下自身。主將受傷，群龍無首。若楚軍乘人心浮動發起進攻，漢軍必然全軍潰敗。猛然間，劉邦突然鎮靜起來，他巧施妙計：在馬上用手按住自己的腳，大聲喊道：「碰巧被你們射中了！幸好傷在腳趾，並沒有重傷。」軍士們聽了頓時穩定下來，終於抵住了楚軍的進攻。

大難臨頭須冷靜，而這冷靜首先來自膽識和勇氣。膽識和果斷是連繫在一起的，遇事猶豫不決，顧慮重重，患得患失，謀而不斷，甚至被敵人的氣勢嚇倒，談不上膽識！只有敢擔責任，當機立斷者，才能解危。

當我們遇到突如其來的意外事件時，腦中通常會一片空白，要不就是大哭大叫，很少有人會笑得出來。

但是意外發生時，通常也是最需要我們立刻做決定的時候，如果沒有冷靜思考的頭腦，就很難做出正確的決定。雖然，做出好決定有很多心法，但在這種意外狀況發生時，如果不能保持一顆冷靜的心，其他一切的法則和技巧都派不上用場。只有冷靜下來，才能看清眼前的事情，理出一個可以解決問題的頭緒。

冷靜是知識、智慧的獨到涵養，更是理性、大度的深刻感悟。我們面對著一個高速變化的世界，我們必須具有人性的成熟美。否則，就是成功送到面前，我們還是難免在毛躁中相遇失敗。

西諺有云：「風平浪靜的海面，所有的船隻都可以並驅取勝，但當命運的鐵掌擊中要害時，卻只有大智大勇的人方能處之泰然。」此言真是一語道破強者與弱者之間的區別！

危機意識不能少

有句俗話是這樣說的：「生於憂患，死於安樂」，意思是人在困苦的環境中因為容易激發奮鬥的力量，反而容易生存；而在安樂的環境中，因為沒有壓力，容易懈怠便會為自己帶來危難。這一句話也可這麼解釋：人如果時刻都有憂患意識，不敢懈怠，那麼便能生存；如果安於逸樂，今朝有酒今朝醉，那麼就有可能自取滅亡。

不管將這句話做何解釋，它的基本精神都是一致的，也就是說：「人要有憂患意識！」用現代的流行語言來說，就是要有「危機意識」。

一個國家如果沒有危機意識，這個國家遲早會出問題；一個企業如果沒有危機意識，遲早會垮掉；個人如果沒有危機意識，必會遭到不可測的橫逆。

也許你會說，你命好運好，根本不必擔心明天，也不必擔心有什麼橫逆；你還會說，「未來」是不可預測的，「是福不是禍，是禍躲不過」，既是如此，一切隨興隨緣，又何必要有「危機意識」呢？

沒錯，未來是不可預測的，而人也不是天天都會走好運的，就是因為這樣，我們才要有危機意識，在心理上及實際作為上有所準備，以應付突如其來的變化。如果沒有準備，發生意外時不要說應變措施，光是心理受到的衝擊就會讓你手足無措。有危機意識，或許不能把問題消除，但卻可把損害降低，為自己找到生路。

伊索寓言裡有一則這樣的故事：有一隻野豬對著樹幹磨牠的獠牙，一隻狐狸看見了，問牠為什麼不躺下來休息享樂，而且現在也沒看到獵人和獵狗。野豬回答說：「等到獵人和獵狗出現時再來磨牙就晚啦！」

這隻野豬就有「危機意識」。

那麼，個人應如何把「危機意識」落實在日常生活中呢？

這可分成兩方面來談。

首先，應落實在心理上，也就是心理要隨時有接受、應付突發狀況的

準備，這是心理準備。心理有準備，到時便不會慌了手腳。

其次是生活中、工作上和人際關係方面要有以下的認知和準備：

▶ 人有旦夕禍福，如果有意外的變化，我的日子將怎麼過？要如何解決困難？

▶ 世上沒有「永久」的事，萬一失業了，怎麼辦？

▶ 人心會變，萬一最信賴的人，包括朋友、同伴變心了，怎麼辦？

▶ 萬一健康有了問題，怎麼辦？

其實你要想的「萬一」並不只我說的這幾樣，所有事你都要有「萬一……怎麼辦」的危機意識，且預先做好各種準備。尤其關乎前程與事業，更應該有危機意識，隨時把「萬一」擺在心裡。心裡有「萬一」，你自然就不會過於高枕無憂。人最怕的就是過安逸的日子，我曾有一位同事，因為過了整整二十年平順的日子，如今工作技術毫無進展，前進後退都無路，而年已五十，又不甘心淪為人人看不起的小角色，後來呢？他還是只能當一個小角色每天混日子。他正是「死於安樂」的最典型的例子。

不知你現在的狀況如何，是憂患？還是安樂？憂患不足畏，應擔心的是安於安樂而不去憂於憂患。

有備無患不慌亂

人在危機來臨時之所以慌亂，最主要的一個原因是事情出乎了意料，因此心中沒有相應的應對方法。如果能時常思考一下將來可能出現的危機，並提前做些相應的準備，那麼既使危機來，心中也不會慌亂，應對起來也可以有條不紊。

春秋末期，智伯聯合韓、魏兩國軍隊攻打趙國。

趙襄子和張孟談商量防禦的方法，張孟談說：「董安於是先王趙簡子的才臣，過去治理晉陽時，一直因善政被人讚美，其遺風仍留傳至今。依

我看，還是到晉陽去堅守為好。」

於是趙襄子便轉移到晉陽，到了晉陽城才發現，不但城牆不高，倉庫沒有存糧，府庫沒有金錢，兵器庫沒有武器，就連四周的村落，也沒有任何防禦設施，他不由得大為驚恐，趕緊把張孟談找來商量。

「在一無所有的狀態下，叫我如何來防禦敵人呢？」他問道。

張孟談回答道：「聖人之治，儲藏財物於民間，而不在府庫；致力於教化人民，而不注重營造城牆，這樣民則無不心服。因此，如今可下令要人民保留三年的生活必需品，多餘的金錢和糧食都交出，讓那些年輕的人修築城池，人民是會服從命令的。」

下令之後，第二天人民就送來了難以估量的糧食、金錢及兵器。五天後，城池修理完畢，一切用具也都重新整治，趙襄子又找張孟談商量道：

「一切都已經齊備了，可是沒有箭，該怎麼辦呢？」

「董安於治理晉陽時，官署四周都種植了荻蒿等高稈植物，現在已長到一丈多高了，可以用來做箭桿。」張孟談答道。

趙襄子立即將其砍下，製成箭桿。這箭桿比起洞庭湖產的竹箭，毫不遜色。但有了箭桿卻沒有箭頭，又該怎麼辦呢？於是趙襄子又把張孟談找來說：

「雖然有箭，但卻沒有箭頭。」

「官署的柱子，是用銅打造的，您儘管使用就是了。」

趙襄子馬上利用柱上的銅，來製造所需的箭頭，結果糧草兵箭萬事齊備。

不久，智伯的軍隊來攻，趙襄子堅守晉陽，最終大破智伯軍，並且還將智伯殺死了。

還有一則民間故事。一個農夫一日正撞見有一外鄉人在他的地裡偷蕃薯。他不僅沒有責備他，反倒好言相勸，並增以他一些乾糧。小偷感激涕零，對農夫說：「我乃一時落難，救命之恩他日必會相報。」農夫並未放

在心上。

　　若干年後，這個農夫進城做了生意，忽一日在飯店裡遇見一人上前攀談，稱自己就是當初偷蕃薯的人，如今已是一個商人。聞知農夫生意一時未得進展，就稱：「我有一商鋪，沒餘力經營，可供應給你。」並叮嚀鋪中有一堵影壁，需要時可推倒重修，可能會對他有所幫助。農夫接了店鋪，對「影壁」之說並未在意。第二年適逢大災，農夫不經意間想起當初那番話，便命人拆去影壁，卻發現壁中藏有黃金數兩，方知那人報恩於今日，不禁慨嘆萬分。

　　可見，「備」不一定是物質上的，更可以備下仁慈之心，或者也可說是所謂的「感情投資」，換來意料不到的回報。

強者登場：謝安

　　謝安，字安石，是東晉時期的名士，也是傑出的政治家。他早年隱居，直到四十多歲時才做官。謝安一生重要的功績：一是與桓溫周旋，使桓溫稱帝的野心最終沒能實現；另一個是他作為征討大將軍主持軍政，以八萬士兵打敗了號稱百萬的前秦軍隊，創造了軍事史上以少勝多的著名戰例。

　　謝安出生於名門望族，善清談，風度尤其好。他凡事都能做到從容鎮定，神情自若。

　　謝安出生在世家，他很年輕的時候，就受到了當時名人的推重。但是他一再拒絕了朝廷要他做官的要求，隱居在東山。因此有人感嘆說：謝安不出山，天下的蒼生怎麼辦？

　　有一次，他和朋友們出海遊玩，大家在船上喝酒、談天，興高采烈。突然，海上起了風浪，浪濤一個又一個地湧來，小船在風浪中顛簸。朋友們臉色大變，都吵著要回去，只有謝安神色不變，發出吟嘯，一言不發。船伕看見謝安一副從容不迫的樣子，就照舊往前划。風浪更大了，小船像一片葉子，在風浪中起伏。人們都大叫著，坐不住了。謝安緩緩說：「這樣，回去也好。」於是船向岸邊划去。

　　透過這件事，人們認為謝安的氣量足以安定天下。

　　謝安出來做官後，正好遇上桓溫主政。桓溫一心想篡奪皇位。當簡文帝死後，他帶著大軍來到建康城外，準備先殺大臣，再讓新皇帝把皇位讓給他。

　　他召謝安和王坦之去大營見他。王坦之聽到這消息，戰戰兢兢，坐立不安。謝安卻平靜地對他說：「朝廷的安危，在此一舉。」他們來到桓溫的大營，桓溫已經在帳後埋伏下甲士，只要一聲令下，就會衝出殺了二人。王坦之滿臉是汗，衣服緊貼在身上，手中的朝板都拿倒了。謝安卻從容地坐下，微笑著對桓溫說：「我聽說有道的諸侯在四方設守，又何必在

帳中設置甲士呢？」

桓溫哈哈大笑：「這點事情，真是瞞不過謝安呀！」於是，他下令甲士撤出，和謝安交談起來。一場政治危機就這樣化解了。

謝安做了丞相後，前秦苻堅率百萬大軍向江南迸發，準備一舉消滅東晉。頓時人心惶惶，只有謝安毫無懼色，安排軍事部署。

在決定命運的淝水大戰時，謝安正在和人下棋。他談笑風生，好像沒有戰事在進行。這時，有人送來戰報，謝安看了一眼，就放在了桌上。他淡淡地對客人說：「小兒在前方打了勝仗。」

正是由於謝安的鎮定和從容，幾度使晉室轉危為安。

臨危不懼，處變不驚，這需要具有相當大的定力，這對普通人來說當然是難以做到的，似乎只有看破生死的人才能做到這一點。因為這需要有絕大的勇氣，更需要有高深的修養。我們常常會談起魏晉風度，但什麼是魏晉風度呢？我想清談當然算是一種風度，不做官也算是一種風度，不為利益所動更算是一種風度，但在生死之際，能夠泰然處之，安之若素，更要表現出一種超然的精神，這才是真正難得的風度。謝安就有這樣的風度。在坐船出海時，大家剛開始都表現得很有風度，但一旦風浪驟起，保持風度就比較困難了，但他卻神色自若，從容不迫。在面對帳中的甲兵，生死繫於一線時，他仍能安之若素，使對方知難而退。有了這樣的定力，才可以處理重大危機，而不至於在危難之際驚慌失措。當然，面對苻堅的百萬大軍，他仍在下棋，多少顯得有些做作，但考慮到當時人刻意講求風度，也是出於安定人心的需要，這樣做似乎也無可厚非。想想看，要是放在一般人身上，怕是早就嚇得六神無主、臉色如土，更不用說坐在那裡下棋了。

第四章　遇亂能冷靜，應變力超強

92

第五章
能伸亦能屈，可進也可退

君子之所以取遠者，則必有所持。所有大者，則必有所忍。
—— 蘇軾

將欲抑之，必先張之；將欲擒之，必先縱之。 —— 傅昭

丈夫之志，能屈能屈。 —— 程允升

小不忍則亂大謀。 —— 孔子

夫屈一人之下，必伸萬人之上。 —— 趙曄

有道是：大丈夫能屈能伸。知道這話的人多，但真能做到的人少。而這些做不到能屈能伸的人，又大多是能伸不能屈。古來先哲為人處世、安身立命的「屈伸學」，原本是效法自然、模仿萬物的變通經驗總結。一屈、一伸原是人與萬物的本能，也是處世求存的智慧。本能是先天的潛力，智慧是後天的功夫。

　　動物界的刺蝟可以說是能伸能屈的智慧化身了。你看牠身處順境時拱著小腦袋，憑藉著滿身的硬刺，橫衝直撞，當牠身處險境時，則縮回腦袋，把自己裹成一個刺球，讓敵人無隙可擊。

　　「屈」不是逆來順受，而是一種識時務的智慧，是一種顧大局的氣概；「屈」不是屈服，而是一種忍辱負重堅毅，是一種以退為進的勇敢。戲曲家馮夢龍在其著作《智囊》中，認為人與動物一樣，當形勢不利時，應該暫時退卻，以屈為伸，否則形勢將更加惡化。蠖會縮身體，鷙會伏在地上，動物都有這樣的智慧，以此來保全自身，難道我們人類還不如動物嗎？

　　在事業處於困難、低潮或逆境、失敗時，若去運用「屈」的智慧，往往會收到意想不到的效果，反之，該屈時不屈而伸，必然遭到沉重打擊，甚至連性命都保不住，那樣，還有什麼資格去談人生、談事業、談未來、談理想呢？

　　勾踐忍嚐糞問疾之痛，韓信受胯下之辱，司馬遷忍宮刑之恥 …… 縱觀歷史，有多少像勾踐、韓信、司馬遷一樣的人物，為成就自己的事業，實現自己的理想，在必要的時候寓伸於屈，從而保存自己，待時機一到東山再起。歷史已經證明，善於使用屈伸之術，該屈則屈，該伸則伸，是成為強者的一項重要素養。畢竟，人生沒有一帆風順。

當忍則忍，該退就退

　　人們常常把忍讓與失敗、放棄、躲避等詞連繫在一起，似乎忍讓總帶有某種貶義和消極的色彩。然而忍讓卻是善於變通者的法寶。忍讓包含了

很多層意義，我們可以把它看做是當下生活的中止，是個積聚能量的過程，在這樣的停止中具有快速生長的可能。

忍讓並不是從此以後就不再進攻，相反的，忍讓是為了在積蓄了足夠的力量以後更好地進攻。

曹操不乏英雄氣概，但他也有讓步的時候。他迎漢獻帝定都許昌後，並不是萬事大吉，他當時還不能「挾天子以令諸侯」，相反，曹操一時成為眾矢之的。而曹操這時的力量並不強，與袁紹等人相比，更處於弱勢。因此，曹操採取後發制人的方法，將袁紹打敗。

曹操得勢後，袁紹擺出盟主的架勢，以許昌低濕、洛陽殘破為由，要求曹操將獻帝遷到鄄城，因鄄城離袁紹所據的冀州比較近，便於控制獻帝。可是曹操在重大問題上不讓步，斷然拒絕了袁紹這一要求，而且還以獻帝的名義寫信責備袁紹說：「你地大兵多，建立自己的勢力，沒看見你出師勤王，只看見你與別人互相攻伐。」袁紹無奈，只得上書澄清。

曹操見袁紹不敢公開抗拒朝廷，便又以獻帝的名義任袁紹為太尉，封鄴侯。太尉雖是「三公」之一，但位在大將軍曹操之下。袁紹見自己的地位反而不如曹操，十分不滿，大怒道：「曹操幾次失敗，都是我救了他，現在竟然挾天子命令起我來了。」拒絕接受任命。

曹操知道自己這時的實力還不如袁紹，不願意在這個時候跟袁紹鬧翻，決定暫時讓步，便把大將軍的頭銜讓給袁紹。自己任司空（也是「三公」之一），代理車騎將軍（車騎將軍只次於大將軍和驃騎將軍），以緩和同袁紹的矛盾。由於袁紹不在許都，曹操仍然總攬朝政。

與此同時，曹操安排和提升一些官員。以程昱為尚書，又任命他為東中郎將，領濟陽太守，都督兗州事，鞏固這一最早的根據地；以董昭為洛陽令，控制好新舊都城；授夏侯淵、曹洪、曹仁、樂進、李典、呂虔、於禁、徐晃、典韋等分別為將軍、中郎將、校尉、都尉等，牢牢控制軍隊。

曹操表現得很謙恭。於是楊奉薦舉曹操為鎮東將軍，襲父爵費亭侯。曹操連上《上書讓封》、《上書讓弗寧侯》、《謝襲弗亭侯表》等，表明他「有功不居」。曹操深知自己還是弱者，因此對袁紹的要求盡量滿足，對

朝廷的封贈表現出「力所不及」的謙恭。等到羽毛豐滿後，他就露出真面目了。官渡一戰，曹操徹底打敗了袁紹。

在雙方僵持的時候，他會先退幾步，以求打破僵局，為自己積蓄力量贏得時機。善於掌握進退的火候，恰當抉擇進退的時機，把自己提高到一個更高的層次。

面對挫折、打擊、磨難，應該沉著應對，不能被這些困難所壓倒。忍受挫折的一種方法是發憤圖強，準備東山再起，而不是由此沉淪。

當自己處於弱勢時，不妨採取以退為進的方針，避開凌厲的鋒芒，保存自己的實力。當忍則忍，該退就退，不勉強，不生硬。這時候，你就是真正的強者了。

以退為進，積蓄能量

當我們想跳過一個較高的障礙物時，往往會先退幾步，透過助跑的方式一躍而起。這樣，人會跳得更高、更遠。強者是一些知道進退的人，他們與常人不同的是：他們的退是為進。

秦始皇從繼位到親政，其間經歷了九年時間。這期間秦國的政權便落在了母親趙太后和相國呂不韋的手中。這就使得與君權對立的兩大政治集團的勢力得到惡性膨脹。

秦始皇繼位後，呂不韋的勢力得到進一步擴張，而且還攫取了作為國君長者的「仲父」尊號，成為秦國首屈一指的巨富和政治暴發戶。更為囂張的是，呂不韋還招養門客三千人，著寫《呂氏春秋》，目的就是企圖在秦始皇親政後，使其仍然按照自己的意圖去統一和治理天下。

趙太后在秦莊襄王死後，孤身無偶，呂不韋投其所好，找來假宦官嫪毐，進入太后宮中。太后對他十分寵愛，除了自己所掌政務全部交於這個假宦官決斷，還將其封為長信侯。依仗太后權勢，假宦官為所欲為，不僅大肆揮霍國家財富，而且廣泛蒐羅黨羽，圖謀不軌，許多朝廷重要官員

都投靠到他的門下。他家中有奴僕幾千人，求得官職來當門客的達一千餘人。

面對呂黨和後黨兩集團的囂張氣焰，秦始皇深知自己勢不如人，表面上採取了「忍」的策略，不動聲色，暗地裡卻為掃除兩大障礙做了充分準備，表現了一個英明君王高超的鬥爭藝術。

西元前 238 年，假宦官想在秦故都雍城的蘄年宮殺死秦始皇。秦始皇早有戒備，立刻命令昌平君等人率軍鎮壓，活捉了假宦官。九月，將他車裂，誅滅三族，黨羽皆梟首示眾，受案件牽連的四千餘人全部奪爵流放蜀地。

秦始皇並沒有一鼓作氣乘機剷除呂氏集團。呂不韋輔佐先王繼位的卓著功勳眾所周知，在秦國也有深厚的根基，操之過急，難免敗事，因而秦始皇暫時沒有動呂不韋。西元前 237 年，秦始皇根基已穩，於是開始逐步解決呂氏集團的問題。他先是免去呂不韋的相國職位，將他轟出秦都咸陽，趕到封邑洛陽居住。秦始皇怕呂不韋與關中六國勾結，最後派人賜他毒酒，迫他自盡。

秦始皇親政不久，在處於劣勢的情況下，以退為進，積蓄力量，以待時機，最後順利剷除嫪毐、呂不韋兩大敵對勢力，鞏固了君權，為其實現統一大業奠定了堅實的基礎。在做大事的過程中，不能一味進攻，尤其身處弱勢時，一定要巧妙避開對方的鋒芒，尋找以退為進的轉機。

當我們在成功的道路上突然陷入了死胡同，百般努力都找不到出路在何處時，不妨選擇「以退為進」。「退」在某些時候，往往能為我們開創一片新的天空，當然，更為重要的是，「退」能夠為我們創造出更多的機會。所以，退也可以看作是為了抓住更大的機會所做的必要準備。

欲擒故縱，欲抑先張

南北朝時期的名臣傅昭在其《處世明鏡》中云：「將欲抑之，必先張之；將欲擒之，必先縱之。」告誡人們為了更好地控制對手，可故意先放

鬆一點，使其放鬆警惕，不加防範，於不知不覺中步入精心設計的圈套，這就是所謂的「以退為進，欲抑先與」。

少年皇帝康熙也曾用欲擒故縱的戰術，剪除了權奸鰲拜。順治帝臨死之前，遺詔命鰲拜等四人為輔政大臣，共同輔佐年僅八歲的幼帝玄燁。鰲拜出身戎伍，野心勃勃，他見康熙皇帝年幼無知，便廣植黨羽，排斥異己，把攬朝廷大權，肆無忌憚地圈占農民的土地，擴張自己的權力，企圖篡奪皇位。他經常在康熙面前喝斥大臣，甚至吼叫著與幼帝爭論不休，直到康熙皇帝讓步為止。

鰲拜的行為，引起朝野上下的不滿，但大部分人懾於鰲拜的權勢，不敢作聲。唐熙六年（西元 1667 年），玄燁 14 歲，按照規定，他可以親政了。鰲拜不但沒有絲毫收斂，反而變本加厲。鰲拜的存在，已成為皇帝權威的嚴重威脅，但鰲拜羽翼豐滿，大權在握，與其正面交鋒，很可能要發生巨變。

少年皇帝康熙發揮自己的聰明智慧，不露聲色地為剷除鰲拜集團進行準備工作。他給鰲拜父子分別加封「一等公」、「二等公」的封號，以後又分別加了「太師」、「少師」的封號，使他們位極人臣。與此同時，康熙親自挑選一批忠實可靠的少年入宮，以練「布庫戲（摔跤）」為名，組成了一支可靠的衛隊 —— 善撲營，在組織上悄悄地作了安排。行動之前，康熙將鰲拜的黨羽以各種名義先後派出京城，以削其勢。康熙八年五月十六日，康熙親自向善撲營作了動員部署，宣布了鰲拜的罪狀，隨後召鰲拜進宮，立命擒之。

就這樣，康熙未動一刀一槍、巧妙地運用欲擒先縱的變通之術，就除掉了權傾朝野的鰲拜。

在形勢不允許、實力不夠時，應該滿足其慾望，驕其志氣，培養其矛盾，加速其滅亡。運用欲擒先縱之術，不但要有一定的遠見和智慧，而且還需要有過人的耐心和毅力。

相傳，漢初北方有一個東胡國，常常向鄰國挑釁，有一次，該國派一

位使臣到鄰國晉見國王，要求該國王送東胡一匹千里馬。

　　鄰國國王冒頓聽了很氣憤，但覺得自己的實力還不夠強大，不足以與東胡抗衡，便採用欲擒故縱的策略，答應將本國最好的一匹寶馬送給東胡。冒頓的大臣們認為，這匹千里馬是先王遺留下來的，不可輕易送人。冒頓卻微笑著說：「我與東胡為鄰，不能為了一匹馬傷了和氣。」隨即便叫使者把馬牽了回去。

　　過了一段時間，東胡使者又帶來國書，說東胡國王看上了冒頓王妻子的美貌，要冒頓王將夫人送給東胡國王。冒頓的大臣們聽後氣憤萬分，紛紛請求冒頓斬掉來使，並發兵進討東胡。冒頓又搖了搖頭，說：「他既然喜歡我的夫人，給他便是，豈可為了一個女人，失去一個鄰國？」東胡國王得到了冒頓的良馬、美人，日夜荒淫，並驕傲地認為冒頓真的懼怕自己的勢力，於是更加得意忘形。

　　過了一段時間，他又派使者向冒頓索要兩國交界的寶地。冒頓君臣得知後，對如何應付意見不一，有的主張給予，有的則強烈反對。冒頓此時卻勃然大怒，拍案而起道：「土地乃社稷之根本，豈可割予他人！東胡國王霸我王后，索我土地，實在是欺人太甚！是可忍，孰不可忍！現在是我們滅掉東胡，以雪國恥的時候了。」於是喝令左右將東胡來使推出斬首，接著他親自披掛上陣，全國上下同仇敵愾，一舉消滅了毫無防備的東胡。

　　欲擒之，先縱之。「擒」是目的，「縱」是手段，手段是為目的服務的。暫時放一馬不等於縱虎歸山，是要讓對方鬥志懈怠，體力、物力逐漸消耗，然後再尋找最佳機會取勝。

　　能做先縱後擒的強者，首先要有策略性眼光。能夠洞察深遠，計算準確，同時能忍小謀才是擒敵的前提。那些目光短淺、斤斤計較的人是難以做到的。其次對形勢要有精確的判斷力，何時該擒，何時該縱，需要掌握火候，掌握一定的度。再者需具有相當的實力，能夠收放自如，進退自如。最後，還需具有很好的耐心和毅力，去按照既定計畫實現完成它。

捨小救大，屈一伸萬

　　俗話說：「吃虧是福，吃小虧占大便宜。」但是吃虧也是有技巧的，會吃虧的人，虧吃在明處，便宜占在暗處，讓你被占了便宜還感激不盡，這也是一種大智慧。但在現實生活中理解和做到這點卻很難。世上有多少人為了自身的利益，為了不吃虧、少吃虧，或為了多占便宜而演出了一幕幕你爭我奪的鬧劇。「人為財死，鳥為食亡」，這句俗語說得真是人木三分。豈不知吃虧與占便宜，正如禍和福一樣，是可以相互依存和相互轉化的。

　　可能有人會問，吃虧就是吃虧，占便宜就是占便宜，怎麼能說吃虧反而是福呢？我們不妨換個角度來考慮這個問題：吃點虧，一是內心平靜，不七上八下；二是得到旁觀者的同情，落個好人緣；三是這次雖吃點虧，但因獲得了道義上的支持，下次可能會得到許多，何虧之有？反之，占了他人的便宜，發點不義之財的人，心理上能安穩嗎？而且還會失去人緣，落個壞名聲。因為占一次便宜而堵了自己以後的路，得不償失。所以，吃虧表面上是禍，其實是福；占便宜表面上是福，其實是禍。

　　不怕吃虧的人一般都平安無事，而且終究不會吃大虧，所謂善有善報。相反，總愛貪便宜的人最終貪不到真正的便宜，而且還會留下罵名，甚至因貪小便宜而毀滅自己，正所謂惡有惡報。

　　要做到不計較吃虧，甚至主動吃虧，就需要忍讓，需要裝糊塗。既然認知到吃虧是福，就不要斤斤計較和眼裡揉不得沙子。在得失上裝裝糊塗就能更好地體會到吃虧是福的深刻含義了。

　　曾經有人說過這麼一段極富哲理的話：「福禍兩字半邊一樣，半邊不一樣，就是說，兩字相互牽連著。所以說你們得明白，凡遇好事的時候甭張狂，張狂過了頭，後邊就有禍事；凡遇到禍事的時候也甭亂套，忍著受著，哪怕咬著牙也得忍著受著。忍過了，受過了，好事跟著就來了。」

　　「吃虧是福」的奧妙是禮讓他人，不與人爭強鬥勝。這需要容忍，需要裝糊塗。既然明白了上述道理，把錢財視為身外之物，就不要過分計

較，患得患失。睜一隻眼，閉一隻眼，豈不是更好的人生？這樣，所謂「吃虧是福」，仍然需要裝糊塗，否則，怎麼能會吃虧？怎麼能由吃虧而得福呢？

鄭板橋說：「為人處，即是為己處。」意思是，替別人打算，就是為自己打算。這與今天所謂「我為人人，人人為我」是同樣的道理。如果大家都能有吃虧的精神，那麼這個世界豈不美好得多？還會有那麼多的戰爭、殺戮、坑蒙拐騙以及種種罪惡和不道德行為嗎？這樣看來，吃虧就不僅是個人的福分，而是人類的福分了。當然，這並不是說，人立身行事，或在一切商業、政治、外交中，都要講究吃虧。吃虧只是人生的一個謀略，是「拋芝麻而撿西瓜」的方法或手段。

從客觀的角度說，一個人只要願意吃小虧、勇於吃小虧，不去事事占便宜、討好處，日後必有大「便宜」可得，也必成「正果」。因此，要想「占大便宜」，就必須能夠吃小虧，不怕吃小虧，這甚至可以說是一條規律。那種事事處處要占便宜的人、不願吃虧的人，到頭來反而會吃大虧。

楊士奇是明朝時歷任五代王朝的大臣。他為人謙恭禮讓，以正理待人，從不存有偏見，受到歷代君臣的稱讚。

自明惠帝以後多年，楊士奇曾擔任少傅、大學士等官職，他在政治、經濟上的待遇都已經很可觀了。明仁宗即位之後，讓他兼任禮部尚書，不久又改兼兵部尚書。

對此，楊士奇心中非常不安，向仁宗皇帝辭謝，他說：「我現任少傅、大學士等職務，再任尚書一職，確實有些名不符實，更怕群臣在背後指責。」仁宗皇帝勸解說：「黃淮、金幼孜等人都是身兼三職，並未受人指責。別人是不會指責你的，你就不要推辭了！」楊士奇見君命難違，不能再推，就誠心實意地請求辭掉兵部尚書的薪俸。他認為，兵部尚書的職務可以擔任，工作也可以做，但豐厚薪俸不能再接受。仁宗皇帝說：「你在朝廷任職 20 餘年，我因此特地要獎賞你才給予你這種經濟待遇的，你就不必推辭了。」「尚書每日的俸祿可供養 60 名壯士，我現在獲得兩份薪

俸都已覺得過分了，怎麼能再加呢？」楊士奇再三解釋說。這時身旁的另一名大臣順勢插話勸解說：「你可以辭掉大學士那份最低的薪俸嘛！」楊士奇說：「我有心辭掉俸祿，就應該挑最豐厚的相辭，何必圖虛名呢？」仁宗皇帝見他態度這樣堅決，又確實出於真心，終於答應了他的請求。

　　楊士奇能夠讓出自己的俸祿，是難能可貴的，也正因為他主動讓利，才使皇帝覺得他忠誠可靠，一心為國，不謀私利，是靠得住的大臣。這也是他能夠在鉤心鬥角的朝廷之中安然度過了五代王朝的根本原因，哪一個做皇帝的不想用一個可靠的臣子呢？生活中也是一樣，誰不想找幾個可靠的人做合作夥伴和下屬呢？從表面上看，楊士奇辭去俸祿是吃了虧，但正是這樣才使皇帝覺得他可以重用，從而放心長時間地讓他在朝廷中擔任要職，由此楊士奇就可以更穩妥地抱著金飯碗享用一生。可見楊士奇吃了個小虧，卻占了個大便宜。

　　人與人相處，難免會出現磕磕碰碰。遇到矛盾，雙方起了摩擦該如何解決呢？是毫不相讓，還是吃點虧以賺取好名聲呢？

　　康熙年間的某一天，一人騎快馬跑進宰相府。這並不是天下出了什麼大事，而是宰相張英收到一封來自安徽桐城老家的信。

　　原來，他們家與鄰居葉家發生了地界糾紛。兩家大院的宅地，大都是祖上的資產，年代久遠了，地界便分不清楚了。但是想占便宜的人，他們往往精於算計。於是兩家的爭執頓起，公說公有理，婆說婆有理，誰也不肯讓一絲一毫。由於牽涉到宰相大人，官府都不願沾惹是非，糾紛越鬧越大，張家只好把這件事告訴張英。

　　張英看過來信，只是釋然一笑，旁邊的人面面相覷，莫名其妙，只見張大人揮起大筆，一首詩一揮而就。詩曰：「千里家書只為牆，讓他三尺又何妨。萬里長城今猶在，不見當年秦始皇。」然後將詩交給來人，命快速帶回老家。

　　家裡人接到書信，十分意外。雖然不情願但還是決定按照張英的意思處理？立即拆讓三尺。鄰居們都稱讚張英和他的家人的曠達態度。

對宰相一家的忍讓行為，葉家十分感動。全家一致同意也把圍牆向後退三尺。兩家人的爭端很快平息了，於是兩家之間，空了一條巷子，有六尺寬，其中有張家的一半，也有葉家的一半。這條百餘多公尺長的巷子很短，但留給人們的理念卻很長。

張英位居一人之下萬人之上的宰相，權威顯赫，如果在處理自家與葉家的矛盾時，如果動用權勢，葉家必定無力抗衡；再進一步，若是透過地方政府干涉，葉家更會吃不了兜著走。但張英沒有以權勢壓人，而是自己吃點小虧，禮讓鄰居。殊不知他這麼做表面看來是家裡吃了虧，但實際上卻為自己賺了個正直、無私的好名聲，沒有吃半點虧。

忍辱負重，笑到最後

強者為什麼能夠忍受常人所不能忍受的侮辱？是因為他們心中有遠大的理想 —— 也就是說，他們身負重任。和他們身上的「負重」相比，侮辱算不了什麼。也許應該這樣說：「負重忍辱」 —— 因為「負重」，所以「忍辱」。

在有關忍辱負重的典故中，韓信的「胯下之辱」已夠讓人難以承受，但比起勾踐的「嚐糞問疾」來說，就顯得「小巫見大巫」了。韓信只是從人褲下鑽過，而勾踐從一個過慣了錦衣玉食的一國之王，成為吳國的階下囚，為奴三年，受盡凌辱。他為了活下去，為了生存，為了復國、復仇，為吳王當馬伕，當「上馬石」！他為了進一步麻痺夫差，以為夫差看病為名，竟嚐其糞便，這令人想起來就作嘔的行為遠遠超出了人的生理極限！實在難以想像！

中世紀時的歐洲，教權高於王權，教宗成了各國國王的太上皇。國王的登基和加冕要由教宗親自主持。接見的時候，教宗坐著，而國王卻要對他行屈膝禮。步行的時候，教宗騎馬，國王則要為教宗牽馬帶路。

西元 1076 年，德意志神聖羅馬帝國國王亨利（Heinrich IV）與教宗聖額我略七世（Sanctus Gregorius PP. VII）爭權奪利。鬥爭日益激烈，發展到

了勢不兩立的地步。亨利想擺脫教宗的層層控制，獲得更多的自主權和獨立權。教宗則想進一步加強控制，把亨利所有的自主權都剝奪殆盡。

在矛盾激烈的關頭，亨利首先發難，召集德國境內各教區的教士們開了一個宗教會議，宣布廢除格里高利的教宗職位。而格里高利則針鋒相對，在羅馬的拉特蘭諾宮召開了一個全基督教會的會議，宣布開除亨利王的教籍，不僅要德國人反對亨利，也在其他國家掀起了反亨利的浪潮。

教宗的號召力非常之大，一時間德國內外反亨利力量聲勢震天，特別是德國境內的大大小小的封建主都想興兵造反，向亨利的王位發起了挑戰。亨利頓時陷入了四面楚歌的艱難境地。

面對這樣的危險形勢，亨利雖然心裡很不甘心，但是也知道如果不妥協，自己就要被徹底推翻。所以，他採取了以退為進的變通策略。

西元 1077 年 1 月，亨利只帶了兩個隨從，騎著一頭小毛驢，冒著嚴寒，翻山越嶺，千里迢迢前往羅馬，準備向教宗請罪。可是教宗故意不予理睬，在亨利到達之前就到了遠離羅馬的卡諾莎行宮。亨利王只好又前往卡諾莎行宮去見教宗。到了卡諾莎，教宗命令緊閉城堡大門，禁止亨利進來。

當時鵝毛般的大雪漫天飛舞，天寒地凍，亨利王為了得到教宗的饒恕，顧不上什麼帝王的身分，脫下帽子，屈膝跪在雪地上，一直跪了三天三夜。最後，教宗終於打開了城堡的大門，饒恕了事利。這就是歷史上著名的「卡諾莎之行（Gang nach Canossa）」。

亨利王的「卡諾莎之行」終於保住了他的教籍，也保住了王位。

亨利王回到德國以後，竭盡全力整治自己的國家，將蓄謀造反的封建主們各個擊破，並剝奪了他們的爵位和封邑，曾一度危及他王位的內部反抗勢力逐一破滅。在穩固自己的陣腳和地位以後，亨利立即發兵進攻羅馬，準備消滅位高權重的教宗，以報跪求之辱。在亨利的強兵面前，格里高利棄城逃跑，最後客死他鄉。

顯然，亨利的「卡諾莎之行」是別有用心地。在他與教宗對峙，國內

外反對聲一片，特別是內部群雄並起，王位岌岌可危的情況下，為了獲得格里高利的信任，不惜丟下王者之尊，在雪地裡長跪了三天三夜，甘於忍受屈辱，其目的在於使心機不良的教宗放鬆警惕，使自己贏得喘息時間，以便重整旗鼓，東山再起，和教宗做最後較量。亨利王正是憑藉著這一能屈能伸、以退為進的變通策略，所以才得以保住自己的地位，最終報仇雪恥。

也許有人會對這種做法嗤之以鼻，認為此舉讓人尊嚴掃盡。須知，非常手段只用在非常時刻，在關鍵時刻，放棄眼下似乎很重要的東西就能獲得長遠的勝利。

留得青山在，不怕沒柴燒。德國皇帝雪地長跪求教宗的目的就以一時的屈辱換取以後的勝利。如果因為不肯暫時低頭而蒙受巨大的損失，甚至把命都丟了，哪還談得上未來和高遠的理想？可是有不少人為了所謂的「面子」和「尊嚴」，不管自己的境況如何，而與對方硬碰硬，結果一敗塗地，有些人雖然獲得「慘勝」，卻也元氣大傷。

所以，當你碰到對你不利的環境時，千萬別逞一時之強，當一時之英雄，只有爭取獲得最後的勝利才能算得上真正的英雄。

人非聖賢，對於得失榮辱，誰都難以拋開，但是，要成就大業，就得分清輕重緩急，從長計議，該忍就忍，該退就退。一時的榮辱算不了什麼，能夠笑到最後的人才是真正的強者。

強者登場：勾踐

西元前 496 年，越王允常病死，其子勾踐繼位，吳王闔閭乘機出兵攻越。兩軍在檇李交戰，吳王自以為能打敗越軍。越軍採取偷襲戰術，驅使數百名囚犯，輪番奔吳軍陣前，大呼小叫，集體揮劍自殺。吳軍將士見此末日慘景，驚悚萬分。勾踐抓住戰機發起衝鋒。越大夫靈姑浮戈擊闔閭，斬其腳趾（一說箭射重傷）。吳軍大敗，潰退七里。闔閭臨死前，對兒子夫差說：「千萬不要忘記越國的仇恨。」

夫差繼吳王之位後，時刻不忘國仇家恨。他指令一人立於宮廷內院，每當夫差出入，此人就大聲質問吳王：「你忘掉越王殺父之仇了嗎？」夫差則應道：「深仇大恨，豈敢忘卻！」夫差發誓一定要打敗勾踐，活捉他，祭祀亡父。他任命伍子胥為相國，伯嚭為太宰，勵精圖治，國勢開始蒸蒸日上。

越王勾踐三年，勾踐探知夫差晝夜練兵，就想先發制人。一貫以明智聞名的謀士范蠡以為不可，他說：「戰爭違背道德，鬥殺最為下等，因此越國不能首先開刀。」越王一意孤行，率兵攻吳，吳王夫差率兵應戰，雙方大戰於大椒。勾踐戰敗逃到會稽山上，被吳國追兵包圍得像鐵桶般嚴嚴實實。勾踐一籌莫展，范蠡獻計道：「越國現今唯一的辦法是忍辱求和。」勾踐只好派文種冒險一試。文種叩首於吳王座前，說道：「亡國之臣勾踐，派侍從文種斗膽告訴您下邊管事的，勾踐請為臣，妻為僕。」由於吳國大夫伍子胥反對，夫差沒有接受。勾踐聞訊，以為局面已臨近最後關頭，準備殺妻與吳王決一死戰。文種、范蠡認為衝動行事，只有死路，經反覆斟酌，決定以吳國權臣伯嚭為突破口，私下把一批越女和奇珍送給他，托他在夫差面前代為說情。伯嚭果然接受禮物，幫越國說話。夫差不顧伍子胥的反對，答應了越國的求和條件，但要勾踐親赴吳國贖罪。

越王勾踐四年，勾踐率夫人與大夫范蠡去吳國。夫差派人在其父闔閭墓旁築一石屋，將勾踐夫婦、君臣驅入屋中，換上囚衣囚褲，從事養馬賤役。夫差每次坐車出去都叫勾踐牽馬，叫范蠡伏在地上當馬鐙。有一天，

范蠡得知夫差生了病後便叫勾踐去探視夫差，並說道：「你可親嚐夫差大便，然後說大王病體將癒，夫差高興，就會放你回國。」勾踐驚地一震，垂淚道：「我也算一個人君，如何嚐人穢物？」畢竟勾踐也是能屈能伸之人，他雖然這樣說，但到底還是去嘗試了。當時夫差困惑不解，勾踐就回答說：「我對醫術粗通，大王的糞便味酸而苦，與穀味相同，故大王之病不用憂，數日便好。」幾天後，夫差病果然好了，從此他對勾踐有了很好的印象，對伍子胥的苦諫也就置若罔聞了。

勾踐在吳國吃盡了苦頭。兩年後，文種又給伯嚭送來珍寶美女，請他在夫差跟前進言。伯嚭進宮見夫差，說道：「勾踐事吳兩年，服侍大王也殷勤周到，現在您可知道他是真心歸順了吧！大王不如放他回去，要他多多進貢就是了。」夫差對伯嚭一向唯計是從，也就微笑點頭了。

勾踐一行回到越國，發誓要報仇雪恨。他號召全國上下艱苦奮鬥，而且自己率先垂範，身穿粗布衣服，不吃肉食，住在簡陋的屋子裡，把蓆子撤去，用柴草作褥子；在吃飯的地方懸掛了個苦膽，每次吃飯前，先嘗一嘗苦膽，然後放聲大喊道：「勾踐，你忘記了會稽的恥辱嗎？」他不斷激勵自己，振作精神。這就是「臥薪嘗膽」故事的由來。勾踐還親自參加耕種，王后也親自織布，以此來鼓勵人民發展生產。文種精通經濟內政，范蠡擅長外交和軍務。勾踐充分信任他們，讓他們各司其職。

夫差好色，伯嚭貪財，勾踐盡量滿足他們，還派范蠡物色了越國最美的女子西施，教會她歌舞之後，送給夫差。夫差果然一見傾心，用大量人力、物力建姑蘇臺，取悅西施。文種獻計，向吳王夫差借糧，目的是試探吳對越的態度。勾踐採納後派文種赴吳國商借，由於內線西施的枕頭風，夫差終於同意借出一萬石糧食給越國。翌年，越國豐收。文種又親自送還一萬石糧食。吳國將這一萬石糧食做種子，根本不能發芽，這一年田裡顆粒無收，大鬧饑荒。又過了兩年，夫差在伯嚭的讒言迷惑下，殺了伍子胥，伍子胥臨死前，對人說：「我死後，一定要取出我的眼睛，放在吳國都城的東門，我將看著越兵攻入。」伍子胥之死，對越國來說是一大喜訊。他們加快了報仇的步伐。

西元前 482 年，吳王夫差在黃池會盟中原諸侯，帶去了國內的精兵強將。勾踐與文種范蠡一合計，認為攻吳時機已臨。勾踐留下文種處理朝政，自己與范蠡率精兵五萬襲擊吳國，打敗吳國守軍，殺了吳國太子。西元前 473 年，勾踐再次攻吳，把夫差包圍在姑蘇山上。夫差勢單力薄，派公孫雄袒胸露背，跪行至越軍陣營求和。勾踐不忍，欲許之。范蠡諫道：「當年大王兵敗會稽，天以越賜吳，吳王不取，以至有今日；現在夫差兵敗姑蘇，天又以吳賜越，越豈能不取？而且，大王臥薪嘗膽，十年生聚，十年教訓，不就是為了今日嗎？我聽說天予不取，反受其咎。願大王三思！」不待勾踐點頭，范蠡果斷地下令播鼓進兵，並對公孫雄道：「越王已委政於我，使者趕快離開。」吳使公孫雄哭泣而去。

　　不久，越軍滅吳。勾踐乃封夫差於甬東，在會稽東邊的一個海島，君臨百家，為衣食之費。夫差痛悔自己誤信伯嚭之言，而忠言逆耳卻聽不進，於是他以布蒙面，伏劍自刎。臨死前大叫一聲：「伍相國，我沒有臉面見你啊！」勾踐以王禮葬了夫差，又誅殺佞臣伯嚭。

　　當形勢比人強時，強者忍辱負重，其終極目標是為了達到扭轉乾坤。勾踐之所以「忍辱」只為負「滅吳興越」之重，忍到一定程度總有爆發的一天，如果一味地忍下去，則是性格懦弱的表現。

　　君子報仇，十年不晚。勾踐忍辱負重二十餘載，終於揚眉吐氣，一掃心中之塊壘。國王、奴僕、霸主把勾踐人生命運由衰而盛的軌跡勾畫得清清楚楚，難道我們不能從中受到啟發嗎？

第六章
屢敗仍屢戰－輕易不低頭

凡百事之成也在敬之，其敗也必在慢之。—— 司馬光

敗莫敗於不自知。—— 呂不韋

王者之兵，勝而不驕，敗而不怨。——《商君書‧戰法》

不怨天，不尤人。—— 孔子

天將降大任於斯人也，必先苦其心志，勞其筋骨，餓其體膚，空乏其身，行拂亂其所為。—— 孟子

談到「屢敗屢戰」這一句話，怎麼也繞不過晚清的曾國藩。這個進士出身的文人，於西元 1852 年奉命回湘辦團練，團練初具規模後的前幾年，他唯一做得成功的一件事就是只打敗仗。從 1854 年練成水陸師出征，到 1860 年兵敗羊棧嶺，曾國藩可謂一敗再敗，小的敗仗不計其數，大的慘敗就有四場：1854 年湘軍初征就在岳州被太平軍打得落花流水；1855 年在江西鄱陽湖全軍覆滅，連自己的座船也被搶走；1858 年，部將李續賓率部血戰三河鎮，6,000 兵勇無一生還，三湘大地處處縞素；1860 年，李秀成破羊棧嶺，曾國藩在 60 里外的大營中寫好遺書、帳懸佩刀，以求一死，好在李秀成主動退兵。

　　就像鳳凰從烈火中涅槃，這個被滿族大臣們譏笑為「屢戰屢敗」的常敗將軍曾國藩，最終用他「屢敗屢戰」的勇氣與決絕，打到南京，用行動證明了自己是一個強者。

　　能不費多大曲折就能成功的事，算不上大事。舉凡強者，必有異於常人之大事業。而世間能稱之為大事的事，豈可輕而易舉？好事多磨，不經過九曲十八彎，沒有「屢敗屢戰」勇毅，幾乎沒有可能成為強者。

　　充滿傳奇色彩的約翰・戴維森・洛克斐勒（John D. Rockefeller）在他的一生中，經歷過無數的打擊與挫折。美國的史學家們對他百折不撓的特質給予了很高的評價：「洛克斐勒不是一個普通的人，如果讓一個普通人來承受如此尖刻、惡毒的輿論壓力，他必然會相當消極，甚至崩潰瓦解，然而洛克斐勒卻可以把這些外界的不利影響關在門外，依然全身心地投入他的壟斷計畫中，他不會因受挫而一蹶不振，在洛克斐勒的思想中不存在阻礙他實現理想的絲毫軟弱。」

　　孟子說：「故天將降大任於斯人也，必先苦其心志，勞其筋骨，餓其體膚，空乏其身，行拂亂其所為，所以，動心忍性，增益其所不能。」孟子的意思是說如果上天要把治理天下的大任交給一個人的話，一定先要使他的精神、肉體承受磨難；只有這樣，才能提升他的智慧和才能。這段話不僅成為儒家的經典言論，也成為人在失敗中激勵自己自強不息的精神力量。值得注意的事實是，凡是有作為的人沒有不是經過了一番艱難曲折的磨練的，有所不同的是，他們承受磨難的方式不同罷了。

不要推諉，去承擔

俗話說：一人做事一人當。讓我們對比一下成功的人和失敗的人，我們就會發現成功的人都是勇於承擔責任的人，失敗的人都是害怕承擔責任的人。失敗的人會為自己的失敗尋找各種各樣的藉口，而成功的人在面臨失敗和錯誤以後，能夠及時地尋找出問題的癥結所在，並努力克服和改正。或許可以這樣說：「只有勇於承擔責任的人，才是主宰自我生命的設計師，才是命運的主人，才能獲得生命的自由。」

勇於承擔責任，別人就會為你的態度所打動，對你產生信任。由於信任就會產生依靠，你在生活中就會一呼百應，無往不勝。信用越好，人緣就越好，機會就越多，就愈能打開成功的局面。雖然在做事的過程之中，每個人都會犯錯誤，但是一定要能自己主動承擔後果，不推卸責任，這樣才能贏得別人的尊重。

韋恩‧戴爾（Wayne Dyer）博士說：「把責任往別人身上推，等於將自己的力量拱手讓給他人。」有的人無論在什麼境況下，都習慣承擔起自己行動的責任。

一位大學心理學教授說：「一個人發展成熟的最明顯的標幟之一，是他樂於承擔起由於自己的錯誤而造成的責任。有勇氣和智慧承認自己的錯誤是不簡單的，尤其是在他們很固執和愚蠢的時候。我每天都會做錯事，我想我一生幾乎都會是這樣。然而，我力圖在一天裡不把同一件事情做錯兩次，但要想在大部分時間裡都避免這種錯誤，那就不是件容易的事了。可是，當我看見一支鉛筆的時候，我就會得到一些寬慰。我想，當人們不犯錯誤的時候，人們也就用不著製造帶有橡皮頭的鉛筆了。」

有人問一個小孩子，怎樣才能學會溜冰。小孩回答：「每次跌倒後，立刻爬起來！」跌倒後，立刻爬起來，向失敗奪取勝利，這是自古以來偉人的成功祕訣。檢驗一個人品格的最好時機，就是在他失敗之後採取怎樣的行動。因此，國外銀行家的格言是：破產 12 次的人，是可以信任的。

愛德華‧吉朋（Edward Gibbon）辛勤耕耘 20 年，才寫出了他的《羅

馬帝國衰亡史》；諾亞・韋伯斯特（Noah Webster）歷時 36 載，才有了《韋伯字典》（*Webster's Dictionary*）的雛形，看看他將自己的畢生都投入到詞彙的蒐集和定義事業，他表現出何等非凡的毅力和高貴的精神啊！喬治・班克羅夫特（George Bancroft）窮其 26 年的心血，寫出了《美國史》（*History of the United States*）。提香（Titian）曾給查理五世（Karl V）致信：「我把我最重要的一幅作品獻給陛下，這 7 年的所有時間我幾乎都花在了這幅作品上。」他的另一幅畫也耗時 8 年。喬治・史蒂文生（George Stephenson）用了 15 年的時間來改進他的火車頭；詹姆士・瓦特（James Watt）用了 20 年改進蒸汽機；威廉・哈維（William Harvey）觀察了 8 年，才出版了他揭開血液循環奧祕的著作。當時他曾被同行們稱作精神病患者、騙子，他忍受了 25 年的攻擊和嘲弄，最終才讓學術界承認了他的偉大發現。

麥可・喬丹總結說：「樂觀積極地思考，從失敗中尋找動力。有時候，失敗恰恰正是使你向成功邁進的一步。譬如修車，一次次的嘗試也未能奏效，但卻越來越逼近正確答案。世界上的偉大發明都是經歷過成百上千次的挫折和失敗才獲成功。」

戰勝失敗的第一步，也是關鍵的一步，我們要承擔責任，對失敗有一個正確的態度。貝格大概是西元 1900 年代最傑出的劇作家了，就連他這樣成功的人也會說：「我覺得失敗是家常便飯，在失敗的惡劣空氣中深呼吸，精神會為之一振。」西元 1905 年阿爾伯特・愛因斯坦（Albert Einstein）的博士論文在波恩大學未獲通過，原因是論文離題而充滿奇怪思想，這使愛因斯坦感到沮喪，但這卻未能使他一蹶不振。溫斯頓・邱吉爾（Winston Churchill）曾被牛津和劍橋大學以其文科成績太差而被拒之門外。里查德・貝奇只上了一年大學，當他寫出《美國佬生活中的海鷗》一書時，書稿被擱置 8 年之久，其間曾被 18 家出版社拒之門外，然而出版之後十分暢銷，即被譯成多國文字，銷量達 700 萬冊，他本人也因此而成為享有世界聲譽的受人尊重的作家。美國職業足球教練文森特・托馬斯・隆巴迪（Vincent Thomas Lombardi）當年曾被批評為「對足球只懂皮毛，

缺乏鬥志。」美國迪士尼樂園的創建者華特‧迪士尼（Walt Disney）當年曾被報社主編以缺乏創意的理由開除，建立迪士尼樂園前也曾破產好幾次。亨利‧福特（Henry Ford）在創業成功前也曾多次失敗，破產過 5 次。擁有超過 100 本西方小說、發行逾 200 萬本的成功作家路易斯‧阿莫在第一次出版銷售前，被拒絕了 350 次，後來他成為第一位接受美國國會頒發特別獎章的美國小說家。湯瑪斯‧愛迪生試驗超過 2,000 次才發明了燈泡，當一位記者問他失敗了這麼多次的感想時，他風趣地說：「我從未失敗過一次，我發明了燈泡，而那整個發明過程剛好有 2,000 多個步驟。」

面對失敗，勇於承擔的人，才會正視失敗。「責任」意味著沒有任何事物可以改變你的想法和完整性，因為你是以你的身分回應所有事物的。你可以決定你的生活方式，這種想法讓你生活滿足，並成為最好的你。如果你能負起責任，未來幾年你一定能夠成為一個舉足輕重的人物。

把責任往別人身上推，不正是赤裸裸的劣根性嗎？問題是你把責任往別人身上推的同時，等於將自己的人格推掉了，把自己扭轉局勢的機會推掉了。我們就是那麼輕易地把責任推給別人，然後又若無其事地站在一旁抱怨都是他人的錯 —— 請問，我們希望讓他人來操控我們嗎？要記住，只有勇於承認錯誤的人才能擁有魅力。基於這個原因，為什麼不能很樂意地扛起這個錯，如果你喜歡掌握自己的生活的話。

如果我們過去曾犯過錯，現在該怎麼辦呢？責任的歸屬又如何？過去發生的事，其影響力有時會延續到今後。比如，一個男人離了婚必須付贍養費，也有人毀了自己的健康，日後在飲食上的禁忌一大堆，或有人犯了罪，最終難逃牢獄之災。

很明顯的：我們決定自己的行為，也必然招來這些行為所帶來的後果。蹺蹺板原理正說明這種連鎖反應。這個認知告訴我們，我們應該以更負責的態度去生活。

那麼究竟該如何看待已經發生的事情？我們必須承認，我們無法控制錯誤所帶來的後果。但這絕對不表示我們可以把責任推出去。我們必須

對自己對後果的看法與反應負責，認清我們對於錯誤招致的後果之反應其實影響深遠。問題是：我們想要贏回掌控下一次事件的力量嗎？還是讓我們的錯誤和後果擁有操控下一次的力量？當我們負起責任的那一刻，所有的負面情緒都將消失。

不要喪氣，去反省

　　吃一塹，長一智。一敗再敗從中不斷吸取教訓，總結經驗的人，又怎能不智慧過人呢？難怪許多成功的人物都曾經受過成百次上千次的失敗，他們利用失敗教育自己，結果成為舉世聞名的聰明人！

　　有許多古語都包含了這個道理，如老馬識途，正因為老馬走過無數的路，經過無數的坎坷，牠才能在每次坎坷之上留下心底的記號，下一次在此經過，牠便可以一躍而過，才能識途！

　　古代有一個故事，在一片深山老林裡，有一座「神仙居」位於山頂。一天，有一個年輕人從很遠的地方來求見「神仙居」居主，想拜他為師，修得正果。年輕人進了深山老林，走啊走，走了很久。他遇到困難了，路的前方有三條岔路通向不同的地方。年輕人不知道哪一條山路通向山頂。忽然，年輕人看見路邊一個老人在睡覺，於是他走上前去，叫醒老人家，詢問通向山頂的路。老人睡眼惺忪說了一句「左邊」又睡過去了。年輕人便從左邊那條小路往山頂走去。走了很久，路的前方突然消失在一片樹林中，年輕人只好原路返回。回到三岔路口，那老人家還在睡覺。年輕人又上前問路。老人家舒舒服服地伸了個懶腰，說：「左邊。」就又不理他了。年輕人正要細問，見老人家別過頭去不理他了。轉念一想，也許老人家是從下山角度來講的「左邊」。於是，他又選了右邊那條路往山上走去。走啊走，走了很久，眼前的路又漸漸消失了，只有一片樹林。年輕人只好原路折回，回到三岔路口，見老人家又睡過去了，感到怒不可遏。他上前推了推老人家，把他叫醒，便問道：「老人家你一把年紀了何苦來欺騙我，左邊的路我走了，右邊的路我也走了，都不能通向山頂，到底哪條路

可以去山頂？」老人家笑咪咪地回答：「左邊的路不通，右邊的路不通，那你說哪條路通呢？這麼簡單的問題還用問嗎？」年輕人這時才明白過來，應該走中間那條路。但他總想不明白老人家為什麼總說「左邊」，帶著一肚子的疑惑，年輕人來到了「神仙居」。他虔誠地跪下磕頭，居主笑咪咪地看著他，那神態彷彿山下三岔路口那老人家，年輕人用力揉了揉眼睛……

你肯定猜到了那老人家就是居主變的，但這故事裡包含著幾個人生道理，一是年輕人走完左邊的路和右邊的路之後，都失敗了，無疑應是中間那條路通向山頂，他連這都不明白，要去問老人家，經老人家一點才明白過來，說明了人經過失敗後，他受情緒影響（比如憤怒），連很簡單的問題，只要一轉變思緒去想就很容易想出的問題卻被自己弄糊塗了；二是只有走過左邊和右邊的路走不通之後，才知道這兩條路都不通山頂，說明凡事要自己親身去經歷才知道可行不可行；三是，年輕人在走過右邊和左邊的路之後，知道走不通他就不會再第二次走那兩條路了，說明人不會輕易犯同樣的錯誤，他已經向正確的方向邁進了一步。

你想到了幾點呢？不管你想到幾點，至少你明白了錯了之後你不會再犯同樣的錯，這就是失敗的好處！

別因為失敗傷心，也不要為錯誤負疚。你希望成功，但事與願違，這並非罪過；如果明知故犯，就罪無可赦了！明知錯還去做，如果不是愚蠢，便是跟正義開玩笑，是不道德的行為。不僅是不值得鼓勵，而且應該受到適當的儆戒。心理學家認為故意犯錯誤的人，負疚多於滿足。

然而，人非聖賢，孰能無過？只要不是存心做錯，偶爾犯錯事，是可以原諒，也不必受良心譴責的。無心之過，不但不會受到懲罰，還可以從過錯中獲得教訓，從犯錯的經驗中，變得聰明起來！

一個人遭受一次挫折或失敗，就該接受一次教訓，增加一分才智，這就是成語「吃一塹，長一智」的道理之所在。

從前，有個農夫牽了一隻山羊，騎著一頭驢進城去趕集。

有三個騙子知道了，想去騙他。

第一個騙子趁農夫騎在驢背上打瞌睡之際，把山羊脖子上的鈴鐺解下來繫在驢尾巴上，把山羊牽走了。

不久，農夫偶一回頭，發現山羊不見了，忙著尋找。這時第二個騙子走過來，熱心地問他找什麼。

農夫說山羊被人偷走了，問他看見沒有。騙子隨便一指，說看見一個人牽著一隻山羊從林子中剛走過去，一定是那個人，快去追吧！

農夫急著去追山羊，把驢子交給這位「好心人」看管。等他兩手空空地回來時，驢子與「好心人」都沒了蹤影。

農夫傷心極了，一邊走一邊哭。當他來到一個水池邊時，卻發現一個人也坐在水池邊，哭得比他還傷心。農夫感到奇怪：還有比我更倒楣的人嗎？就問那個人哭什麼，那人告訴農夫，他帶著兩袋金幣去城裡買東西，在水邊休息，卻不小心袋子掉進水裡了。農夫說，那你趕快下去撈呀！那人說自己不會游泳，如果農夫替他撈上來，願意送給他 20 個金幣。

農夫一聽喜出望外，心想：這下子太好了，羊和驢子雖然丟了，但將到手 20 個金幣，損失全補回來還有餘裕啊！他連忙脫光衣服跳下水開始打撈。當他空著手從水裡爬上來時，乾糧也不見了，僅剩下的一點錢還在衣服口袋裡裝著呢！

這個故事告訴我們，農夫沒出事時粗心大意，發生意外後驚惶失措而造成損失，造成損失後又急於彌補因此又釀成大錯，三個騙子正是抓住這些人的性格弱點，輕而易舉地全部得手。

應該說，人們在工作、生活中遭受類似這樣的挫折和失敗是難以完全避免的，雖然「吃虧」終歸不是什麼好事情，但如果吃了虧，也不長智，就是愚蠢至極了。

古人云：「人非聖賢，孰能無過」，其實即使是聖人、賢人，也一定會犯有過錯。不過，對於自己所犯下的過錯，他們能夠接受別人的批評，

並且積極改正。對於別人，他們也絕不會要求他們一定不犯錯。因為聖人明白，平常人的心志怯弱，要想絕對不犯錯，是不可能的事。若是犯了小錯，便不原諒他人，反而阻止其改過向上之路。這樣只會使他們更加麻木和變本加厲，犯下更大的錯誤。聖人只希望人們了解什麼是對的，什麼是錯的。並且提出了許許多多改過的具體方法，如知過、思過、補過、聞過則喜等。像古之聖人先賢如此循循善誘，使人們走向正道，真可謂苦口婆心了！

不要詛咒，去戰鬥

　　當西班牙人在聖胡安山燃起的戰火讓人忍無可忍時，一些人開始詛咒他們。一位明智的領導者伍德上校在毛瑟槍發出的子彈聲中大聲叫喊：「不要詛咒 —— 去戰鬥！」

　　一個人身處逆境或遭受不公時，詛咒有什麼用呢？強者深知詛咒不如戰鬥，他們在逆境面前習慣亮出自己的劍。

　　斯泰里 16 歲的時候，在一個大五金行裡當店員，這是他所嚮往的一個職位。他感到自己的前途是光明遠大的，於是他努力工作，盡心學習各種業務知識，盼望著將來做一個成功的五金銷售人員。他自認為腳踏實地，但是其上司卻看法不同。

　　「我不用你了，你根本就不是做生意的料。你還是到鑄造廠去當一個工人吧！你只有一身蠻力，除了做那種工作之外，沒有什麼別的用途。」

　　無端被炒魷魚，這對於一個雄心勃勃而又努力工作的年輕人簡直是一種侮辱！因為斯泰里始終認為自己工作得很好。那麼，他是否預備到鑄造廠去呢？瞬間他的頭腦裡充斥著不滿、憤怒、憤憤不平等激烈的情緒。他因為受到了極大的打擊，就被打倒了嗎？他的首次衝刺雖然失敗了，但是，他沒有被打垮並重整旗鼓，決心要做出一番成績來。

　　他到上司面前鄭重其事地說，「你可以辭退我，但是你不能削弱我的

志氣。」他面對無理的上司發誓說,「十年之內,我也要開一間像這樣大的五金行。」

他的話並不是一種氣憤的發洩而已。這個年輕人將第一次的失敗變為激勵自己的動力,驅使他不停地努力,直到他成為全國最大的五金製品商之一。

魯柏‧梅鐸(Rupert Murdoch)是享譽世界的報業領袖。他西元1931年出生於澳大利亞的墨爾本市。早年他在牛津大學上學的時候,父親就去世了。他的父親基思‧亞瑟‧梅鐸爵士(Sir Keith Arthur Murdoch)去世時,留下遺言:「期許昆士蘭報業控股有限公司及另一經我的受託管理人認可的報業公司以執著熱情堅持本人的經營理念。期許吾兒魯柏‧梅鐸終生致力於造福人類的新聞事業,並經我的受託管理人之輔佐在特定領域施展宏圖。」

父親的遺言指明了梅鐸奮鬥的方向。儘管當時他的父親擁有澳大利亞先驅和時代週刊集團,但實力仍很薄弱。梅鐸在繼承了父親的《新聞報》(*The News*)後,又併吞了墨爾本《新思想》週刊和《星期日時報》(*Sunday Times*),事業處於蓬勃發展。不久,他又買下了當地一家電視臺的部分股份,開始經營電視業務。但由於他缺乏政治和社會經驗,沒過多久,就在競爭中敗北。

失敗並沒有使梅鐸的雄心壯志受到絲毫影響。經過一段時間的努力,梅鐸的先驅和時代週刊集團打入了雪梨(Sydney),並且併吞了雪梨坎伯蘭報業集團。但由於政治原因,當時實行緊縮性經濟政策,報業處境艱難。西元1961年,正值澳大利亞大選,梅鐸希望透過對大選結果的準確預測來提高報紙的知名度,然而事與願違,每一次預測都沒有得到應驗,梅鐸又一次失敗了。

然而,他的雄心壯志不減。為了能夠獲得更有影響、更有分量的素材,他決定進軍首都坎培拉(Canberra),因為在那裡能夠及時獲得具有社會影響力的重大新聞。他辦了一份放眼全國的《澳洲人報》(*The Austra-*

lian），並且向當地報業大王 ——《坎培拉時代》發出了挑戰，透過免費贈送、大張旗鼓地宣傳等活動，《澳洲人報》開始受到人們的關注。但是，由於坎培拉地理位置不好，加上對當地民意與政治缺乏了解，以及競爭對手的排斥，《澳洲人報》不久就陷入困境，報紙滯銷，虧損加大，而且受到了當地輿論界的攻擊。但即使在這種情況下，梅鐸也沒有退縮。為重振報業，梅鐸改善了報社的技術裝備，調整了編輯團隊。為了取得有價值的新聞，他自己積極爭取進入坎培拉的政治圈。經過幾年的艱苦努力，《澳洲人報》終於羽翼豐滿，銷售量達 12 萬份，成為澳大利亞一半人口的代言人。

為了成為世界級報業大王，梅鐸又收購和控制了一些英國、美國的著名報紙，如英國的《太陽報》、《世界新聞報》、《泰晤士報》（日報）和《星期日泰晤士報》，美國的《紐約郵報》、《每日新聞》等，建立起了一個世界級的報業帝國，成就了一番豐功偉業。

想一想，如果沒有梅鐸屢次知難而進，不畏險阻，也就不會有日後的梅鐸帝國，世界上也就少了一個報業領袖。

也許迎難而上不是什麼新鮮的話題，但是要實實在在地做到這一點並不容易。很多生意人遇到困難總是抱怨環境不好，運氣不佳。失望，悲觀，實際上這都是害怕困難的表現。以這樣的態度對待挫折，即使困難微不足道，生意也沒有振興的希望。

不要放棄，去爭取

日本著名企業家松下幸之助說：永遠都不要絕望，如果做不到這一點的話，那就抱著絕望的心情去努力。這很接近曾國藩的「屢敗屢戰」精神。正所謂，「對於精神不鬆懈、眼光不游移、思想不走神的人，成功不在話下。」生下來就一貧如洗的亞伯拉罕‧林肯（Abraham Lincoln），終其一生都在面對挫敗：經歷了數次參選失敗，兩次經商失敗，甚至還精神崩潰過一次。有好多次他本可以放棄，但並沒有如此，也正因為他沒有放

棄，才成為美國史上最偉大的總統之一。

林肯說：「此路破敗不堪又容易滑倒。我一隻腳滑了一跤，另一隻腳也因而站不穩，但我回過神來告訴自己，這不過是滑一跤，並不是死掉都爬不起來了。」

俗話說：「置之死地而後生。」即使是身處「死地」，只要抱著破釜沉舟的決心，才能絕地逢生。

西元 1948 年，牛津大學舉辦了一個「成功祕訣」講座，邀請到了當時聲名顯赫的邱吉爾來演講。三個月前媒體就開始炒作，各界人士也都引頸等待，翹首以盼。

這一天終於來了，會場上人山人海，水泄不通，各大新聞機構都到齊了。人們準備洗耳恭聽這位政治家、外交家的成功祕訣。

邱吉爾用手勢止住雷動的掌聲後，說：「我的成功祕訣有三個：第一是，絕不放棄；第二是，絕不、絕不放棄；第三是，絕不、絕不，絕不能放棄！我的講演結束了。」

說完就走下講臺。

會場上沉寂了一分鐘後，才爆發出熱烈的掌聲，經久不息。

沒有失敗，只有放棄，不放棄就不會失敗。正如某位名人所說：「我們獲勝不是靠輝煌的方式，而是靠不斷努力。」

你一定知道藍波（Rambo），也知道席維斯‧史特龍（Sylvester Stallone）其人。你以為他能崛起並稱霸於影壇是十分順利的嗎？絕對不是，他在試圖踏入電影界的過程中，是忍受了一次又一次的拒絕，前後共有千次之多。他跑遍了每一家電影公司在紐約的代理，可是都遭拒絕。不過他並不氣餒，繼續敲門，一再嘗試！最後終於擔當演出《洛基》一片。你可曾聽過有在被拒絕了 1,000 次之後，還敢去敲第 1,001 次門的人嗎？

卡爾文在競選參加區政府的工作，內容是每天出去爭取選票，他把要爭取的選民名單夾在汽車的遮陽板上。

他來到了一位婦女的房子前，走過去敲她的房門，這位婦女打開門，

他摘掉帽子彬彬有禮地說：「女士，早安。我的名字叫卡爾文，我在競選區擔任推舉候選人代理，我希望得到你的支持。」他說完戴上他的斯特森帽。

這位婦女說：「卡爾文，我曉得你，也知道你的家庭，你們家裡沒一個好東西。」她繼續說，「你離過三次婚，你喝酒、打牌，還經常和外面不三不四的女人勾勾搭搭。即使這個世界只剩下你一個人了，我也不會投票給你，你死了以後如果有禿鷲來啄你的屍體我絕不會把牠們趕走。你要是不趕快從這裡出去，我就把我丈夫 16 公釐口徑的步槍拿來，打爛你的屁股！」

卡爾文摘掉他的斯特森帽子說：「女士，謝謝你。」

他離開那座房子回到車上，從遮陽板上取下選民名單，找到那位婦女的名字，從耳朵後面取下筆，然後在她的名字後面仔細地寫上：「有疑慮」。

在馬拉松長跑中，最初參加競賽的人可以說成千上萬。但是跑出一段路程之後，參賽的人便漸漸變少。原因是堅持不下去的人，逐步自我淘汰了，而且越到後面人越少，全程都跑完能夠衝刺的人更少，獎牌實際上就是在這些堅持到最後的人當中產生。

馬拉松競賽，與其說是比速度，不如說是拚耐力，也就是看誰能堅持到最後。

我們做任何事情都和賽跑一樣，成與敗往往只是幾步之差，因而只要在最後決定性的幾秒鐘內，爆發出巨大的潛能，我們就會獲得成功，最後的努力才是決定命運的努力。

「鍥而不捨，金石可鏤，鍥而舍之，朽木難雕」。水滴尚且能穿石，我們若能以恆心與毅力去做一件事，又有什麼不能夠做到的呢？

許多人做事之初都能保持較佳的精神狀態，在這個階段，平庸之輩與傑出人才對事情的態度幾乎沒有差別。然而往往到最後一刻，傑出人士與平庸之輩便各自顯現出來了，前者堅持到勝利，後者則喪失信心，放棄了

努力，於是便有了不同的結局。

許多平庸者的悲劇，就在於被前進道路上的迷霧遮住了眼睛，他們不懂得忍耐一下，不懂得再跨前一步就會豁然開朗。一個人想做成任何大事，都必須堅持下去，只有堅持下去才能取得成功。

平庸者之所以在做事時會淺嚐輒止、半途而廢，主要原因是人天生就有一種難以擺脫的惰性。當他在前進的道路上遇到障礙和挫折時，便會很自然地畏縮不前了。這就跟人們走路的習慣一樣，人們總是喜歡走不費力氣的路，這就是人人都喜歡走下坡路而不願意走上坡路的原因，也是人們常常見了困難繞著走的深層原因。

在可口可樂公司創立不久，阿薩‧坎德勒（Asa G. Candler）也遭受到了來自四面八方的攻擊。

有一個醫生說，他的病人由於喝可口可樂死亡，他要求議會禁止可口可樂的生產和銷售。還有許多人認為，可口可樂是一種興奮劑，含有古柯鹼、咖啡因、麻醉劑等對人體有害的物質。於是，一位聯邦官員下令查封了可口可樂公司的一批貨，並堅持要求將可口可樂中的咖啡因、古柯鹼去掉。這位聯邦官員還不依不饒地將阿薩的可口可樂公司告上了法庭，以期使這家全美國最大的飲料公司屈服。

但是阿薩‧坎德勒一向不肯認輸，他請自己的弟弟擔任辯護律師，與政府展開了長達七年的官司大戰。一審結果，可口可樂雖然獲勝，然而直到西元 1918 年，政府與可口可樂公司才在庭外和解。

「毅力」這兩個字可能不具任何英雄式的含義，但此特質對於個人性格的關係，正如酒精對於酒的關係一樣。

亨利‧福特白手起家，開始起步時，除了毅力之外，什麼也沒有，後來卻締造了大規模的工業王國。愛迪生只受過不到三個月的學校教育，卻成為世界頂尖的發明家，並且靠毅力發明了留聲機、電影機以及燈泡，更別提其他五十多項有用的發明了。

在以上兩位強者身上，除了毅力之外，找不到任何特質可以與其驚人

的成就沾得上邊，這可是經過千真萬確的了解之後才下的結論。

沒有毅力，你將被打敗，甚至在還未開始前，就已經被打敗。

有毅力的人，似乎總能夠享有免於失敗的保證。他們無論受挫多少次，總能東山再起，繼而達到巔峰。

那些經得起考驗的人，會因其意志的堅定而獲得巨大的成功。他們可以得到任何他們所追求的目標作為補償。他們同時也更深刻地懂得：「有所失，必有所得」這一辨證的道理。

西元 900 年代英國福音傳播者懷特腓德（George Whitefield）在追求事業成功的過程中，經歷了許多輿論的譴責和世俗的刁難，甚至有人威脅要殺掉他。他的敵對者把他逐出教會，關閉他的教堂，甚至逼迫他離開所住的城鎮。但他至死不渝地在沿途傳道。敵對者僱傭一些人去嘲弄他，向他扔爛泥、臭雞蛋、爛番茄和一些動物的死屍，並且不止一次地向他扔石頭，把他砸得頭破血流 …… 而且許多上層社會的人都對他大加鞭撻和嘲諷，但是，所有的這一切均未能阻止懷特腓德繼續他的傳道事業。因為，他深信他的事業是有益於大眾的。最後，他終於取得了成功。

生活中，任何人在向理想目標前進的過程中，都難免會遭遇到各種阻力和重重困難，在這種情況下，我們要學會堅持，這樣我們才會享受到成功後的歡樂。

我們要學會「持之以恆」，在做某些事情時，不要朝秦暮楚，不要被面前的困苦所嚇倒，不半途而廢，不淺嚐輒止，不功虧一簣。持之以恆是一種毅力，是我們最應該具有的一種精神。

宋朝詩人楊萬里有詩曰：「莫言下嶺便無難，賺得行人錯喜歡。正入萬山圈子裡，一山放出一山攔。」人在奮鬥的過程中，由於各方面條件的限制，必然困難重重，也會存在種種干擾。這些困難干擾就像一座座山阻礙在我們前進的道路上，然而我們不應被嚇倒，只有堅持到底才是最後的勝利。只要拿出頑強的毅力，持之以恆，事業的成功將成為一種必然。「有超乎常人的毅力，必有超乎常人的抱負。」

要做生活的強者，首先要做精神上的強者，做一個堅忍不拔、威武不屈的人。世間不存在人無法克服的艱難和困苦。在你面臨絕境無法擺脫時，在你氣喘吁吁甚至精疲力竭時，你只要再堅持一下，就會戰勝困難，同時也磨練了自己的毅力。

有許多偉人也會出現這樣的錯誤，在他們即將抵達成功時，他們卻因失敗而放棄了。德國科學家席勒在研究 X 射線即將看到曙光時，失去信心，罷手卻步，遂將成功的喜悅奉送給了倫琴。

歌德曾這樣描述堅持的意義：「不苟且地堅持下去，嚴厲地驅策自己繼續下去，就是我們之中最微小的人這樣去做，也很少不會達到目標。因為堅持的無聲力量會隨著時間而增加，而沒有人能抗拒的程度。」

不要畏懼，去冒險

什麼是風險？風險是指由於形勢不明朗，造成失敗的因素。冒風險是知道有失敗的可能，但堅持掌握一切有利因素，去獲得成功。

風險程度有大小的區別。風險小，利益大，這是人人渴望的，但並不現實。強者們寧願相信，風險愈大，利益愈大。強者不會貿然去冒風險，他會衡量風險與利益的關係，確信利益大於風險，成功機會大於失敗機會時，才毅然出手。強者雖甘願冒險，但從不魯莽行事。風險的成因是形勢不明朗，若成功與失敗清楚地擺在面前，你只需選擇其一，那不算風險。但當前面的路途一片黑暗，你跨過去時，可能會掉進陷阱或深谷裡，但也可能踏上一條康莊大道，很快把你帶領到目標中去。於是風險出現了，或停步，或前進，你要做出選擇。

前進？可能跌得粉身碎骨，也可能攀上高峰。停步？也許得保安全，但也會錯過大好良機，令你懊悔不已。

福勒是美國一位黑人家庭七個孩子中的一個，他決定把經商作為生財的一條捷徑，最後選定經營肥皂業。於是，他挨家挨戶推銷肥皂達 12 年

之久，後來供應肥皂的公司即將拍賣，售價是 15 萬美元。

他決定買下這家公司，但他錢不夠。他把自己經營肥皂 12 年中一點一滴積蓄起來的 2.5 萬美元作為保證金交給肥皂公司的老闆，承諾自己在 10 天的限期內付清剩下的 12.5 萬美元。而如果福勒不能在 10 天內籌齊這筆款項，將會喪失所預付的保證金。

福勒在他當肥皂業務員的 12 年中，獲得了許多富豪的信任和讚賞。於是他去請求他們的協助。他從交情不錯的富豪那裡借了一些款項，又從信貸公司和投資集團那些獲得了援助。

直到第 10 天的前夜，他籌集了 11.5 萬美元。也就是說，他還差 1 萬美元。

福勒回憶說：當時我已用盡了我所知道的一切貸款來源。那時已是沉沉深夜，福勒在幽暗的房間裡自言自語：我要驅車走遍第 61 號大街。

夜裡 11 點鐘，福勒開車沿芝加哥 61 號大街駛去。駛過幾個街區後，他看見一所承包商事務所亮著燈光。

他走了進去。

在那裡，在一張寫字臺旁坐著一個因深夜工作而疲乏不堪的人。福勒意識到自己必須勇敢些。

你想賺 1,000 美元嗎？福勒直截了當地問道。

這句話把那位承包商嚇得向後仰去。

是啊！當然啦！他答道。

那麼，給我開一張 1 萬美元的支票，當我奉還這筆錢時，我將另付 1,000 美元利息。福勒對那個人說。

他把其他借款給他的人的名單給這位承包商看，並且詳細地解釋了這次商業冒險的情況。

那天夜裡，福勒在離開這個事務所時，口袋裡裝了一張 1 萬美元的支票。

往後，他不僅在那個肥皂公司，而且在其他七個公司，包括四個化妝公司、一個襪類貿易公司、一個標籤公司和一個報社，都獲得了控制權。

福勒的事業成功了，這很大程度上應歸功於他冒險的勇氣與他鍥而不捨的精神。

冒風險需要一定的膽量和熱情。大部分人停留在所謂「舒適圈」內，無意於進行任何形式的冒險，即使這種生活過得庸庸碌碌、死水一潭也不在乎。有這樣一位女高音歌劇演員，天生一副好嗓子，演技也非同一般，然而演來演去卻盡演些最末等的角色。「我不想負主要演員之責，」她說，「讓整個晚會的成敗壓在我的身上，觀眾們屏聲息氣地傾聽我吐出的每一個音符。」其實這並非因為膽小，她只是不願意認真地想一想：如果真的失敗了，可能出現什麼情況，應採取什麼樣的補救辦法。卓有績效的人則不然，由於對應變策略 —— 失敗後究竟用什麼方式挽救局勢早已成竹在胸，他們勇於承擔各種風險。一位公司總經理說：「每當我採取某個重大行動的時候，就會先給自己構思一份『榮敗報告』，設想這樣做可能帶來的最壞結果，然後問問自己：『到那種地步，我還能生存嗎？』大多數情況下，回答是肯定的，否則我就放棄這次冒險。」心理學家認為，做最壞的打算，有助於你做出理智的抉擇。如果因為害怕失敗而坐守終日，甚至不願抓住眼前的機會，那就根本無選擇可言，更談不上什麼績效和成功。因此，當環境稍加變化的時候，他們就會顯得手足無措。

那麼，怎樣才能培養勇於冒險的能力呢？

▶ **積極嘗試新事物**：在生活中，由於無聊、重複、單調而產生的寂寞會逐漸腐蝕人的心靈。相反，消除那些單調的常規因素倒會使你避免精神崩潰。積極嘗試新事物，能使一蹶不振、灰心失望的人重新恢復生活的勇氣，重新掌握住生活的主動權。

▶ **嘗試做一些自己不喜歡做的事**：屈從於他人意願和一些刻板的清規戒律，已成為缺乏自信者的習慣，以至於他們誤以為自己生來就喜歡某些東西，而不喜歡另一些東西。應該認知到，之所以每天都在重複自

己，是由於懦弱和沒有主見才養成的惡習。如果你嘗試做一些自己原來不喜歡做的事，你會品嚐到一種全新的樂趣，從而從老習慣中慢慢擺脫出來。

▶ **不要總是訂計畫**：缺乏自信的人相應的缺乏安全感，凡事希望穩妥保險。然而人的一生是根本無法訂出所謂的清晰計畫，因為有許多偶然的因素在發生作用。有條有理並不能給人帶來幸福，生活的火花往往是在偶然的機遇和奇特的感覺中迸發出來的，只有欣賞並努力捕捉這些轉瞬即逝的火花，生活才會變得生氣勃勃，富有活力。

積極嘗試新事物，也就是要冒一些小小的風險。冒險應該算是人類生活的基本內容之一。沒有冒險精神，體會不到冒險本身對生活的意義，就享受不到成功的樂趣，也就無法培養和提高人的自信心。自信在本質上是成功的累積。因此，瞻前顧後、驚慌失措、力圖避免冒險無疑會使我們的自信喪失殆盡，更不用指望幸福快樂會慷慨降臨了。

假如生活中未知的領域能夠引起你的熱情，並使你做好「試一試」的心理準備；假如人生真的如同一場牌局，而你又能夠堅持把牌打下去，不是中途退場的話，那麼，每克服一個困難，你就增添了一分自信。

茫茫世界風雲變幻，漠漠人生漂浮不定，而未來的風景卻隱沒在迷霧中，向那裡進發，有崎嶇的山路，也有陰晦的沼澤，深一腳淺一腳，雖然有危險，但這卻是在有限的人生中通往成功與幸福的捷徑。

強者登場：喬治·華盛頓

喬治·華盛頓（George Washington）（西元 1732～1799）是美國第一任總統，美國獨立戰爭時期陸軍總司令，他領導美國人民取得了獨立戰爭的勝利。華盛頓作為美國莊園主和新興資產階級利益的著名代表人物，對美利堅合眾國的誕生、發展有著巨大的貢獻，被美國民眾稱為「國父」。也正如亨利·李（Henry Lee）所說：「戰爭的第一人，和平中的第一人，他的同胞中的第一人。」喬治·華盛頓作為一個資產階級革命家、軍事家、政治家，在世界歷史上占有卓越的地位。

西元 1754 年，在英法戰爭中，22 歲的華盛頓作為英國的殖民地士兵參加了這場戰爭。在第一次率軍行動中，由於缺乏經驗以及錯誤判斷，華盛頓與法國和印第安人部隊狹路相逢，這次小型的血腥戰爭，是華盛頓作為軍人的第一場敗仗。不過，華盛頓本人並未因此而氣餒。

西元 1775 年，殖民地 13 個州召開大陸會議，推選大陸軍總司令。這時的華盛頓已經退役 15 年，他將代表自己的祖國和英國作戰。而作為最高軍事統帥的華盛頓，即使在退役之前所指揮過的部隊從來沒有超過一個團的規模。

華盛頓曾寫信給妻子馬莎·華盛頓（Martha Washington）說，「我一點都不想當這個總司令，我曾經盡所能避免被任命為總司令，不僅因為我不願和你、和家人分開，還因為我意識到，這項職責超過了我的能力。」儘管如此，華盛頓還是當上了大陸軍總司令。

華盛頓算不上一個傑出的策略家，他打敗仗多過打勝仗。他總是避免與英軍硬碰硬。在戰場上，華盛頓更像是一隻狐狸而不是獅子。

西元 1776 年，英軍逼近紐約。華盛頓面臨著困難的考驗，他為應付一系列潛在威脅，已被迫分散其有限的兵力，在策略上對此顯得有些措手不及。華盛頓的對手具有英國皇家海軍能夠提供機動性之利，因而足能在一次軍事行動中摧毀華盛頓的防備。大部分美利堅衛士都守候在布魯克林高地一帶的壕溝裡，這樣的軍事部署，至此已毫無意義地讓英國人出現在

他們的後方。英軍以壓倒的優勢突然進攻布魯克林高地。長島一役，美軍傷亡 3,000 多人。接著紐約失守，美軍 3,000 多人被俘。美軍屢戰屢敗，華盛頓和他的部下在戰鬥中摸索著成長。1777 年 1 月 3 日，華盛頓在普林斯頓打了一場漂亮的仗。但在後來一整年裡，幾乎全是打敗仗。1778 年，美法結盟對英作戰，戰爭形勢發生根本變化，使英軍處於不利地位。1781 年 8 月，華盛頓率美法聯軍南下弗吉尼亞，於 9 月 1 日在威廉斯堡（Williamsburg）登陸，包圍康華利（Cornwallis）所率 7,000 名英軍於約克敦。10 月 19 日，英將康華利投降。美國獨立戰爭正式宣布停戰。1783 年 1 月 20 日，美英在巴黎簽訂了一項條約。1783 年 11 月 25 日，英軍自紐約撤退，華盛頓率美軍進駐紐約。1783 年聖誕節，華盛頓告別部隊回到闊別八年的家園。

美國作家華盛頓・歐文（Washington Irving）在《華盛頓》中這樣寫道：「值得指出的是，華盛頓早期的威信並不是光輝的成就的結果，也不是輝煌的勝利的結果。相反的，他的威信是在艱難困苦和軍事挫折中提高的，差不多可以說是打敗仗的結果。華盛頓雖然屢遭不幸，但是，他那些經得起考驗的，優秀的特質早就被人察覺，得到賞識，就是弗吉尼亞人民別具慧眼的光榮的證明。華盛頓在逆境中值得欽佩的表現以及他在各種場合表現出來的遠見卓識和講求實際的智慧得到普遍的公認。」

第六章　屢敗仍屢戰 - 輕易不低頭

第七章
終身勤學習，提升我自己

三更燈火五更雞，正是男兒讀書時。黑髮不知勤學早，白首方悔
讀書遲。—— 顏真卿

讀書以過目成誦為能，最是不濟事。—— 鄭板橋

學貴精不貴博。—— 戴震

讀書有三到，謂心到，眼到，口到。—— 朱熹

學而不思則罔，思而不學則殆。—— 孔子

據說武林中有一種非常厲害的功夫，叫「吸星大法」。「吸星大法」的厲害之處在於，擁有此功夫者無論和誰對陣，都能將對方的功力吸到自己的體內，就算面對武功高於自己的高手，他也能在挨打的同時迅速將對方功力吸過來，讓自己立於不敗之地。

　　依靠武力行走江湖的時代早已遠去，現代人行走江湖靠的是大腦。一顆聰明的大腦價值連城，這是歐・亨利（O. Henry）的話。歐・亨利是美國著名的短篇小說家，在全世界享有極高的文學盛譽。歐・亨利的一生充滿傳奇性，當過藥房學徒、牧牛人、會計員、地政單位辦事員、新聞記者、銀行出納人員。當銀行出納人員時，因銀行短缺了一筆現金，為避免審訊，離家流亡於洪都拉斯。後因回家探視病危的妻子被捕入獄，並在監獄醫務室任藥劑師。他在銀行工作時，曾有過寫作的經歷，擔任監獄醫務室的藥劑師後開始認真寫作。西元 1901 年提前獲釋後，遷居紐約，專門從事寫作，寫出了許多膾炙人口的著作。

　　毫無疑問，歐・亨利擁有一顆價值連城的聰明大腦。他的人生起點很低，卻登上了事業的巔峰，這得益於他的勤奮學習。可以說他是後武林時代的「吸星大法」高手。會「吸星大法」的人，一輩子都在學習，將終身學習應用到實際生活中。他們也許學歷不高，但他們善於學習，透過書本學習，透過所接觸或感於的每個人學習。

　　這個人不如他，就用他的缺點來思考，為什麼會這樣，我今後要如何就會比他做更好；這個人是個高手，他為何能做到，觀察他的一言一行找到原因或理由，去領會並身體力行，馬上就學到手了。這樣的學習能力可以讓你每時每刻都在升級你自己，這樣的你，永遠都不會過時。

　　強者非常善於透過學習來敏化自己，強化自己。他們如同魯迅筆下的「拿來主義者」，善於把古今中外的有用知識拿來充實自己的大腦，為自己所用。

　　事實上，小至一個人，大至一個民族一個國家，都必須善於學習，這樣，才會有進步，有希望，才能在錯綜複雜的形勢下保持強勢、立於不敗之地。

這個世界變化太快

　　這是大學期末考試的最後一天。在一幢樓的臺階上，一群工程系大四的學生聚在一起，正在討論幾分鐘後就要開始的考試。他們的臉上充滿了自信。這是畢業典禮前的最後一次測驗了。

　　一些人談論他們現在已經找到的工作，另一些人則談論他們將會得到的工作。帶著經過四年的學習所獲得的自信，他們感覺自己已經準備好，甚至能夠征服整個世界。

　　這場即將到來的測驗將會很快結束：教授說過，他們可以帶任何他們想帶的書或筆記，要求只有一個，就是他們不能在測驗的時候交談。

　　他們興高采烈地衝進教室。教授把試卷分發下去。當學生們注意到只有 5 道申論類型的考題時，臉上的笑容更燦爛了。

　　3 個小時過去了，教授開始收試卷。學生們看起來不再自信了，他們的臉上掛滿了沮喪。

　　教授俯視著他面前這些焦急的面孔，面無表情地說道：「完成 5 道題目的請舉手！」

　　沒有一隻手舉起來。

　　「完成 4 道題的請舉手！」

　　還是沒有人舉手。

　　「完成 3 道題的請舉手！」

　　仍然沒有人舉手。

　　「2 道題的！」

　　學生們不安地在座位上扭來扭去。

　　「那麼 1 道題呢？有沒有人完成了 1 道題？」

　　整個教室仍然沉默。教授放下了試卷。「這正是我期望得到的結果，」他說，「我只想要給你們留下一個深刻的印象：即使你們已經完成

了四年的學業，但關於這個學科仍然有很多的東西是你們還不知道的。這些無法回答的問題，是與日常的生活實務相關聯的。」

然後，他微笑著補充道：「你們都將通過這次測驗，但是記住 —— 即使你們現在是大學畢業生了，學習也還只是剛剛開始。」

幸好，知識可以透過學習獲得，今天沒有知識，明天可以擁有，只要你肯學習、學習、再學習。

活到老，學到老。但凡傑出的人，都是終身孜孜不倦追求知識的人。在漫長的人生經歷中，即使再忙再苦再累，他們也不放棄對知識的追求。學習既是他們獲取知識的途徑，又是他們在逆境中的精神支柱。在他們看來，知識是沒有止境的，學習也應該是沒有止境的，學習使他們的思想、心理和精神永遠年輕，也使他們的事業日新月異。

有人認為，當代世界巨富比爾‧蓋茲最寶貴的財富就是擁有一個開放的頭腦，這也正是造就他的成功和財富的內在特質之一。能說明這一點的最好例證，就是微軟公司在互聯網時代的策略轉型。早在 1993 年，比爾‧蓋茲就以 70 億美元的個人財富榮登《富比士》世界富豪排行榜首位。到 1995 年時，微軟公司更是以作業系統和軟體雄霸個人電腦市場。但世界變化之快，有時連比爾‧蓋茲也反應不過來。當時比爾‧蓋茲幾乎犯了一個致命的錯誤，那就是他沒有及時地意識到互聯網的引入將使整個訊息技術產業和全球經濟發生根本性的革命。好在他時刻學習以跟上這個時代的節奏，迅速調整了微軟的策略，方終於走過坎坷成就霸業。

你必須終身學習

知識的迅速成長和更新，使人不得不在學習上付出更多的努力。經過苦苦探索，人們在「終身教育」問題上達成了共識，現在「終身教育」思想已經成為當代世界的一個重要教育思潮。今天，在世界範圍內都響起了「不學習就死亡」的口號。

這樣，學習就意味著是一個終身的過程，是現代人生命過程的一個重要組成部分。

任何一個人，不管他有多高的天資，有多高的學歷，都沒有資格說：「我已經不用學習了。」

古代金溪縣有個人叫方仲永，當他五歲時，就能寫詩作賦。人們指著什麼事物叫他做詩，都當即寫成，文采道理都有可取之處，被認為是神童。於是就有人請他父親帶方仲永去做客，並即席做詩，有的人還饋贈銀兩。他父親認為有利可圖，就天天拉著他去拜見縣裡的人，不讓他學習。在他 13 歲的時候，他寫的詩已不能和以前的名聲相稱了。又過了七年，他已然默默無聞，無異於常人。

如此看來，即使神童也得不斷學習，否則遲早一天會「神」不起來。

有一家大公司的總經理對前來應徵的大學畢業生說：「你的文憑代表你受教育的程度，它的價值會展現在你的底薪上，但有效期限只有 3 個月。想在我這裡繼續做下去，就必須知道你該繼續學些什麼東西。如果不知道該學什麼新東西，你的文憑在我這裡就會失效。」

美國商業顧問湯姆‧彼得斯（Tom Peters）在《解放管理》一書中給學生們這樣的忠告：「記住：教育是通向成功的唯一途徑，教育並不以你獲得的最後一張文憑而中止。終身學習在一個以知識為基礎的社會裡是絕對必需的。你必須認真地接受教育，其他所有人也必須認真接受教育。教育是全球性經濟中的『大競賽』，如此而已。」

因此，教育（學習）的真正目的並不在於記憶、儲存，或是學會運用某種特定技巧，而是在於具備終身學習的能力。

養成每天學習的習慣

知識和才能的成長，不是一朝一夕的事，只有養成每天學習的習慣，才會有不菲的收穫。美國人埃利胡‧布里特 16 歲那年，他的父親就離開

了人世。於是，他不得不到本村的一個鐵匠鋪當學徒。每天，他都得在煉爐邊工作 10 ～ 12 個小時。但是，這個勤奮的年輕人卻一邊拉著風箱，一邊在腦海裡緊張地進行著複雜的算術運算。他經常到伍斯特的圖書館閱覽那裡豐富的藏書。在他當時所記的日記中，就有這樣的一些條目：

6 月 18 日，星期一，頭痛難忍，堅持看了 40 頁的居維葉的《土壤論》、64 頁法語、11 節的冶金知識。

6 月 19 日，星期二，看了 60 行的希伯來語、30 行的丹麥語、10 行的波希米亞語、9 行的波蘭語、15 個星座的名字、10 節的冶金知識。

6 月 20 日，星期三，看了 25 行希伯來語、8 行敘利亞語、11 節的冶金知識。

終其一生，布里特精通了 18 門語言，掌握了 32 種方言。他被人尊稱為「學識最為淵博的鐵匠」，並名垂史冊。

東晉初的《抱樸子》中曾這樣說：「周公這樣至高無上的聖人，每天仍堅持讀書百篇；孔子這樣的天才，讀書讀到『韋編三絕』；墨翟這樣的大賢，出行時裝載著成車的書；董仲舒名揚當世，仍閉門讀書，三年不往園子裡望一眼；倪寬頻經耕耘，一邊種田，一邊讀書；路溫舒截蒲草抄書苦讀；黃霸在獄中還從夏侯勝學習，寧越日夜勤讀以求十五年完成他人三十年的學業……詳讀六經，研究百世，才知道沒有知識是很可憐的。不學習而想求知，正如想求魚而無網，心雖想而做不到。」

劉子又說：「吳地產勁竹，沒有箭頭和羽毛成不了好箭；越土產利劍，但是沒經過淬火和磨礪也是不行的；人性聰慧，但沒有努力學習，必成不了大事。孔夫子臨死之時，手裡還拿著書；董仲舒彌留之際，口中還在不停誦讀。他們這樣的聖賢還這樣好學不倦，何況常人怎可鬆懈怠惰呢？」

懸梁刺股、鑿壁偷光、燃薪夜讀、鑽壁讀書、編蒲抄書、負薪苦讀、隔籬聽講、織簾誦書、映雪讀書、囊螢苦讀、韋編三編、手不釋卷、發憤圖強、聞雞起舞……這些流芳百世的勤學苦讀的典範和榜樣，仍將激勵

後人，光照千古。

讓我們作一個粗略的計算，按照中等閱讀速度每分鐘讀 400 字，假如每天抽出 15 分鐘的時間用於學習，可以讀 6,000 字；如果能夠抽出 30 分鐘，則可讀 1 萬字。即使只按 15 分鐘計算，一個月下來你就看了 18 萬字，一年下來就是 200 多萬字，這差不多是 3,000 多頁的書；若按一本書 20 萬字計算，每天讀書 15 分鐘，一年就可以讀十多本書，這個數目已相當可觀。

如果每天有 1 小時用於讀書，能讀 24,000 字，一週 7 天讀 168,000 字，一個月可讀 720,000 字，一年的閱讀量可達 800,000 字，相當於 20 萬字的書 40 多本。

威廉・奧斯勒爵士（Sir William Osler）是美國當代最偉大的內科醫生之一。他的傑出成就不僅在於他精深的專業知識和技能，而且因為他具備各方面的淵博知識。他非常重視提高自身文化素養，也很清楚要了解人類傑出成就的最好途徑就是閱讀前人留下的文字。但是，奧斯羅有著比別人大得多的困難。他不僅是工作繁忙的內科醫生，同時，他還得任教、進行醫學研究，除了少得可憐的吃飯、睡覺時間，他的大多數時間都浸泡在這三種工作中。

奧斯羅自有他的解決辦法。他強迫自己每天必須讀書 15 分鐘，不管如何疲勞、難受，睡覺之前的 15 分鐘必須用來看書。即使有時研究工作進行到夜間 2 點，他也會讀到 2 點 15 分。堅持一段時間後，他如果不讀上 15 分鐘就簡直無法入睡。

在這種堅持下，奧斯羅讀了數量相當可觀的書籍。除了專業知識之外，他在其他方面的才學亦十分全面，這種趨於完美的知識結構使他能夠充分發揮其他業餘愛好，並皆有所成。

馬克西姆・高爾基曾說：「書籍是人類進步的階梯。」對於這個「階梯」的理解，應該是人們一生的經歷有限，不可能每件事情都透過自己的行動來獲得知識，那麼就只能依靠書籍。書籍是人類知識的載體，它記錄

了人類千百年來的每一點進步。透過閱讀不同的書籍，掌握各個時期、不同領域的知識，這就是讀書的真理。一個沒有書籍、雜誌、報紙的家庭，是缺乏動力的。人們只有透過經常接觸書本，才能對學習產生興趣，才能在不知不覺中增加各種各樣的知識，才能不與社會脫節。

社會是一所大學

　　因生產夏普牌（SHARP）電視機聞名的早川電機公司董事長早川德次，在尚未理解人情世故時，便品嚐到世上最悽慘的遭遇。但他能夠刻苦學習，並在後來持續奮鬥，終於戰勝了命運，成為商界領袖。

　　早川很小時，雙親與世長辭。他被雙親的朋友撫養。不幸的是，養母是個性情古怪的潑婦，一開口就罵，動不動就揚鞭毒打。

　　有一個住在附近的老婦人，每天聽到鞭打聲和小孩的哭聲，心生憐憫之情而決心為早川消災解厄。為此，早川在小學二年級時，她就帶他去一家首飾加工店當童工。

　　但早川並不自暴自棄，小時候早川就想：「在這個世界上沒有疼愛我的雙親，也沒有關心我的長輩，我的處境比任何人都悲慘，如果別人做 10 小時，我做 20 小時的工作，就不會輸給別人。」

　　他進入首飾加工店之後，每天所做的工作就是照顧小孩、燒飯、洗衣服以及搬運笨重的東西。

　　這樣年復一年過了 4 個春秋，有一次他鼓起勇氣對老闆說：「老闆，請您教我一些做首飾的手工好嗎？」

　　老闆不但沒答應，反而大罵道：「小孩子，你能做什麼呢？你喜歡學的話，自己去學好了！」

　　早川想，真的，不靠別人，要親自去學，親自思考，親自去做。

　　之後老闆叫他幫忙工作時，他盡量用眼睛看，用心學，一切有關工作上的學識和技能，全部是靠自己偷偷學來的。

　　社會是一所大學，每個人都可能是你的老師。只是因為你不曾繳學費給他們，他們未必會悉心來教你。一切都要靠你自己主動自發地觀察、體會與領悟。依靠別人教你，人會不知不覺產生依賴心理，不能完全理解它，不能養成獨立思考的能力。靠人教來的知識缺少深度，沒辦法去應付各種不同的狀況；辛辛苦苦用腦筋自己去摸索，自己苦思出來的卻有深度，可能在一生都受益不盡。

　　早川的學習與努力沒有白費，他成為耳聰目明又富於創意的人。18 歲他就發明了褲帶用的金屬夾子，22 歲時發明了自動筆。他有了發明，老闆便資助他開了一家小工廠。這種自動筆很受大眾喜愛，風行一時。世界沒有給他任何東西，但他卻給世界很多。30 歲時，在他賺到 1,000 萬日圓以後，就把目標轉向收音機生產，設立早川電機公司。現在他擁有的資產多達 100 多億日圓。

向成功者學習

　　學習並非單停留在書本上。社會是一所大學，到處都有學習的機會。其中，向成功者學習就是一個不錯的學習方法。

　　面對未來，遙想「成功」二字，你是不是也有無從邁步的迷惑？如果有，不妨看看別人的成功原因，學習一下他們的「成功模式」！

　　也許你會問：學習別人的成功模式就能成功嗎？

　　答案是：「不一定。」因為一個人是否成功還受到個人條件、努力的程度和機遇等因素的影響，並不是學習別人的成功模式就可以成功；但至少成功模式是一種指引，讓你有方向可循，這絕對比茫無頭緒，不知何去何從好過千百倍。

　　那麼，如何找到一套「成功模式」？

　　首先，你要找出一位你認為「成功」的目標人物。這個人可以是你的朋友，可以是你的親戚、長輩、同事，也可以是有名望的社會人士，更可

以是書裡的傳記人物。你可以向他們請教他們的成功之道。一般來說，人人都喜歡談成功而忌諱談失敗，所以他們會不吝嗇地告訴你他們的成功經驗，至於社會人士的成功之道，則可以從報章雜誌得知，傳記裡的人物成功之道，傳記裡也會說得很清楚。

任何人的成功模式都有可能套用在你自己身上，但有幾種「模式」你必須排除，絕對不可「套用」。

▸ **因機遇而成功的人**：因為他有機遇，你可不一定也有那麼好的機遇，而且機遇是不可等待的。

▸ **因家族支援而成功的人**：例如有一位「偉大」的父親或龐大的資產。這種人的成功比一般人省力許多，你若無此條件，則這種人的成功是不值得學習的。

▸ **因配偶的才能或金錢而成功的人**：你不一定也有個能幹或有錢的配偶。

▸ **因某人提拔而成功的人**：因為你不一定也會碰到願提拔你的人。

▸ **因非正常手段而成功的人**：此方式危險性很高，這種險不能冒，也不值得冒。

那麼，該選用什麼樣的「成功模式」？

你應該選擇靠自己而成功的「成功模式」，而且這個人最好是和你同行，所處的環境、個人條件和你接近。你可以把他的成功經驗歸納成以下幾點：

▸ 他是如何踏出第一步以及第二步、第三步？

▸ 他如何累積實力？

▸ 他如何突破困局，超越自己？

▸ 他如何管理內外的人際關係？

▸ 他如何規劃一生的事業？

你可以照著做，當然也可以只模仿其中的若干方法，或是根據他的模式來修正你的方向。

不過，「成功模式」再好，關鍵還在於執行，你若不當一回事，則這模式就不能發揮效用。說穿了，成功模式就是「努力」二字而已，肯努力，就會有實力。有實力就會帶來好機遇。

生活是一部「無字書」，唯有善讀者，方能學以致用，舉一反三。

失敗者亦可為師

「以失敗者為師」與前述的「以成功者為師」並不存在矛盾。「以成功者為師」強調的是學習別人的成功之處於以自用，而「以失敗者為師」強調的是學習別人的失敗之處以為自己規避。因此，它們其實存在辯證的統一。

「以失敗者為師」實際上是一個事業頗有成就的企業家的話。

他說，一般人都是以成功者為師，把成功者的成就當作奮鬥的目標，有些人還遵循成功者的模式，構築自己的未來。這也沒什麼不好，人總需要「希望」來鼓舞。但一切向「成功者」看齊卻有可能使人墜入一種幻覺當中，認為「我也可以成功」！殊不知一個人的成功是需要很多條件配合的，並不是一蹴而就。另外，成功者的成功模式因為個性、主客觀條件的不同，並不一定適合每個人。所以在「以成功者為師」的同時，也要「以失敗者為師」，把失敗者的失敗當成一個案例，仔細探查失敗的真正原因，以此作為自己的警惕，避免再犯同樣的錯誤！

這位企業家說，他從創業開始到現在，從未停止仔細觀察同行及非同行的失敗原因；別人是在失敗中汲取教訓，他是從別人的失敗中汲取教訓，因此他不但順利創業，而且發展得非常穩定。或許稍嫌開創不足，他說：企業的「存在」比「壯大」更重要，因為有「存在」，才可能「壯大」，若為了「壯大」而失去「存在」，那就失去創辦企業的目的。何況失敗是痛苦的事，更有一失敗就永無再起的可能，所以，「避免失敗」比「追求成功」更重要。

任何失敗都是有原因的，不管是主觀因素或客觀因素。不過要了解失敗者的失敗原因不太容易，失敗者往往不願意談失敗的過去，因為這會暴露自己的無能。如果你找到失敗者本人談，他大概也不會告訴你真相，他只會告訴你，他的失敗是因為經濟不景氣、朋友拖累、銀行緊縮銀根，或是被出賣、被騙、被倒帳……屬於他個人的能力、判斷、個性上的問題，他是不會告訴你的；何況有些失敗者根本不知道他失敗的原因。因此要了解失敗者的失敗原因，你得多方收集資料，參考專家的分析、同行的看法，至於這位失敗者的個人條件，可從他的朋友處了解。

　　當把資料收集夠了，把它一條條列出來，仔細分析，再歸納成幾個重點。

　　不過並不是了解就算了，你必須把你所觀察、分析到的東西拿來檢驗自己，和失敗者的一切做個對照比較。如果你的個性、能力和其他主客觀因素都有和那失敗者相似之處，那麼就要提高警覺。弱的地方要加強，不好的地方要改善，這樣你就可避免和那失敗者犯同樣的錯誤，成功的機率自然會大為提高。

　　除了自己經營事業要以失敗者為師之外，一般做人做事也應以失敗者為師。

　　在做人方面，多參考他們的個性，觀察他們平日的來往和作為，你就可以知道他們做人失敗的原因在那裡。

　　在做事方面，「失敗者」的例子更多，這裡所謂的「失敗」包括做得不盡完善的事，這些事一般都會由主管開會進行檢討，這種檢討有時只是應付應付，但因為近在身邊，所以不管檢討是不是在「應付」，你都會有不錯的收穫。

　　曾有一將軍說過，兩軍對陣，誰犯的錯誤少，誰就得勝。做事也是一樣，犯的錯誤少，成功的機率就提高，而要減少錯誤，就是「以失敗者為師」，這種教訓並不需要你以失敗去換取，多麼划算！

向不同行業的人學習

我有個同學，念大學時他就比別的同學懂得多，畢業十幾年後見到他，他還是比我見多識廣。

有一次聊天，他無意中說出他喜歡向不同行業的人吸取新知識。真是一語驚醒夢中人，難怪他一碰到我就一直和我談我的工作，而我對他的行業卻如同霧裡看花，一知半解。

他告訴我，他在唸書時就有這個習慣，除了看報紙、看雜誌，充實專業知識，他還會想辦法和別的科系的同學聊天，所以有些科系他雖然沒有進修，但多少都懂一些。此外，他也和來自不同地方、不同背景的同學聊天，所以才到大三，就已像一個在社會上工作好幾年的人一樣練達。

進入職場後，他讓這個習慣成為自己工作的一部分。他和同一單位，不同專長，不同背景的人聊天，也和不同單位的人聊天，更和非本行的外界人士交朋友。

他的做法是這樣的：

在有聚會的場合，交換過名片後，他會在恰當的時機挑選一個具有新聞性的話題，向他「鎖定」的對象發問。大部分人都喜歡在公眾場合中受到注意，有人發問，當然恨不得把所有時間包下來，好好講個痛快。所以問的問題或許不很專業，但得到的回答卻很專業。而因為這一問，也交到了朋友——那麼多人只有你問我，當然就對你有特別的印象啦！於是他會準備第二次見面。

如果是「非聚會」的一般場合，他會適當地和對方聊一下，幾乎每個人都很樂意開啟話題，因為他的發問，給了對方一種「被尊重」的感覺，當然話匣子就關不住。

因此，我那位同學知識面的「廣博」就不意外了。

他現在是一家外資公司的經理，而他的升遷和他的「習慣」是不是有直接關係不得而知，但沒有直接關係至少也有間接關係，因為對不同行業

了解得多，有助於對本行業的判斷和思考，至少朋友多，做事也方便。

　　至於如何「向不同行業的人吸取新知」，我的同學也提出一些要訣。

> ▸ **要抱著「請教」的態度**：誰都不敢自詡是「專家」，但有人向自己「請教」，就開始產生優越感。你用「請教」捧了他，他不「知無不言」才怪！但要記住，千萬不要和對方辯論，寧可多提幾個問題讓他解釋；辯論不會有結果，而且了解對方的行業才是你的目的，你辯贏了，還會失去可以成為朋友的人！若對方不願和你爭辯而冷漠以對，不是更自討沒趣嗎？

> ▸ **妥善找尋問題的切入點**：你總不能開口就說「請你介紹你的行業」吧？太幼稚的問題，對方有時會不耐煩，懶得回答。「切入點」如何找？方法是多看報章雜誌，廣泛了解社會的脈動。如果一時找不到，從經濟議題下手準沒錯。

> ▸ **態度要誠懇、認真**：不要給人「只是隨便問問」的感覺，最好能做筆記，對方看你做筆記，想不感動也難。

> ▸ **不要急於求成**：太急於了解對方的行業，會讓對方以為你別有所圖而採取閃躲的態度。先交朋友再了解，這樣就不會打草驚蛇。一次了解一點，彼此熟了，自然就可以作深入的了解了。

　　總之，不要認為和你無關的行業就和你的工作不相干，各種行業都有依存關係的。所以，打開你的心靈大門，去接納各種不同的背景、不同行業的人，向他們學習吧！

不能為學習而學習

　　在強者眼中，學習不只是學習，而是以本身所學為基礎，自行再創造出新東西的一種過程；學習的目的，不在於培養另一個教師，也不是人的複製，而是在創造一個新的人，世界之所以進步即在此。

　　學習知識是為磨練智慧而存在的。假如只是收集很多知識而不消化，

就等於徒然堆積許多書本而不用，同樣是一種浪費。

強者也蔑視一般的學習，他們認為一般的學習只是一味模仿，而不是任何的創新。實際上，學習應該是懷疑、思考和提高知識能力的過程。

一個人的知識越多，懂得越多，就越會發生懷疑，就越覺得自己無知。而懷疑正是學習的鑰匙，能開啟智慧的大門。求知的慾望正是不懈學習、探求的動力，而懷疑讓自己不斷進步。

好的問題常會引出好的答案。好的發問和好的答案同樣重要。問題提得出人意料，答案也常常是深刻的。沒有好奇心的人，不會產生懷疑，思考就是由懷疑和答案共同組成的。所以，智者其實就是知道如何懷疑的人。

人沒有理由對什麼事都確信無疑。懷疑一旦開始，疑點便愈來愈多，循著懷疑的線索去追尋答案，就可以解答很多迷惑和懷疑。

但過分的思考易使行動遲緩。的確，猶豫是非常危險的，人們必須在最適當的時候，遂下決斷，否則便會坐失良機。只有適時而大膽地行動，才能掌握勝利；臨陣躊躇不決，將喪失戰機。

人不能為了學習而學習。學習是讓自己豐富，更讓自己變得靈活、機智、善於洞見。在這個世界上，相同的事情絕對不會重複出現。因此，當面臨一種新的狀況時，誰也不能把以前所學的東西，原本不動地運用上去。學習到的東西只能給人以知性的感覺。

而學習正是為了錘鍊知性，使知性更加敏銳。

敏銳的知性可以抓住瞬間的機會，預見未來的趨勢，洞悉細微處的微妙變化；掌握宏觀而抽象無形的東西。學習的目的便是培養這種洞若觀火的洞察力。

在古羅馬和古希臘有兩個著名的演說家，一個叫馬庫斯‧圖利烏斯‧西塞羅（Marcus Tullius Cicero），一個叫狄摩西尼（Demosthenes）。每當西塞羅的演講結束時，聽眾都一起鼓掌並大叫：「說得真好，我又學到了新的知識！」每當狄摩西尼的演講結束時，聽眾都轉身就走：「說得真好，

讓我們開始行動吧！」

　　著名學者吉米‧洛恩說過：「世界上有兩種人，他們都在同一本書上讀到吃蘋果有益於健康的知識，其中一個說：『我學到了知識』，另一個二話不說，直接走到水果攤前買了幾斤蘋果。」吉米‧洛思認為買蘋果的人是真正的聰明人，因為他們能夠學以致用。而那些「學到了新的知識」卻不懂運用的人，充其量只是一個書呆子。你見過哪一個有錢人是書呆子嗎？

　　知識只有在運用時才能產生力量。一個人不能為了學習而學習。培根在提出「知識就是力量」的口號以後，又作了補充，他說：「學問並不是各種知識本身，如何應用這些學問乃是學問以外的、學問以上的一種智慧。」這也就是說，有了知識，並不等於有了與之相應的能力，運用與知識之間還有一個轉化過程，即學以致用的過程。

　　如果你有很多的知識但卻不知如何應用，那麼你擁有的知識就只是死的知識。魯迅說：「用自己的眼睛去讀世間這一部活書」，「倘若只看書，便變成書櫥，即使自己覺得有趣，而那趣味其實是已在逐漸硬化，逐漸死去了」。死的知識不但對人無益，不能解決實際問題，還可能出現害處，就像古時候紙上談兵的趙括無法避免失敗。因此，我們在學習知識時，不但要讓自己成為知識的倉庫，還要讓自己成為知識的熔爐，把所學知識在熔爐中消化、吸收。

　　學習就像你在磨刀石上磨斧子，為的不是你從石頭上獲得什麼，而是使斧子變得更鋒利。

強者登場：呂蒙

呂蒙（西元 178 ～ 219 年），字子明，汝南富坡（今安徽阜南東南）人，是孫權手下的名將，非常受孫權器重。

呂蒙在十多歲時，南渡長江，投靠姐夫鄧當。那時鄧當是孫策手下的部將，經常率兵征伐山越。十五、六歲的呂蒙居然偷偷地混雜在鄧當的部隊中欲參與作戰。鄧當發現後，非常生氣，厲聲喝斥也無法阻止。作戰歸來，鄧當把呂蒙跟隨部隊外出作戰的事情告訴了呂母。呂母生氣，欲責罰呂蒙，呂蒙大聲辯解說：「貧賤難可居，脫誤有功，富貴可致。且不入虎穴，焉得虎子？」（《三國志·呂書·呂蒙傳》）小小的年紀便有這等見地、決心與勇氣，呂母聞後，強忍悲痛放手讓少年呂蒙馳騁沙場。

步入行伍的呂蒙，在鐵馬金戈的磨礪下，職務升至偏將軍，兼任潯陽令。他因幼年家窮、少年入伍，沒有讀什麼書。有一次，孫權對呂蒙和另一位將令蔣欽說：「你們現在身負重任，得好好讀書，增加自己的見識才是。」呂蒙聽了不以為然地說：「軍中事務繁忙，恐怕沒有時間讀書了。」孫權開導說：「我的軍務比你們要繁忙多了。我年輕時讀過許多書，就是沒有讀過《易經》。掌管軍政以來，讀了許多史書和兵書，感到大有益處。當年漢光武帝在軍務緊急時仍然手不釋卷，如今曹操也老而好學。希望你們不要藉故推託，不願讀書。」

響鼓從來不用重錘。呂蒙聽了孫權的話，認知到了自身的缺陷，從此抓緊時間大量讀書。日積月累，他讀的書，居然超過了宿儒耆舊，成了飽學之士。

建安十五年（西元 210 年），周瑜病死，魯肅接任都督之職。魯肅到陸口，途經呂蒙駐地。魯肅為一代儒將，認為呂蒙是武夫出身，有些小瞧他。魯肅本來不屑見呂蒙，但因為呂蒙戰功顯赫，不好故意怠慢，只得和呂蒙小酌應酬。酒到酣處，呂蒙問魯肅：「您身負重任，現在我們與關羽為鄰，有什麼計策防範他嗎？」魯肅沒有料到呂蒙會問這個問題，倉促之間隨口答道：「見機行事就行了。」呂蒙說：「現在我們與蜀雖然表面上是

聯盟，但關羽他們絕非善類，怎麼可以沒有一套防範的策略？」然後，呂蒙詳盡地分析當時的軍事形勢，還祕密地為魯肅提供了三條對策。魯肅聽了，大驚，越席而起，靠近呂蒙，親切地拍著他的背，讚嘆道：「以前我以為老弟不過有些軍事方面的謀略罷了。現在才知識你學問淵博，見解高明，再也不是以前吳下的那個阿蒙了！」呂蒙笑笑：「士別三日，即當刮目相待，老兄的反應為什麼如此遲鈍呢？」

　　後來，孫權讚揚呂蒙等人說：「人到了老年還能像呂蒙那樣自強不息，一般人是做不到的。一個人有了富貴榮華之後，更要放下架子，認真學習，輕視財富，看重節義。這種行為可以成為別人的榜樣。」呂蒙勤學的故事流傳至今，常常被人引來作為榜樣。

第八章
品行求高潔－終身有保證

勿以惡小而為之，勿以善小而不為。唯賢唯德，能服於人。
—— 劉備

得道多助，失道寡助。—— 張衡

土扶可城牆，積德為厚地。—— 李白

靜以修身，儉以養德。—— 諸葛亮

君子坦蕩蕩，小人常戚戚。—— 孔子

一個人想要成點小事，也許靠聰明就能實現。但若想成大事，非得將德行立起來不可。高潔的品行，是一個人最寶貴的財產，它構成了人的地位和身分本身，它是一個人在信譽方面的全部財產。它比財富更具威力，它使所有的榮譽都毫無偏見地得到保障。它時時可以對周圍的人產生影響，因為它是一個人被證實了的信譽。一個人的品格比其他任何東西都更顯著地影響他人對自己的信任和尊敬。

　　品行被稱為心靈之根本。它由種種原則和價值觀組成，給人的生命賦予方向、意義和內涵。品行構成人的良知，使人明白事理，而非只根據法律或行為守則去判斷是非。

　　許多人認為，強者靠的是天資、活力與人緣，而歷史警示我們：長遠來看「真正自我」比「人家眼中的我」更重要。

　　美國建國的前 150 年，幾乎所有關於成就大事的強者的故事，都著眼於當事人的品行。傑出人物班傑明‧富蘭克林（Benjamin Franklin）和湯馬斯‧傑弗遜（Thomas Jefferson）都明確強調：人生須以品行為本，才能有真正的成就和滿足。

　　「正人先正己」是很多成大事之人的為人守則。注重自身修養，以身作則，以德服人，也正是很多成大事之人的處世之道。不管我們是否成就事業，或正向成大事的方向努力，「正己」應是我們所遵循的首要原則。

大丈夫一諾千金

　　「一諾千金」的典故出自《史記‧季布來布列傳》之「借黃金百斤，不如得季布一諾。」「諾」在古代的意思相當於現代的「好」、「可以」或「行」，古人在應承他人時，一般用「諾」作答。「一諾千金」的意思為：一句承諾價值千金。後世用此來比喻一個人說話算數，講信用。

　　春秋時期，齊桓公的軍隊將魯國打得丟盔棄甲，占領了魯國的大片土地。齊國大軍兵臨魯國都城城下，魯莊王眼看要做亡國奴，急忙向齊桓公

求和，並獻出遂邑。齊桓公答應了魯莊王的請求，兩國決定在柯地舉行簽約儀式。可是兩國國君把盟約剛剛簽完，魯國大將軍曹沫就衝上前去，用匕首抵住了齊桓公的脖子，威嚇說：「誰也不要上前，否則我就殺了他。」齊國的謀士和將官們都害怕齊桓公有什麼不測，不敢上前，只好問：「你想做什麼？」曹沫激動地說：「齊國強大、魯國弱小這是事實，但是齊國侵占魯國的領土也太多了，以至於齊國的邊境已經延伸到了魯國的城牆下。魯國的城牆一倒塌，就會壓著齊國的領土。請你們考慮一下吧！」言下之意就是，你們把侵占魯國的土地都還給魯國，否則就對你們國君不利。

齊桓公被曹沫脅持，刀子架在自己脖子上，他知道如果不答應曹沫的要求，自己肯定活不成，於是就急忙對曹沫說：「好好好，我答應你把侵占魯國的土地都還給你們。」此話一出，曹沫方才放下了手中匕首，放開齊桓公，將他推到齊國臣子的行列中。

齊桓公對此惱羞成怒，脫險後就想違背信約。這時，大夫管仲對他說：「您這樣做不妥，人家劫持您是不想和您訂立盟約，您事先沒有料到這件事，這說明您並不聰明；您面臨危險，不得不聽從人家的威脅，這說明您並不勇敢；您答應了人家卻又不想兌現承諾，這說明您不講信用。作為一國的國君，您既不勇敢，又不聰明，現在您又想不講信用，失去了這三點，還會有誰會真心服您呢？而如果您如約還給魯國土地，這樣世人就會給您誠信的美名，這比起魯國的土地要有價值的多啊！」齊桓公聽了，覺得管仲說得很有道理，就如約把侵占魯國的土地還給了魯國。

諸侯們聽說了齊桓公信守諾言的這件事情，都覺得齊桓公是個值得信賴的人，因而都紛紛依附齊國。兩年以後，諸侯接受齊桓公的邀請，到甄地聚會，他們心悅誠服地請齊桓公主持大會。從此，齊桓公成為諸侯公認的霸主，開始號令天下，創設了「九合諸侯，一匡天下」的輝煌業績。

有道是「大丈夫一諾千金」，但真正能做到一言既出、駟馬難追的人並不多，更別說像齊桓公那樣能對自己違心的諾言負責了。我們幾乎每天都在承諾，但一些諾言甚至被我們忘記了，更別提負責了。比如有人誇獎

你從家鄉帶來的特產好吃，你可能會隨口回答：「是嗎？下次我回家幫你帶一些來。」下次你帶了嗎？如果對方不是主管或所謂的「貴人」，估計你十有八九忘了遵守諾言。類似的有意無意的承諾，在我們的生活中隨處可見。

除輕諾而導致的寡信外，最為常見的失信是因為踐行的難度太大，自己不願付出太多或根本就無力付出太多。

《周書》詠嘆道：「允哉！允哉！」允，就是真誠守信用的意思。誠篤守信簡直就是一種強大的生命資本，有萬般神奇的功效，它在無形之中左右著人們的功名事業乃至生命的禍福休咎。

處世為人之道，大概沒有什麼比誠篤守信、取信於人更為重要的了。你的言行舉止，時刻不可丟棄了這個根本。與人交往時，只要有這個根本存在，只要別人信任你，其他方面的缺陷或許還有彌補的機會。若失去了這個根本，別人不相信你了，別人不願再與你共事，不願再與你打交道，那麼，你只能去孤軍奮戰、四面楚歌。

講信用，守信義，是立身處世之道，是一種高尚的特質和情操，它既展現了對他人的尊敬，也表現了對自己的尊重。但是，我們反對那種「言過其實」的承諾，我們更反對「言而無信」、「背信棄義」的醜行！

講信用是忠誠的外在表現。人離不開交往，交往離不開信用。「小信成則大信立」，治國也好，理家也好，做生意也好，都需要講信用。一個講信用的人，能夠言行一致，表裡如一，人們可以根據他的言論去判斷他的行為，進行正常的交往。如果一個人不講信用，說話前後矛盾，做事言行不一，人們無法判斷他的行為動向，對於這種人是無法進行正常交往的，更沒有什麼魅力而言。守信是取信於人的第一要素，信任是守信的基礎，也是取信於人的方法。

失信於人，聖人們一貫將此視為人生最嚴重的事件。孔子不厭其煩地對弟子們說：「人而無信，不可其可也。大車無輗，小車無軏，其何以行之哉？」—— 人之為人而不講信用，失信於人，真不知道他怎麼可以配

作為人。如同大車沒有接榫，小車沒有車軸，它靠什麼行走呢？

古人本諸天人合一的思想，認為天地變化，四時運轉也不失信於人，它是有規律地運行變化以生成萬物。若天失信於人，運行不成規律，則人類無法計時數歲；若地失信於人，運行不成規律，則節氣陰陽皆會混亂而致草木不生；若春風失信於人，不按時吹拂大地，則花不盛開，果實不生；若夏日失信於人，不按時照射萬物，植物不能成熟；若秋雨失信於人，不按時飄灑，穀粒不能堅實飽滿；若冬雪失信於人，不按時降臨埃塵，土地得不到堅冰嚴凍，害蟲泛濫，土地板結。

天地對人守信如斯，人與人之間怎麼能相互失信呢？

正直是一種力量

有位實習護士在實習期即將結束時，協助醫院院長做一臺外科手術時，和院長出現了意見分歧。實習護士認為手術一共用了 12 塊紗布，而院長只取出 11 塊，因此不能縫合傷口。而院長堅持只用了 11 塊紗布，已經全部取出來了。院長是外科領域的專家，他絲毫不理會實習護士的異議，頭也不抬地說：「一切就緒，立即縫合。」「不，不行！」實習護士抗議：「我記得非常清楚，我們一共用了 12 塊紗布！」院長仍舊不為所動。

這位實習護士毫不示弱，她幾乎大聲叫起來：「你是醫生，你不能這樣做。」直到這時，院長冷漠的臉上才露出欣慰的笑容。他舉起左手裡握著的第 12 塊紗布，向所有的人宣布：「她是我最合格的助手。」

有不少文章在引述這則故事時，為實習護士面對權威時的自信叫好。而編者在此要叫好的，是該護士的正直。古往今來，有多少相信自己正確的人，因為正直之心蒙塵，在壓力之下做了違心之事、說了違心之話，或曲意逢迎，或助紂為虐。這些人終究算不上強者，遲者是釘在恥辱柱上示弱的可悲者。

正直是什麼？美國成功學研究專家戈森認為，在英語中「正直」一詞的基本含義指的是完整。在數學中，整數的概念表示一個數字不能被分開。同樣，一個正直的人也不會把自己分成兩半，他不會心口不一，想一套，說一套 —— 因為實際上他不可能撒謊；他也不會表裡不一，說一套，做一套 —— 因此不會違背自己的原則。正是由於沒有內心的矛盾，才給了一個人額外的精力和清晰的頭腦，他必然獲得成功。戈森認為，正直的人之所以為人稱頌，實際上意味著他有某種內在的定規。

　　正直意味著高標準地要求自己。許多年前，一位作家在一次倒楣的投資中，損失了大筆財產，趨於破產。他打算用所賺取的每一分錢來還債。三年後，他仍在為此目標而不懈地努力。為了幫助他，一家報紙組織了一次募捐，許多人都慷慨解囊。這的確是個誘惑，因為有了這筆捐款，就意味著結束了折磨人的負債生涯。然而，作家卻拒絕了。幾個月之後，隨著他一本轟動一時的新書問世，他償還了所有剩餘的債務。這位作家就是美國著名短篇小說家馬克·吐溫。

　　正直還意味著有高度的名譽感。名譽不是聲譽，偉大的法蘭克·洛伊·萊特（Frank Lloyd Wright）曾經對美國建築學院的師生們說：「名譽感指的是什麼呢？什麼是一塊磚頭的名譽感呢？那就是一塊實在的磚頭；什麼是一塊板材的名譽呢？那就是一塊道地的板材；什麼是人的名譽呢？就是要做一個實在的人。」法蘭克·洛伊·萊特恰恰如此，他不愧為一個忠實於自己做人標準的人。

　　正直意味著具有道德感並且遵從自己的良知。馬丁·路德（Martin Luther）在他被判死刑的城市裡面對著他的敵人說：「做任何違背良知的事，既談不上安全穩妥，也就更談不上明智。我堅持自己的立場，上帝會幫助我，我不能做其他的選擇。」

　　正直意味著有勇氣堅持自己的信念，這一點包括有能力去堅持你認為是正確的東西。正直意味著自覺自願地服從，從某種意義上說，這是正直的核心，沒有誰能迫使你按高標準要求自己：也沒有誰能勉強你服從自己的良知。

第二次世界大戰期間，一位美國陸軍聯絡官和他的士兵開車走錯路，迎面遇上了一小隊德軍。兩個人跳出車外，都隱蔽起來。士兵躲在路邊的灌木叢裡，而上校則藏在路下的水溝中。德國人首先發現了士兵並向他隱蔽的方向開火。上校當時還沒有被發現，然而，他卻跳出來還擊 —— 用一支手槍對付一隊德國兵。他當然被殺害了，但那個司機卻保住了性命。戰後，士兵對人們講述了這個故事。為什麼這位上校要這樣做呢？人們眾說紛紜，但比較多的人認為，作為軍官，他可能擔心被俘而洩露軍事祕密，並且想讓士兵活下來，畢竟他的責任心要強於他對自己安全的關心，儘管沒有任何人這樣去勉強他。

正直使人具備冒險的勇氣和力量，正直的人面對生活的挑戰，絕不會苟且偷安，畏縮不前。一個正直的人是相信自己的人，因為他沒有理由不信任自己。

正直經常表現為堅持不懈、一心一意地追求自己的目標，拒絕放棄努力的堅忍不拔的精神。「我們絕不屈從！絕不，絕不，絕不，絕不。無論事物的大小巨細，永遠不要屈從，唯有屈從於對榮譽和良知的信念。」邱吉爾是這樣說，也是這樣做的。

偉大人物似乎都有一種內在的平靜，使他們能夠承受住挫折甚至是不公平的待遇。林肯在西元 1858 年參加參議院競選活動時，他的朋友警告他不要發表某一次演講。但是林肯答道：「如果命中注定我會因為這次講話而落選的話，那麼就讓我伴隨著真理落選吧！」他是坦然的。他確實因為這次演講受到影響，但是在三年之後，他擔任了美國的總統。

正直還會給一個人帶來許多好處：友誼、信任、欽佩和尊重。人類之所以充滿希望，其原因之一就在於人們似乎對正直具有一種近於本能的識別能力 —— 而且不可抗拒地被吸引。

怎樣才能做一個正直的人呢？第一步就是要鍛鍊自己在小事上做到完全誠實。當不便於講真話的時候，也不要編造小小的謊言，不要去重複那些不真實的流言飛語，不要把個人的電話費用記到辦公室的帳上，等等。

這些事聽起來可能是微不足道的，但是當你真正在尋求正直並且開始發現它的時候，它本身所具有的力量就會令你折服i使你在所不辭。最終，你會明白，幾乎任何一件有價值的事，都包含有它自身的不容違背的正直內涵。

　　一個正直的人會在適當的時機做該做的事，即使沒有人看到或知道。亞伯拉罕‧林肯說得好：「正直並不是為了做該做的事而有的態度，正直是使人快速成功的有效方法。」

　　正直就是力量，在一種更高的意義上說，這句話比知識就是力量更為準確。沒有靈魂的精神，沒有行為的才智，沒有善良的聰明，雖說也會產生影響，但是它們都只會產生壞的影響。

　　正直人品表現為襟懷坦蕩，秉公持正，堅持原則，剛正不阿。正直的反面則是偽善狡詐。正直的人，對人對事公道正派，言行一致，表裡一致。虛偽狡詐的人偽善圓滑，曲意逢迎，背信棄義，拿原則做交易。正直和真誠是互相緊密連繫的，只有真誠才能正直，反之亦然。觀察一個人，可以把這兩個方面連繫起來，看他是真誠直爽，還是虛偽圓滑；是光明正大，還是陰險詭詐。這是區別人品的重要標準。

　　正直的特質並不是與每個人的生命息息相關，但它卻成為一個人品格的最重要方面。正如一位古人所說的：「即使缺衣少食，品格也先天地忠實於自己的德行。」具有這種正直特質的人，一旦和堅定的目標融為一體，那麼他的力量就可驚天動地，勢不可擋。

將軍額頭能跑馬

　　在美國歷史上，恐怕再沒有誰受到的責難、怨恨和陷害比亞伯拉罕‧林肯多的了。但是根據那些傳記中的記載，林肯卻「從來不以他自己的好惡來批評別人」。如果一個以前曾經羞辱過他的人，或者是對他個人有不敬的人，卻是某個位置的最佳人選，林肯還是會讓他去擔任那個職務，就像他會派任他朋友去做這件事一樣……而且，他也從來沒有因為某人是

他的敵人，或者因為他不喜歡某個人，而解除那個人的職務。很多被林肯委任而居於高位的人，以前都曾批評或是羞辱過他——比如喬治‧B‧麥克萊倫（George B. McClellan），愛德溫‧麥克馬斯特‧史坦頓（Edwin Mc-Masters Stanton）和薩蒙‧波特蘭‧蔡斯（Salmon Portland Chase）等。但林肯相信「沒有人會因為他做了什麼而被歌頌，或者因為他做了什麼或沒有做什麼而被黜。」因為所有的人都受條件、情況、環境、教育、生活習慣和遺傳的影響，使他們成為現在這個樣子，將來也永遠是這個樣子。

一個人如果心胸狹小，總是從自私的角度去看問題，是無法得到他人的支持與擁護，因而無法成為真正意義上的強者。想要成為強者的人要力戒為人褊狹，一定要學會寬容他人。寬容不僅是習慣，也是一種品德，是胸有大志者應該養成有助於成功的德行之一。

一個人有「德」才會服人。有才無德，這樣的人也許可逞一時之勢，卻不能掌握歷史的方向，最終還是會被時間所摒棄。正是本著這種「德」而行，多少名士，都是用他們身上的美德征服了世人，用他們寬容征服了世界。

周作人先生，正是這樣一個以寬容而征服他人成就事業的人。周作人平時行事，總是一團和氣，以德傳人，他是以態度溫和著名的。相貌上周作人中等身材，穿著長袍，臉稍微圓，慈眉善目。他對於來訪者也是一律不拒，客氣接待，與來客對坐在椅子上，不急不徐，細聲微笑地說話，幾乎沒有人見過他橫眉豎目，高聲喝斥，儘管有些事情足以將普通人的鼻子都氣歪。據說有個時期，他家有個傭人，負責採購，此人手腳不太乾淨，常常揩油。當時用錢，要把銀元換成銅幣，時價是 1 銀元換 460 銅幣。一次周作人與同事聊天談及，堅持認為是時價 200 多，並說他的家人一向就是這樣兌換給他的。眾人於是笑著說他受騙了。他回家一調查，不僅如此，還有把整包稻米也偷走的。他沒有辦法，一再鼓起勇氣，把這個傭人請來，委婉和氣地說：「因為家道不濟，沒有許多事做，希望你另謀高就吧！」不知這個傭人在想什麼，忽然跪倒、求饒，周作人大驚，趕緊上前扶起，說：「剛才的話當作沒說，不要在意。」

任大官時期，他的一個舊學生窮得無法可想，找他幫忙介紹工作。一次，恰逢他屋有客，門房便阻擋入內。學生疑惑周在迴避推託，便站在門前破口大罵，聲音高得足以讓屋內也聽得非常清楚。誰也沒想到，過沒幾天，那位學生得到工作了。有人問周作人，他這樣大罵你，你反而用他是何道理。周說，到別人門口大罵，這是多麼難的事，可見他遭遇確實不好，太值得同情了。

　　正是這種胸懷，正是這樣的品德，為周作人贏得了良好的聲譽。

　　古人說「有容德乃大」，又說「唯寬可以容人，唯厚可能載物」。從社會生活實踐來看，寬容大度確實是人在實際生活中不可缺少的素養。做人要胸襟寬廣，要有寬容平和之心，這不僅是一種魅力，更是成功的一種要素。

　　佛界有一副名聯：「大肚能容，容天下難容之事；開懷一笑，笑世間可笑之人」。諺語中還常說：「將軍額上能跑馬，宰相肚裡可撐船」，「忍一時風平浪靜，退一步海闊天空」，這些話無非是強調為人處世要豁達大度，要奉行寬以待人的原則。也許是昨天，也許是在很早以前，某個人傷害了你的感情，而你又難以忘懷。你自認為不該得到這樣的損傷，因而它深深地留在你的記憶中，在那裡繼續侵蝕你的心。

　　當我們恨我們的仇人時，我們的內心被憤怒充溢著，這就等於給了他們制勝的力量，那力量能夠妨礙我們的睡眠、我們的胃口、我們的血壓、我們的健康和我們的快樂。如果我們的仇人知道他們如何令我們苦惱，令我們心存報復的話，他們一定非常高興。我們心中的恨意完全不能傷害到他們，卻使我們的生活變得像地獄一般。

　　威廉‧莎士比亞（William Shakespeare）是一個善於寬以待人的人，他說過，不要因為你的敵人而燃起一把怒火，熾熱得燒傷自己。廣覽古今中外，大凡胸懷大志，目光高遠的仁人志士，無不是大度為懷，置區區小利於不顧，相反，鼠肚雞腸，競小爭微，片言隻語也耿耿於懷的人，沒有一個是成就大事業的人，沒有一個是有出息的人。

　　在待人處事中，度量直接影響人與人之間的關係是否能和諧發展。人與人之間經常會發生矛盾，有的是由於理解程度的不同，有的是由於一時的誤解造成的。如果我們能夠有寬容的度量，以諒解的態度去對待別人，就可以贏得時間，使矛盾得到緩和，反之，如果度量不大，那麼即使為了芝麻點大的小事，相互之間也會斤斤計較，爭吵不休，結果是傷害了感情，影響了友誼。在這個世界上我們各自走著自己的人生之路，熙熙攘攘，難免有碰撞，即使心地最和善的人也難免有傷別人的心的時候。朋友背叛了我們，父母責罵了我們，或伴侶離開了我們，都會使我們的心靈受到傷害。

　　某位哲學家指出，堵住痛苦回憶的激流的唯一辦法就是寬恕。西元1983 年 12 月的某天，聖若望保祿二世（Sanctus Ioannes Paulus PP. II）就寬恕了刺殺他的凶手莫梅特・阿里・阿加。對普通的人來說，寬恕別人不是一件容易的事情，在一般人看來，寬恕傷害者幾乎不合自然法規，我們的是非觀告訴我們，人們必須為他所做的事情的後果承擔責任。但是寬恕則能帶來治療內心創傷的奇蹟，以致能使朋友之間去掉舊隙，相互諒解。

　　當人們受到不公平的待遇和很深的心靈創傷之後，人們自然對傷害者就產生了怨恨情緒。一位婦女希望她的前夫和新妻的生活過得艱難困擾，一位男子希望那位出賣了他的朋友被解僱等，就是這種典型的怨恨心態。怨恨是一種被動的、具有侵襲性的東西，它像是一個化了膿且不斷長大的腫瘤，使我們失去了歡笑，損害了健康。怨恨，更多地危害著怨恨者本人，而不是被仇恨的人，因此，為了我們自己，必須切除怨恨這個腫瘤。

　　在充滿競爭的社會生活中，要理解到「人無完人」，既要求自己不斷進步，又允許自己偶爾失敗，才能保持心理上的平衡。

　　與人發生爭論、衝突時，應該主動給人臺階下，替別人留點面子，這樣你不僅在道理上戰勝了別人，更會在情感上戰勝別人，贏得別人的信任和尊重。

　　不要得理不饒人，不要與周圍的人產生對立，要主動幫助他人，這樣

朋友就會越來越多，在遇到困難和挫折時，別人就會主動幫助你。

我們常聽人說：「我恨死 ××」。這種憎恨心理對人的不良情緒起了不可低估的作用。

在憎恨別人時，心裡總是憤憤不平，希望別人遇到不幸、懲罰，卻又往往不能如願，處於一種失望、莫名煩躁之中，使人失去了往日那輕鬆的心境和歡快的情緒，擾得人心神不寧。

在憎恨別人時，由於疏遠別人，只看到別人的短處，言語上貶低別人，行動上敵視別人，結果使人際關係越來越僵，以致樹敵為仇。而且，今天記恨這個，明天記恨那個，結果朋友越來越少，對立面越來越多，嚴重影響人際關係和社會交往，成為「孤家寡人」。

這樣一來，不僅負面影響的來源增加，而且承受能力也越來越差，社會支持則不斷減少，以致在情緒一落千丈之後便一蹶不振。

可見，憎恨別人就如同在自己的心靈深處種下了一顆苦種，不斷傷害著自己的身心健康，而不是如己所願地傷害被己所憎恨的人。所以在別人傷害了自己，心裡憎恨別人時，不妨設身處地地考慮一下，假如你自己處在這種情況下，是否也會如此？

當你熟悉的人傷害了你時，想想他往日在工作或生活中對你的幫助和關懷，以及他對你的一切好處。

這樣，心中的火氣、怨氣就會大減，就能以寬容的態度諒解別人的過錯或消除相互之間的誤會，化解矛盾，和好如初，從而使自己始終在良好的人際關係中心情舒暢地學習與工作。這樣，寬容的是別人，受益的卻是自己。

在很大程度上，人生是我們自己寫就的。開朗快樂的人擁有快樂幸福的人生，而抑鬱憂愁的人則擁有抑鬱憂愁的人生。我們常常發現，我們的性情往往能折射出我們周圍的現實。如果我們自己是愛發牢騷的人，我們通常也會覺得別人也愛發牢騷；如果我們不能原諒和寬容別人，別人也會以同樣的態度對待我們。

當然，寬容並不是縱容，不是免除別人應該承擔的責任。寬容所展現出來的退讓是有目的、有原則的，其主動權應該掌握在自己手中，否則，他人會一而再、再而三地犯錯，顯示出你的軟弱。

謙遜處世不自滿

老子在說「上善若水，水善利萬物而不爭」時，還進一步闡述了他的觀點：「處眾人之所惡故幾於道。」所謂「處眾人之所惡」，強調的是要處於眾人所不願意處的地位，也就是講做人要謙遜。如果能做到這些，該人就差不多參透了處世之道 ——「幾於道」。

我們先來看看有關美國前總統小約翰‧卡爾文‧柯立芝（John Calvin Coolidge）的兩則著名逸事。首先是關於柯立芝那舉世聞名的謙遜特質，其次卻是恰好和他那謙遜的美德形成一對矛盾的性格。

第一則軼事說的是在阿默斯特學院（Amherst College）的最後一年，美國歷史學會曾授予柯立芝一枚金質獎章。在當時，這是一個被無數人看重的榮譽，可他卻沒有對任何人說起過這件事，甚至自己的父親也不例外。直到他畢業參加工作之後，他的上司北安普敦（Northampton）的法官菲爾德才無意中在《斯普林共同雜誌》上看到了對這一事情的報導。從佛蒙特州的村莊到白宮，柯立芝在他一生的事業中都以這種真誠的謙遜而聞名於世。

第二則軼事則說的是柯立芝的另一面。當他競選麻省議員連任時，在選舉即將進行的前夜，他忽然無意中聽到了省議會議長的職位正虛位以待的消息。於是，柯立芝拎著他那「又小又黑的手提袋」，大步地趕到北安普敦的車站去。兩天以後，當他從波士頓回來時，手提袋裡已經裝了多數議員親筆簽名推舉他為議長的聯名信。就這樣，柯立芝順利地出任麻省議會議長，從而邁開了自己走向政壇的第一步。

這位以謙遜著稱的人，在人生關鍵時刻以迅雷不及掩耳之勢主動出擊，當仁不讓地拿走了他應得的東西。在這兩則逸事中，我們看到了柯立

芝成功的最重要的資本：一方面是真誠的謙遜，另一方面卻是主動為自己抓住升遷時機的才能。實際上，柯立芝正是靠著這樣的資本跨過許多關鍵「門檻」的。

我們再來看另一位以謙遜著稱的人 ——「石牆」傑克森。他是美國南北戰爭時期南方聯盟的一員猛將，和另一位李將軍一起被今天的人們推崇為世界上最偉大的軍人。

湯瑪士·喬納桑·「石牆」·傑克森（Thomas Jonathan "Stonewall" Jackson）似乎具有一種「天生的謙遜」。在西點軍校，他就以謙卑著稱。在墨西哥戰爭中，總司令溫菲爾德·史考特（Winfield Scott）將軍曾對他的英勇善戰給予了公開的盛情稱讚，但傑克森後來從未提及此事，甚至在他的至親好友面前都隻字未提。直到他彌留之際，他還是堅決認為「石城」這一美譽不應該僅僅屬於他個人，而應歸他所率領的整個部隊共同享有。

但是，就在墨西哥戰爭剛剛開始爆發時，在傑克森寫給他姐姐的信中，滿紙都是他想要建功立業的勃勃雄心。而在當時，他只不過是擁有一個非常不起眼的副官的虛銜而已。信中，他還冷靜地分析了完成這個目標的過程中可能遇到的困難。這位勇敢而謙遜的人為了達到自己的目的，曾有過一次聰明的舉措，即主動要求從常規部隊轉到砲兵部隊去。因為他相信，在那裡，「長官們更容易把整個部隊的功績歸功於某一個人」，這樣無疑有利於自己的升遷。果然，他獲得了史考特將軍的親口讚賞，直接導致了他隨後的幾次升遷。幾年以後，因為預先就看到當上維吉尼亞軍事學院（Virginia Military Institute）的教官必將「聲名卓著」，我們又看到他用盡渾身解數去爭取這個位置。

在傑克森身上，我們又看到了類似柯立芝的矛盾：真誠的謙遜和敏銳的上進心共存。同樣的這種表面上的矛盾，我們還能從其他的傑出人物那裡找出很多。實際上，這裡面根本沒有什麼矛盾。這些人只是一時在那些一定會被人們所注意到的事情上默不作聲，而一旦他們引以為榮的功績將要被人們忽視的時候，他們就會立刻採取迅速的行動。

例如，石油大王洛克斐勒在向別人解釋自己成功的策略時，就總是說自己不過是看準了適宜的時機罷了，他並不認為自己知道得很多。

鐵路建築專家愛德華‧亨利‧哈里曼（Edward Henry Harriman）也一貫都是這樣的謙遜。他的一個很要好的老朋友甚至在他取得了事業上最輝煌的幾次成功之後，還一直以為他不過是幾百個有點成就的經理人之一，因為哈里曼從未炫耀過自己的成就。

只有那些膚淺而又短見的人，才會喜歡在大家面前粉飾、吹噓自己。他們總是陶醉在自我營造的一種淺薄、自命不凡的感覺中，自己的所作所為都受其支配。因此，他們才會不厭其煩地提醒別人自己做了多少事情，告訴別人自己的知識多麼淵博，生怕別人把自己給忽視了。

然而，大多數人都不喜歡那些隨時隨地都把自己變成焦點的人，有時，他們甚至恨不得當場把這些愛慕虛榮的傢伙的華麗外衣撕開，讓其露出醜陋的真面目來。因此，這種虛榮不僅不會給我們帶來任何好處，反而可能會給我們帶來滅頂之災。偉大的人物往往能從這種淺薄的虛榮中解脫出來。他們懂得保持謙遜的態度才能贏得人們的尊敬，他們總是能在很多事情的處理上恰到好處地表現自己的謙遜。事實證明，這是博取美譽的最好辦法。

舉個實例來說。巴拿馬運河的建造者喬治‧華盛頓‧戈索爾斯（George Washington Goethals）將軍在建造運河的過程中，當別人對他的事業提出批評時，他常會這樣說：「我們以後會回答這一問題的 —— 用運河本身。」果然，當巴拿馬運河順利完工時，戈索爾斯便達到了他個人聲望的頂峰。然而，面對那些公開的慶祝活動，他卻幾乎通通加以回絕了。當第一艘輪船駛過這條運河，人們朝穿著襯衫站在佩德羅米格爾水閘上的戈索爾斯發出熱情歡呼的時候，他卻飛快地逃跑了。和許多英雄一樣，戈索爾斯對自己的成績從來不會大肆聲張，而寧願讓它們自己說話。事實上，正因為他們的謙遜，這些成功的強者才會贏得赫赫聲名。

謙遜是人恪守的一種平衡關係，使周圍的人在對自己的認同上達到一

種心理上的平衡，讓別人不感到卑下和失落。非但如此，有時還能讓別人感到高貴，感到比其他人強，即產生任何人都希望能獲得的所謂優越感。這種似乎在貶低自己的「愚蠢」行為，其實得到的更多，如他人的尊重與關照。

古希臘哲學家蘇格拉底曾說：謙遜是藏於土中甜美的根，所有崇高的美德由此發芽滋長。

懂得謙遜就是懂得人生無止境，事業無止境，知識無止境。知之為知之，不知為不知，知不知者，可謂知矣。海不辭水，故能成其大；山不辭石，故能成其高。有謙乃有容，有容方成其廣。人生本來就是克服了一個又一個障礙前進的，攀登事業的高峰就像跳高，如果沒有一個剎那間的下蹲積聚力量，怎麼能縱身上躍？人生又像一局勝負無常的棋，我們無法奢望自己永遠立於不敗之地。況且，「鶴立雞群，可謂超然無侶矣，然進而觀於大海之鵬，則渺然自小；又進而求之九霄之鳳，則巍乎莫及」。只有建立在謙遜謹慎、永不自滿的基礎之上的人生追求才是健康的、有益的，才是對自己、對社會負責任的，也一定是會有所作為、有所成功的。

列夫‧托爾斯泰（Lev Nikolayevich Tolstoy）也曾經有一個巧妙的比喻，用來說明驕傲，他說：一個人對自己的評價像分母，他的實際才能像分數值，自我評價越高，實際能力就越低。

托爾斯泰的比喻，生動地說明了一個人的自我評價與其真才實學之間的關係。願這個比喻能牢記在讀者心中，並時時造成警鐘的作用。

己所不欲勿施人

關於一個人的德行修為，實在是包羅萬象。2,500 年前，孔子的學生子貢問孔子：「有沒有一句可以信奉終身的人生箴言？」孔子回答說：「己所不欲，勿施於人。」凡是自己不喜歡和不願接受的事情，就不要強加給別人。依據這個觀點，雖然我們還不能判斷什麼是自己應該做的，但至少可以知道什麼是不應該要求別人去做的。

在這個世界上，每個人都有自己的利益和追求，難免有越軌搶道、碰撞爭執的時候。人人都不希望自己的行為受到太多的約束。我們不妨來看看，一個人的行為所產生的後果有些什麼特點。一個人行為所產生的後果可以分為三種情況：

第一種，個人行為的後果只涉及他本人，與其他人或團體無關；

第二種，個人行為的後果將影響到他人的利益；

第三種，個人行為的後果將影響到某一團體組織的利益。

對於第一種情況，個人行為的自由是應該得到充分保障的，對於這種行為，他人可以規勸、說服，乃至懇求其改變，但沒有理由干涉它或阻止它。任何人的行為，只有涉及他人或其他團體時才需要對社會負責。不過我們平時屬於第一種情況的行為並不是很多，大部分行為是屬於後兩種情況。在後兩種情況下，一個人行為的自由必須以其後果不影響或不危害他人的利益為前提，否則，社會就有權利干涉或中止這個行為。這個道理雖然極其簡單，卻是人類一切法律賴以存在的前提，也是社會輿論和道德標準的根基。

己所不欲，勿施於人，簡單說就是恕人，就是推己及人。用孔子的話說，這是可以終身照著去做的實行仁德的方法。所謂己所不欲，勿施於人，就是用自己的心推及別人；自己希望怎樣生活，就想到別人也會希望怎樣生活；自己不願意別人怎樣對待自己，就不要那樣對待別人；自己希望在社會上能站得住，能通達，就也幫助別人站得住，通達。總之，從自己的內心出發，推及他人，去理解他人，對待他人。推己及人，和民間說的以情度情，將心比心，設身處地為別人想一想，指的是一個意思。

為什麼有人會如此友好地考慮到其他人呢？真正的原因是：你種下什麼，收穫的就是什麼。

播種一個行動，你會收到一個習慣；播種一個習慣，你會收到一個個性；播種一個個性，你會收到一個命運；播種一個善行，你會收到一個善果；播種一個惡果，你會收到一個惡果。

一個人決定做不做一件事，不需要去問律師或法官的意見，只需問一問自己：我做這件事所產生的後果我自己覺得如何，如果自己能夠接受，那麼估計別人也能容忍；如果自己不能容忍，別人肯定也不願意接受。這就叫以情度情，將心比心。

　　人與人之間，能夠真正形成溝通，達成理解，不是靠邏輯或教條，而是靠感情。將心比心，需要借助於某種媒介，這個媒介就是人的感情。常言「通情達理」四個字，一個人只有「通情」才能「達理」。不通情不能達理。一個人孝敬父母，並不是出於什麼法律或首先責任，只是他覺得父母從小精心撫養自己，所以現在需要盡力還報；同樣一個人講究信用，不一定是為了履行合約或諾言，只是希望別人也能對他講信用。

　　己所不欲，勿施於人，發源於人的同情，同情對於人來說並不陌生，即使一個人從來不同情別人，至少也會被別人同情過。我們看到孺子將要落井，心中不免一緊，這便是同情；我們看到朋友不幸失戀，心裡難免感到沉重，這也是同情。這裡所說的同情並非僅僅是一種憐憫，憐憫是同情的一種，但同情不全是憐憫。在較高層次上說，同情當指把我們自己與別人或物等同起來，使我們也分享他們的感覺、情緒和感情。同情需要有一定的生活經驗為基礎，過去的經驗使我們了解在什麼樣的境遇下會產生什麼樣的感情，當我們看到別人處在自己曾經處過，或者憑經驗很容易在想像中體驗的情境時，我們就開始將心比心，設身處地地把自己與他們等同起來，去分享他們的喜怒哀樂和悲歡離合。在這樣的情況下，什麼是己欲，什麼是他欲，便清清楚楚，明明白白了。

　　人的同情心乃是一種崇高博大的情懷，是人與人以及人與物之間溝通交流的媒介。在傳統社會裡，這種道德意境被概括為「仁」。現代人常常對古人的一個「仁」字迷惑不解。什麼是仁呢？其實很簡單，人與人之間的同情、理解、溝通、默契、和諧便是仁。仁者人也，兩個人在一起，能夠在感情上彼此合二為一，這便是仁。仁不僅限於人與人之間，也可存在於人與物之間。人對萬物的同情使人產生與天地萬物同類的同體的感覺，由此引發以仁愛之心待人待物的道德良知。王陽明說，人看到孺子入

井，肯定會有怵惕惻隱之心，就是因為人心之仁與孺子同體，孺子與他是同類；人看到鳥獸哀鳴就產生不忍之心，也是因為人心之仁與鳥獸同為一體，鳥獸也是有知覺的；人看到草木被摧折，必然有憫恤之心，是因為人心之仁與草木同為一體，草木也是有生命的東西；人見到瓦石被毀壞，必然有顧惜之心，這是因為人心之仁與瓦石同為一體。於是，人將萬物視為一體，將天下看成一家。於是，君臣、夫婦、兄弟、朋友，以及山川、鬼神、鳥獸、草木都是自己親愛的對象，達到盡仁、盡善、盡性的人生最高境界，這樣的人稱為大人。《大學》之首所謂的「大學之道在明明德，在親民，在止於至善」就是指這種大人的生活之道。

既然有大人，當然就有小人。人與人，人與物本來都是同根同脈，同心同德，不分彼此。但是因為每個人都有一個屬於自己的軀殼形骸，於是便很容易從身軀上分出個你我他，由此產生種種分隔隘陋的私慾之弊，這樣的人就變成了小人。小人自然泯滅了人性中仁愛親善的靈光，終日圍著自己的小圈子打轉，為社會所不齒。

有人說，推己及人，「它也是一切道德，特別是公共道德的基礎。如果人們心中都只有自己，完全不顧他人，那也就不會有公共道德」。的確，現在社會上許多不良現象，可能或多或少與缺乏恕人的思想有關。寬以待人這一點也是任何民族、任何社會、任何時代所普遍適用的，可以說是人類社會生活中應該普遍遵守的基本的公共生活準則。

強者登場：聖雄甘地

　　一個身材矮小，瘦骨嶙峋的老者，身披粗布外衣，聚精會神地坐在一架紡車前。兩條過分修長的手臂，一隻正在搖著紡車，另一隻抽出了長長的棉線。鋼邊眼鏡下的雙眼靜靜地凝視著抽線的手。在印度爭取民族獨立的鬥爭中，小小紡車成為他領導和平革命的象徵，成為已經覺醒了的印度人民向英國殖民主義者發起的挑戰，成為民族團結和自由的標幟，這個手搖紡車的人就是印度聖雄 —— 莫罕達斯・卡拉姆昌德・甘地（Mohandas Karamchand Gandhi）。他的形像似乎有些不起眼，而他的人格卻始終放射著光輝。

　　甘地反抗英國殖民主義統治的鬥爭始於反對羅拉特法（Rowlatt Act）。第一次世界大戰中，國大黨團結起來，竭盡全力支持英國，以期獲得戰後的印度自治。英國首相迫於形勢壓力也做出了這種承諾。但是，戰爭結束後，英國人不僅沒有讓印度自治，相反卻制定了一項新的嚴厲鎮壓人民反抗的法律 —— 羅拉特法。英國人的背信棄義激起了印度人民的極大憤慨。為了反抗英國殖民主義者，甘地做出了一個史無前例的創舉：印度全國將以死一般的沉默表示抗議。在令人毛骨悚然的寂靜中，組織一次哀悼日，使印度全國完全陷入癱瘓狀態。

　　西元 1919 年 4 月 6 日，甘地領導全國人民舉行哀悼。這一天，印度人關閉商店、停止營業；走出學校，進行罷課。有的到寺廟裡去祈禱；有的乾脆閉門不出，以示聲援甘地的反抗心聲。甘地祈求神靈：「讓整個印度沉寂無聲吧！讓印度的壓迫者們聆聽這沉默的啟示吧！」甘地的祈禱發揮了效力，印度人民被發動了起來，他們從馴服的奴隸開始變為反抗的鬥士。

　　西元 1919 年 4 月 13 日發生的阿姆利則慘案使甘地徹底失去了對大英帝國的幻想。那一天，旁遮普省阿姆利則市的數千名居民為抗議英國人對該城採取的報復行動，舉行和平遊行示威。集會遭到英國人的禁止。當時，遊行人群剛剛在廣場上聚集起來，突然該城軍區司令雷吉納德・戴爾

（Reginald Dyer）率領 50 名英國士兵闖進會場，向人群開槍射擊，打死打傷 1,516 人。這一慘案使甘地得出結論：英國人再也不配享有印度人民的好感和合作。由此，他產生了不合作的思想，以「不合作運動」作為他的行動綱領，指導印度人民的反抗鬥爭。他呼籲印度人民在各個方面抵制英國：學生罷課抵制英國人開辦的學校；律師抵制英國人的法庭；政府官員拒絕在英國機構任職等。至此，甘地把他在南非形成的非暴力思想同不合作思想結合起來，形成了著名的「非暴力不合作」思想。

在之後的幾十年內，甘地共發動了四次規模的非暴力不合作運動，最終迫使英國人退出了印度。不過，甘地發動的四次非暴力不合作運動，從其直接目的看都沒有實現。但是從印度爭取民族獨立的歷史長河中看，這些運動都發揮出了巨大作用，正是由於這些運動，才迫使英國當局於西元 1947 年 8 月 16 日同意了印度獨立。產生這一結果的原因絕非偶然，因為甘地的不合作運動深刻地動搖了英國殖民主義統治的基礎。

英國殖民統治者以極少的兵力統治著有 3 億人口的印度，其原因之一便是印度人民善良、馴服的民族特點。自從英國女王宣布印度成為「日不落帝國」的一塊殖民地那天起，印度人民很少起來反抗，他們在殖民者的高壓政策下，逆來順受，度過了長達百年的漫漫長夜，至多不過有一部分知識分子採取合法的手段，向殖民者發出一些微弱的抗議和要求。

但是，甘地倡導的非暴力不合作運動卻徹底改變了印度人民這種馴服的性格，把全印度的人民都發動了起來跟殖民主義者作鬥爭。甘地曾經這樣說過：「英國人意圖迫使我們到機槍陣地與他們較量，因為他們手裡有武器而我們卻沒有。我們擊敗他們的唯一辦法是，把決鬥引到我們有武器而他們沒有武器的地方。」這個地方就是非暴力不合作主義的戰場。

在這塊戰場上，印度人民完全被發動起來了，從婆羅門、剎帝利、吠舍、首陀羅到不可接觸的「賤民」，從印度教徒、穆斯林、基督教徒到猶太教徒，從老人、中青年到幼小的孩子，從男人到一直受奴役受壓迫的婦女，大家在各自的職位上，從各個領域一齊向殖民當局展開了鬥爭。他們一次次地使印度社會陷入癱瘓狀態，一次次地迫使殖民當局無法運轉其統

治機器，一次次地削弱英國人的力量，一次次地震撼著人們的靈魂。總而言之，甘地的非暴力不合作運動發動起了印度全國人民，對殖民當局構成了致命的威脅。

不但如此，非暴力不合作運動還使印度人民徹底丟掉了幻想，擺脫了恐懼。正如賈瓦哈拉爾‧尼赫魯（Pandit Jawaharlal Nehru）所說：「在英國統治下的印度人的主要心情就是恐懼，是一種普遍滲透的使人窒息的絞勒一般的恐懼；怕軍隊，怕警察，又怕廣布各地的特務；怕官吏階級，怕那意味著鎮壓的法律，還怕監牢；怕地主的代理人，怕放債人；怕經常待在門口的失業和飢餓。正是在這種瀰漫一切的恐懼中，甘地的鎮靜而堅決的口號響起來了：『不要怕……』不合作運動鼓舞人們毫無畏懼地堅持真理。於是，人民肩頭上的一層恐懼的黑幕就這樣突然地揭掉了。」

面對這樣一支強大而又人員眾多的非暴力運動大軍，英國殖民當局束手無策。面對這支大軍的獨一無二的領袖聖雄甘地，更是愛恨交加。他們對甘地恨之入骨，恨不得將他置死地而後快。他們對甘地既怕得要命，怕印度人民跟著他走，形成一股強大的不合作力量，動搖英國殖民統治的基礎；同時他們又離不開甘地，擔心沒有了甘地，印度人民會脫離非暴力鬥爭的軌道而走上暴力鬥爭的道路。

無論如何，印度人民還是跟著甘地走了。儘管他們時不時採取一些暴力手段，但在總體上，他們仍然沿著甘地指出的道路前進著。英國當局迫於戰後世界風起雲湧的民族獨立運動和甘地非暴力不合作運動產生的結果，不得不派出一位年輕有為的印度副王蒙巴頓勳爵（The Rt Hon The Earl Mountbatten of Burma）前往印度處理印度獨立的有關事宜。蒙巴頓與甘地以及印度其他幾位宗教領袖經過幾輪較量之後，終於於西元 1947 年 6 月向全世界公布：「1947 年 8 月 15 日，將正式宣布印度獨立。」

在印度正式獨立這個歷史性的夜晚，聖雄甘地平靜地和他的同伴們同住在新德里貞利亞加塔大街一座寓所裡，按照他以往的生活習慣，躺在鋪在地上的一塊椰樹葉編成的蓆子上，當午夜 12 點的鐘聲敲響時，當印度正式步入自由和獨立的時刻，甘地正在沉睡。這位印度人民的偉大領袖便

是以這種方式迎接他為之奮鬥了 30 年的民族獨立的。

甘地是印度歷史上的一個奇蹟，也是人類歷史上的一個特殊現象。他的偉大人格幾乎舉世公認。他具有赤誠的愛國熱誠，崇高的犧牲精神，追求真理的執著信念；他具有堅強的意志，堅忍的耐心，隨機應變的本領；他待人謙恭、誠實、光明磊落，不分貴賤善惡一視同仁，沒有種族歧視和宗教偏見；他注重實際，反對空談；他關心下層人民疾苦，善於體察民情並始終與人民群眾打成一片；他生活清苦，安貧樂道；他尊重女性，提倡人的精神完善和社會和諧；他的道德修養堪稱楷模。正因為如此，甘地這位身材矮小、其貌不揚的東方人博得了不同民族、信仰和階級的人的敬仰和愛戴。儘管他去世已經將近 50 年了，他為人類留下的「遺產」仍然值得後人咀嚼、品味。

作為一位出色的政治領袖，甘地低調做人，不張揚，沒有個人野心。有不少政治領袖，儘管他們在帶領人們打江山的時候表現極為出色，但是在權力的爭奪上也往往不擇手段。然而，甘地卻沒有這樣做，甚至想都不曾想過。在他那顆充滿智慧的大腦中，除了國家和民族的利益外，從來沒有考慮過自己的地位。因此，他從來不去爭奪黨和國家的權力，儘管他有十足的把握能獲得這些權力。恰恰相反，他不僅辭去了黨領袖的職務，而且拒絕到政府任職，以致在全國人民慶祝印度獲得新生的時候，他卻躲在自己的小屋內用紡車紡棉花。

作為一名虔誠的印度教徒，甘地拖著布滿傷痕的雙腳，走遍了印度遙遠的偏僻地區，巡視了成千上萬個村莊。甘地雲遊四方，幾乎一無所有，兩袖清風，全部財產僅僅是一部《薄伽梵歌》，一套白鐵餐具（在耶拉維達監獄羈旅期間的用品）、一尊象徵教祖的三隻猴子的小雕像、一隻用細繩繫在腰部的價值 8 個先令的英格索爾老懷錶。他沒有教派偏見。歷史上不同教派之間的爭執、衝突甚至兵戎相見的事例舉不勝舉，而甘地作為印度教的首領卻沒有絲毫門派之見。在他隨身攜帶的書籍中，不僅有印度教經典，而且有伊斯蘭教和猶太教的經典，並且他還能夠將它們兼收並蓄，靈活運用。在印度這塊宗教、種族衝突相當嚴重的國度裡，甘地對人民一

視同仁，甚至為了挽救穆斯林難民而不惜引起自己同教者的不滿，以致最後死在同教者的槍口下。

聖賢之士可百世為師。儘管在世界國家領導人的名字中沒有「甘地」，但所有人都知道「甘地」這個響亮的名字。甘地是偉大的強者，此軀雖微，其形昊昊；此生雖短，其名悠悠，

第九章
時間不等人，善用必有成

志士惜年，賢人惜日，聖人惜時。—— 魏源

人生天地之間，若白駒之過隙，忽然而已。—— 莊子

白日去如箭，達者惜今陽。—— 朱敦儒

光景不待人，須臾髮成絲。—— 李白

少壯及時宜努力，老大無堪還可憎。—— 歐陽修

在德國的某個小鎮，一位牧師的墓碑碑文寫著這樣一句話：「假如時光倒流，世上將會出現一半偉人。」這個牧師經常為臨死的人做禱告，他聽了太多臨終者對於往昔的追悔，因此有了這個感悟。

歷數古今中外一切成大事者，無一不惜時如金。大發明家愛迪生，平均三天就有一項發明問世，如果不是抓住了每分每秒的時間進行思考研究與實驗，又如何能做出如此驕人業績？偉大的文學家魯迅先生有句格言，「哪裡是天才，我把別人喝咖啡的時間都用在工作上。」他為我們留下了六百多萬字的精神財富。

子在川上日：「逝者如斯夫，不捨晝夜！」古書《淮南子》有云：「聖人不貴尺之璧，而重寸之陰。」漢樂府《長歌行》有這樣的詩句：「百川到東海，何時復西歸？少壯不努力，老大徒傷悲。」晉朝陶淵明也有惜時詩：「盛年不重來，一日難再晨，及時當勉勵，歲月不待人。」

守時是一種義務

有一件事情就像婚姻一樣神聖不可褻瀆 —— 那就是約會。一個不守約的人，除非理由充分，否則就是個十足的騙子，他周圍的人和事物就會像對待騙子那樣對待他。

魯迅先生說：「浪費別人的時間就等於圖財害命。」一個人如果根本不在乎別人的時間，這和偷別人的錢有什麼兩樣呢？浪費別人的 1 小時和偷走別人一筆財富又有什麼不同呢？況且，很多情況下 1 小時往往決定了一個人的一生。

美國的華盛頓總統 4 點鐘吃飯，有時候應邀到白宮吃飯的國會新成員遲到了，這個時候華盛頓就會自顧自地吃飯而不理睬他們，這使他們感到很尷尬。華盛頓經常這樣說：「我的手錶從來不問客人有沒有到，它只問時間有沒有到。」

有一次他的祕書找藉口說，自己遲到的原因是錶慢了。華盛頓回答

說：「那麼，或者你換個新錶，或者我換個新祕書。」

而富蘭克林對總是遲到卻總是有藉口的傭人說：「我發現，擅長找藉口的人通常除此之外什麼都不擅長。」

拿破崙有一次請他的將軍們和他共進晚餐，他們沒有在約定的時間到達，他就旁若無人地先吃起來。他吃完剛剛站起來時，那些人來了。拿破崙說：「先生們，現在用餐時間已經結束，我們開始下一步工作吧！」

約翰·昆西·亞當斯（John Quincy Adams）也從不拖延。議院開會時，看到亞當斯先生入座，主持人就知道該向大家宣布各就各位，開始會議了。某次發生了一件事，主持人宣布就座時，有人說：「時間還沒到，因為亞當斯先生還沒來呢。」結果發現是議會的時鐘快了3分，3分鐘後，亞當斯先生像往常一樣準時到達。

恪守時間是工作的靈魂和精髓所在，同時也代表了一個人的智慧與信用。

某位著名商人從事商業生涯的最初七年裡，他從不允許任何一張單據到星期天還沒有處理。守時，還展現了一種禮節和溫文爾雅的風範。有些人總是手忙腳亂地完成工作，他們總是急匆匆的樣子，給你的印象就好像他們總是在趕一趟馬上就要開動的火車。他們沒有掌握適當的做事方法，所以很難會有什麼大的成就。商業界的人士都懂得，商業活動中某些重大時刻會決定以後幾年的業務發展狀況。如果你到銀行晚了幾個小時，票據就可能被拒收，而你借貸的信用就會隨之變得蕩然無存。

學校生活最大的優點之一就是有鐘聲催你按時起床、告訴你什麼時間該去早自習或者上課，教你養成守時、從不拖延的習慣。每個年輕人都應該有一個手錶可以隨時看時間。事事「差不多」是個壞習慣，從長遠來看更是得不償失。

「哦，我多麼喜歡那個任何事情都按時完成的員工！」很多老闆們常常這樣說，「你很快就會發現，自己可以信賴他，並且很快就會讓他來處理越來越重要的事情。」按時處理事情、從不拖延的好名聲，往往是累積

成功資本的第一步。有了這第一步，成功自然就水到渠成。做事情從不拖延是使人信任的前提，會為你帶來美好的名聲。這表示你的生活和工作是按部就班、有條不紊的，使別人可以相信你能出色地完成手中的事情。遵守時間的人一般都不會失言或違約，都是可靠和值得信賴的。

我們從小就知道，火車司機的錶稍微慢一點就會發生嚴重的撞車事件。曾經有一家在本行業遙遙領先、資金雄厚的公司破產了，就是因為代理機構在得到命令後沒有把必要的資金及時轉移過來。一個本可免死的人被處死了，僅僅因為赦免令晚到了 5 分鐘。一個人停下來聽了 5 分鐘無關緊要的閒話，他坐車或乘船旅行的計畫就會因為晚了 1 分鐘而泡湯。

像拿破崙一樣能夠當機立斷地抓住關鍵時刻，丟開瑣碎顧慮的人注定會成功。

許多渾渾噩噩最終一事無成的人僅僅是因為沒有掌握好關鍵的幾分鐘。失敗者的基碑上字裡行間都充滿了這樣的警示：「太晚了！」往往就在幾分鐘之間，勝利與潰敗、成功與失敗就會發生轉換，其結局也會大相逕庭。

提高利用時間的效率

在時間面前，弱者是無能的，時間一秒一分、甚至整天整夜地從他眼前白白地流逝，他既無力挽留，也無法運用；而強者總是時間的主人，他會十分珍惜時間，高效地利用時間。

時間是我們每個人一生中最重要同時也是最有限的資源。在古老的、生活節奏緩慢的馬車時代，用一個月的時間經過長途跋涉才能走完的路程，現在只要幾個小時就可以穿越。但即使在那樣的年代，不必要的耽擱也是犯罪。現代訊息科技的進步，訊息的變化使得「行到水窮處，坐看雲起時」的雅緻幾乎變成一種奢望。到處充溢瀰漫的是像繃緊發條般的快節奏、高頻率的生活步調。

我們身不由己地被時間追著跑。時間的科學運籌與分配，因此成為塑造成功人生的重要法則。對時間這種不可重複的資源，如果能夠科學地運用它，就可以讓理想變為現實。相反，時間未得到適當地運用，不但理想無法實現，還會造成生活上的壓力，進而影響工作，甚至損害到心理和生理的健康。

提高時間利用的效率有以下四個方法。

● 一開始就把事情做對

當一群人競爭的時候，哪種人能獲勝？當然是「錯得少的人」！這就好比開車到某地，在不趕時間的情況下，你可以說：「慢慢找嘛，錯了再調回頭，總會碰上的！」但為什麼不想想，如果能先看好地圖，先找出正確路線，你就不必心中那般茫然，也就不必擔心走過了再調回頭。於是省下了時間，可以做些其他的事！

時間，這正是問題所在！ 20 年前車少，你可以很容易地調頭。今天處處是單行道，只怕錯過一個出口，就要用上很長的時間才能找回去。

如此說來，為什麼要匆匆行動呢？

在這講求效率的時代，不先做出計畫就匆匆動手的人，在未行動之前，已經注定了失敗！

● 保持最佳情緒

良好的情緒是人機體的潤滑劑，它可以促進生命運動，給人以充沛精力。誰都有這樣的體驗，人在情緒好時，心理放鬆，競技狀態就佳。良好的精神狀態可以大大提高有用功效，減少無用功。因此，一個人要努力使自己熱愛事業、熱愛工作、熱愛生活、樂觀豁達、目光遠大。尤其是剛剛步入社會、走向生活的年輕人，更應學會控制自己的情緒，使自己善於控制因身體、戀愛和婚姻的挫折以及對新環境的不適應而引起的情緒不穩，保持最佳的情緒狀態，以旺盛的精力、良好的心情，度過充實而有意義的

高品質的人生，切莫讓憂慮、猶豫和痛苦壓倒自己。這種情緒既不能挽回過去，也不能改變將來，只會貽誤寶貴的青春，浪費寶貴的時間。

● 學會適當休息

從生理學觀點來看，人的全身是一個整體，各個部位之所以能和諧地運動，全靠中樞神經系統的調節。神經細胞活動時，消耗神經細胞內的物質，當它處於抑制狀態時，能透過生化作用使細胞新陳代謝，吸收血液中帶來的養分。如果興奮狀態長時間持續下去，各種營養物質得不到補償，神經細胞就會死亡。因此，神經細胞的工作能力只能具有一定的限度，有一個臨界強度值。如果工作持續太久，超過了這個臨界強度值，就會出現效率的下降，這時，大腦就應用其他的行為方式加以適當調節，以保證工作的持久性和效率。因此，勞逸結合，適當休息顯得十分重要。不能把休息僅僅理解為睡眠，休息還包括文娛體育活動、散步、旅遊等有益身心的活動，鍛鍊身體也是積極的休息。

● 利用最佳時間

一個人在一天 24 小時中，各個時段的精力各不相同，而不同的人又有差別。有的人早晨精力好，有的人可能晚上精力好，有的人凌晨起床後半小時最容易激發創新意識；有的人喜歡把重大問題放在早餐後考慮；有的人擅長於連續思索，思緒高潮往往在連續思索開始後一小時左右出現。據統計，大約 50％以上的人，其能動性在一晝夜之內有顯著變化，其中 17％的人早晨能動性高，33％的人在晚間能動性最高。我們把工作效率最高、能動性最強的那段時間稱為最佳時間。每個人都應從自己的具體情況出發，根據自己「最佳時間」出現的規律，盡量將高品質的「時能」提供給最重要的需求，最大限度地開發和利用「時間能源」。

時間管理專家的建議

「快！快！快！加快步伐！」這句警示人們的話常常出現在英國亨利八世統治時代的留言條上，旁邊往往還附有一幅圖畫，上面是沒有準時把信送到的信差在絞刑架上掙扎。當時還沒有郵政事業，信件都是由政府派出的信差發送的，如果在路上延誤是要被處以絞刑的。

文明社會的一大進步是對時間的準確計量和利用。我們現在一個小時可以完成的任務是 100 年前的人們 20 個小時的工作量。

一天，時間管理專家為一群商學院學生講課。他現場做的示範，給學生們留下了一生難以磨滅的印象。站在那些高智商、高學歷的學生前面，專家說：「我們做個小測驗」，然後拿出一個廣口瓶放在他面前的桌上。隨後，他取出一堆雞蛋大小的石塊，仔細地一塊塊放進玻璃瓶裡。直到石塊高出瓶口，再也放不下了，他問道：「瓶子滿了嗎？」所有學生應道：「滿了」。時間管理專家反問：「真的？」他伸手從桌下拿出一桶小石塊，倒了一些進去，並敲擊玻璃瓶壁使碎石填滿下面石塊的間隙。「現在瓶子滿了嗎？」他第二次問道。但這一次學生有些明白了。

「可能還沒有」，一位學生應道。「很好！」專家說。他伸手從桌下拿出一桶沙子，開始慢慢倒進玻璃瓶。沙子填滿了石塊和碎石的所有間隙。他又一次問學生：

「瓶子滿了嗎？」「沒滿！」學生們大聲說。他再一次說：「很好。」然後他拿一壺水倒進玻璃瓶直到水面與瓶口平。抬頭看著學生，問道：「這個例子說明什麼？」

一個心急的學生舉手發言：「它告訴我們：無論我的時間表多麼緊湊，如果你確實努力，你可以做更多的事！」「不！」時間管理專家說：「那不是我想講的真正意思。這例子告訴我們：如果你不是先放大石塊，那你就再也不能把它放進瓶子裡。」

那麼，什麼是我們生命中的「大石塊」呢？我們可以根據事情的重

要程度將工作分為 A、B、C 三類，並制訂工作優先順序表。首先在紙上列下所有的工作，然後逐一評估各項工作，在最重要的工作前標上 A，次重要的工作前標上 B，最不重要的工作前標上 C。其中 A 類工作最為重要，因此應先處理 A 類工作。當完全目標分類的工作後，再將 A 類中的工作依其重要性順序排列，至於 B、C 類的工作則可以暫時擱置。

A、B、C 三類工作的優先性也可能改變，今天的 A 類可能是昨天的 B 類，今天的 C 類亦可能是明天的 B 類。

具體可以這麼做：

▶ **分析自己要做的工作**：對每項工作逐次提出三個問題：能不能取消這項工作？能不能與其他工作合併？能不能用簡單的東西代替？然後，再把那些必須做的工作分成 A、B、C 三類。
A 類：約占全部工作的 20%～ 30%，具有本質上的重要性與時間上的迫切性，完成與否會產生影響全局的後果。
B 類：約占工作總量的 30%～ 40%，在重要性與迫切性上不如 A 類，無嚴重後果。
C 類：約占工作總量的 40%～ 50%，無關緊要也不迫切，後果微小。一般地講，處理 A 類工作應占全部工作時間的 60%～ 80%。

▶ **判斷關鍵工作的方法**：首先看有無「四性」，即有效性、關鍵性、重要性和迫切性。有效性是指是否具備促進、限制工作效果的因素，關鍵性是對全局的影響程度，重要性是對目標的貢獻程度，迫切性是指時間上的刻不容緩。只有同時具備這四性，才能列入 A 類工作。

▶ **確定 A、B、C 類工作的進行順序**：若 A 類工作中有多件，則有個順序問題。決定工作順序有以下的原則：首先，要擺脫主管意志、各部門的壓力和事情先後順序的干擾，客觀地確定它們的重要性與迫切性。其次，是要擺脫昨天，而著重於今天。每做一件事時，都要問「這件事現在做還有價值嗎？」。第三，要看重機會，而非看重困難，成果最大的工作，往往是最困難的。第四，對採取的方法，應求其有效性和創造性，而不能僅求其安全性和簡易性。

▶ **實行 A、B、C 時間管理法的步驟**：首先是分類。每天早上抽點時間，把全天工作分為特殊工作和日常工作兩類。特殊工作按上述原則分為 A、B、C 三類，並確定實施順序，填入 A、B、C 工作分類表中。

其次是實施。全力以赴投入 A 類工作，直到完成或取得預期效果後，轉入 B 類工作。C 類工作不必去做，如有人催辦，可列入 B 類。最後是檢查。每隔一到兩週檢查一下自己工作的記錄，發現問題，及時解決。

檢討你的時間管理

在談到時間管理時，著名的成功學家拿破崙・希爾設計了 22 個問題。這 22 個問題有助於大家客觀認知到自己的時間管理的不足。我們將希爾的 22 個問題摘錄如下：

1. 你制訂明確的目標了嗎？制訂切實可行的執行計畫了嗎？每天花多少時間在落實執行計畫上？主動執行或是想到了才執行？

2. 你的成功目標是一種強烈的願望嗎？多久才會檢討一次這個願望？

3. 為了達到明確目標，你做了什麼付出？正在付出嗎？何時開始付出？

4. 你採取了什麼步驟來組織智囊團？你多久和成員們接觸一次？你每個月、每週和每天與多少成員談話？

5. 你有無接受一些小挫折作為促使自己做更大努力之挑戰的習慣？你能從逆境中找出等值利益的關鍵所在嗎？

6. 你是否把時間花在執行計畫上或是老想著你所碰到的阻礙？

7. 你經常為了將更多的時間用來執行計畫而犧牲娛樂嗎？或者經常為了娛樂而犧牲工作時間？

8. 你能掌握每一分鐘時間嗎？

9. 你把你的生活看成是你過去運用時間方式的結果嗎？你滿意你目前

的生活嗎？你希望以其他方式支配時間嗎？你把逝去的每一秒鐘都
看成是生活更加進步的機會嗎？

10. 你一直都保有積極心態嗎？是大部分時候都保持積極心態還是僅在
　　有的時候才積極？你現在的心態積極嗎？你能使自己的心態立刻積
　　極起來嗎？積極之後呢？

11. 當你以行動具體表現自己的積極心態時，是否真的會經常展現你的個
　　人進取心？

12. 你相信會因為幸運或意外收穫而成功嗎？什麼時候會出現這種幸運
　　或意外收穫呢？你相信你的成功都是因為自己的努力付出所換得的
　　結果嗎？你何時付出了努力？

13. 你曾經受到他人上進心的激勵嗎？你經常受到他人的影響嗎？你經
　　常真正地以他人作為榜樣嗎？

14. 你在什麼情況下會表現出多付出一點點的舉動？每天都會這樣付出
　　或只有在他人注意時才會多付出嗎？你在表現多付出一點點的舉動
　　時的心態呢？

15. 你的個性吸引人嗎？你會每天早晨照鏡子並且改善你的微笑和臉部
　　表情嗎？或者你只是單純的洗臉、刷牙而已？

16. 你如何保持自己的自信心？你何時奉行使得自己擁有無窮智慧的激
　　勵力量？你經常忽視這些力量嗎？

17. 你培養自己的自律能力嗎？你的失控情緒經常會使你做一些令你很
　　快就感到遺憾的事情嗎？

18. 你能控制恐懼感嗎？你經常表現出恐懼嗎？你何時以你的信心取代
　　恐懼？

19. 你經常以他人的意見作為事實嗎？每當你聽到他人的意見時，你
　　會抱著懷疑的態度嗎？你經常以正確的思考來解決你所面對的問
　　題嗎？

20. 你經常以表現合作的方式來爭取他人的合作嗎？

21. 你給自己發揮想像力的機會嗎？你何時運用創造力來解決問題？你
　　有什麼需要靠創造力才能解決的問題嗎？

22. 你會放鬆自己，運動並且注意你的健康嗎？你計劃明年才開始嗎？為什麼不現在就開始呢？

　　拿破崙・希爾認為設計這份問卷的目的，在於促使人們對自己進行思考。對於時間的運用方式充分反映出他將成功原則化為自己生活一部分的程度。如果你對上述問題的回答不能令自己滿意時，請不要氣餒，只要努力改進，就可能實現自己的目標。沒有人是一夜之間就能成功的，想要獲得成功，需要花費時間。

摒棄拖延的陋習

　　美國南北戰爭期間，駐紮在特倫頓的僱傭軍總指揮拉爾總督正在打牌時收到一封情報，情報的內容是說華盛頓的軍隊正在穿越德拉瓦，要向這裡進攻。但他沒有看就隨手把信塞到口袋裡，直到牌打完了才拿出來看。結果，等到他倉促地把隊伍集合起來為時已晚，部隊已經全軍覆沒了。僅僅幾分鐘的耽擱使他喪失了尊嚴、自由和生命！

　　成功有一對相貌平平的雙親 —— 守時與精確。每個人的成功故事都取決於某個關鍵時刻，這個時刻一旦表現出猶豫不決或退縮不前，機遇就會失之交臂，再也不會重新出現。

　　英國社會改革家約翰・羅斯金（John Ruskin）說：「從根本上說，人生的整個青少年階段是個性成型、沉思默想和希望受到指點的階段。青少年階段無時無刻不受到命運的擺布 —— 某個時刻一旦過去，指定的工作就永遠無法完成，或者說如果沒有趁熱打鐵，某種任務也許永遠都無法完成。」

　　拿破崙非常重視「黃金時間」，他知道，每場戰役都有「關鍵時刻」，掌握住這一時刻意味著戰爭的勝利，稍有猶豫就會導致災難性的結局。據說，在滑鐵盧擊敗拿破崙的戰役中，在那個性命攸關的上午，他自己和埃馬紐埃爾・德・格魯希（Emmanuel de Grouchy）就因為晚了 5 分鐘

而慘遭失敗。布呂歇爾號重巡洋艦（Blücher）按時到達，而格魯希只晚了一點點。就因為這一小段時間，拿破崙被送到了聖赫勒拿島上，從而使成千上萬人的命運發生了改變。

有一句家喻戶曉的俗語應成為我們的格言警句，那就是：任何時候都可以做的事情往往永遠都不會有時間去做。

與其費盡心思地把今天可以完成的任務拖到明天，還不如在今天就想辦法把工作做完。而任務拖得越後就越難以完成，做事的態度也就越是勉強。在心情愉快或熱情高漲時可以完成的工作，被推遲幾天或幾個星期後，就會變成苦不堪言的負擔。在收到信件時沒有馬上回覆，以後再揀起來回信就不那麼容易。

當機立斷常常可以避免做事情的乏味和無趣。拖延則通常意味著逃避，其結果往往就是不了了之。做事情就像春天播種一樣，如果沒有及時地把種子播下去，以後就沒有合適播種的時間了。無論夏天有多長，也無法使春天被耽擱的事情得以完成。某顆人造衛星的運轉指令即使僅僅晚了一秒發出，它也會使整個衛星運行陷入混亂，後果不可收拾。

著名的管理學顧問史蒂芬・柯維（Stephen Covey）在紐約講課的時候，曾問一個班的學生，他們有沒有去過尼加大瀑布（Niagara Falls）旅遊。令他意外的是，搖頭的人居然占相當高的比例。他們的道理很簡單：「因為近，心想反正什麼時候要去都可以，所以一直拖延。」妙的是那些人多半去過需要好幾天車程的佛羅里達或更遠的夏威夷。

這就是「拖」的一種表現。拖時間的人不一定是沒有時間，相反可能有充裕的時間；拖欠債款的人常在手頭有錢時拖著不還，直到沒有錢；拖延不給朋友回信的人也可能總是把信放在案頭，天天都想回，卻一拖就是幾個月。

你會發現，愛遲到的人似乎總是遲到。遠程的約會他要遲到；在他家旁邊碰面，他可能還是遲到；連你早早到他家，坐在客廳裡等，只見他東摸摸、西摸摸，到頭來仍然無法準時出發。其原因是什麼呢？難道是心

理有問題嗎？

其實，他們的心理不是有問題，卻可能總是在心裡想：

「不急嘛！時間還多！」

「不急嘛！還有一些時間！」

「不急嘛！大概正好可以趕上！」

「不急嘛！如果運氣好，還不會遲太多！」

「不急嘛！別的人也不可能準時！」

最後則是：「不急嘛！反正已經遲了！」

問題是，他這一拖就不知要拖去別人多少時間，更失去了多少寶貴的光陰和成功的機會。

明清時期流傳下來的《明日歌》、《今日詩》、《昨日謠》，一直被人們爭相傳誦。現錄如下，以饗諸君。

《明日歌》
明日復明日，
明日何其多，
我生待明日，
萬事成蹉跎。
世人若被明日累，
春去秋來老將至。
朝看水東流，
暮看日西墜。
百年明日能幾何，
請君聽我明日歌。

《今日詩》
今日復今日，
今日何其少！
今日又不為，
此事何時了！
人生百年幾今日，
今日不為真可惜！
若言姑待明朝至，
明朝又有明朝事。
為君聊賦今日詩，
努力請從今日始。

《昨日謠》
昨日會昨日，
昨日何其好！
昨日過去了，
今日徒懊惱。
世人但知悔昨日，
不覺今日又過了。
水去日日流，
花落日日少，
成事立業在今日，
莫待明朝悔今朝。

強者登場：魯迅

魯迅先生是近代非常著名的作家。他於西元 1881 年出生在浙江紹興一個官僚地主的家庭裡，在他 13 歲那年，在京城做官的祖父因故入獄，此後他的父親又長期患病，終至死亡，家境便迅速敗落下來。家庭的變故對少年魯迅產生了深刻的影響。他是家中的長子，上有孤弱的母親，下有幼弱的弟妹，他不得不同母親一起承擔起生活的重擔。天真活潑的童年生活結束了，他提早體驗到人生的艱難和世情的冷暖。

父親患重病時，兩個弟弟年紀尚幼，魯迅不僅經常上當鋪，跑藥店，還必須幫助母親做家事。有一天，魯迅在家裡幫助媽媽多做了點事，結果上學遲到了，嚴厲的壽鏡吾老師狠狠地責備了魯迅一頓。魯迅並不因為受了委屈而埋怨老師和家庭，他反而誠懇地接受批評，決心作好精確的時間安排，再也不因為做家事而延遲到校了。於是，他用小刀在書桌的左下角，正正方方地刻了一個「早」字，用以提醒和鞭策自己珍惜時間，發憤讀書。

事實上，魯迅的整個一生都在擠時間。他說過：「時間，就像海綿裡的水，只要你擠，總是有的。」時間對任何人都是公正的。有志者，勤奮者，善於去爭，去擠，它就有；閒人，懶惰者，不去爭，不去擠，它就沒有。魯迅讀書的興趣十分廣泛，又喜歡寫作，他對於民間藝術，特別是傳說、繪畫，也深切愛好；正因為他廣泛涉獵，多方面學習，所以時間對他來說，實在非常重要。他一生多病，工作條件和生活環境都不好，但他每天都要工作到深夜才肯罷休。第二天上午起床後，有時連飯也沒時間吃，又開始工作，一直到吃飯時才走出自己的工作室。有時候為了趕寫稿子，他晝夜連續工作，實在睏了，就穿著外套躺到床上打瞌睡，醒來泡一壺濃茶，抽一支菸，又繼續寫作。

魯迅曾經說：「美國人說，時間就是金錢，但我想：時間就是性格。無端的空耗別人的時間，無異於謀財害命。」魯迅最討厭那些「一天到晚東家跑跑，西家坐坐，說長道短」的人，在他緊張工作的時候，如果有

人來找他聊天閒扯，即使是很要好的朋友，他也經常毫不客氣地勸說：「唉，你又來了，就沒有別的事好做嗎？」但是，有一種情況例外，對於那些登門求教的青年，無論是什麼時候來訪，他總是熱情接待。有時促膝長談好幾個鐘頭，也毫無怨言。

魯迅幾乎把所有能夠利用起來的時間都用在學習和寫作上。當有人說他是天才時，他卻說：「我只是把別人喝咖啡的時間都用在寫作上了」。在逝世前三天，魯迅還為別人翻譯的一本蘇聯小說寫了一篇序言，逝世前一天還記了日記，他一直戰鬥到生命的最後一刻，從來沒有浪費過時間。

魯迅在他 56 歲的生命旅途中，廣泛涉及自然、社會科學等許多領域，一生著譯一千多萬字，留給後人寶貴的文化遺產。

第十章
心態定命運，積極加樂觀

君子坦蕩蕩，小人常戚戚。——孔子

天行健，君子以自強不息。——《周易》

寶劍鋒從磨礪出，梅花香自苦寒來。——《警世賢文》

會當凌絕頂，一覽眾山小。——杜甫

路漫漫其修遠兮，吾將上下而求索。——屈原

你可以駕馭生命，或任由生命駕馭你；而決定誰當騎士誰當馬的，是你的心態。

心態分為積極心態和消極心態。所謂積極心態，是指對任何人、情況或環境都持有誠懇的、具有建設性的思想、行為與反應。積極心態有助於人們克服困難，使人看到希望，保持進取的旺盛鬥志，激發人身蘊藏的無限潛力。而消極心態使人沮喪，失望，對生活和人生充滿了抱怨，自我封閉，限制和扼殺自己的潛能。

積極心態創造人生，消極心態消耗人生。積極的心態像太陽，即使是照在塵埃上也熠熠發光；消極的心態像月亮，初一十五不一樣。

強者一定是最自信的人

大多數強者可能不是最聰明的、最富有資源的、最被公眾看好的人，但他們一定是最自信的人。著名的勵志大師拿破崙‧希爾認為，一個人的成就，絕不會超出他的自信所能達到的高度。無論做什麼事，堅定不移的自信都是達到成功所必需的和最重要的因素。

據說當年只要是拿破崙親率軍隊作戰，同樣一支軍隊的戰鬥力便會增強一倍。原來，軍隊的戰鬥力在很大程度上基於士兵們對於統帥的敬仰和信心。如果統帥抱著懷疑、猶豫的態度，全軍便會混亂。拿破崙的自信與堅強，使他統率的每個士兵增加了戰鬥力，而他統率的軍隊的確創造了馬倫哥戰役、奧斯特里茲戰役、耶拿 - 奧爾施泰特會戰等以少勝多的戰例。

想像一下：拿破崙在率領軍隊越過阿爾卑斯山的時候，只是坐在那裡說：「這件事太困難了」，那麼拿破崙的軍隊永遠都不會越過那座高山。

有一次，一個士兵騎馬給拿破崙送信，由於馬跑得速度太快，在到達目的地之前猛跌了一跤，馬就此一命嗚呼。拿破崙接到信後，立刻寫封回信交給那個士兵，吩咐士兵騎自己的馬，從速把回信送去。

那個士兵看到那匹強壯的駿馬，身上裝飾得無比華麗，便對拿破崙說：「不，將軍，我是一個平庸的士兵，實在不配騎這匹華美強壯的駿

馬。」

拿破崙嚴肅地回答道：「世上沒有一樣東西是法蘭西士兵所不配享有的。」

世界上到處都有像這個法國士兵一樣的人！他們以為自己的地位太低微，別人所有的種種幸福是不屬於他們的，以為他們是不配享有的，以為他們是不能與那些偉大人物相提並論的。這種自卑自賤的想法，往往成為不求上進、自甘墮落的主要原因。

如果我們去分析研究那些成就偉大事業的強者的人格特質，那麼就可以看出這樣一個特點：這些強者在開始做事之前，總是具有充分信任自己能力的堅強自信心，深信所從事之事業必能成功。這樣，在做事時他們就能付出全部的精力，破除一切艱難險阻，直到勝利。

拳王穆罕默德・阿里（Muhammad Ali）是黑人，在他成名之初正是美國種族歧視非常濃烈的時候。被大多數白人輕蔑的阿里（因為他的膚色），在每次走上拳擊擂臺前都喜歡做詩，以激勵自己，表達自己的必勝的信心。他曾經做過的並經常朗讀的詩句是：

最偉大的拳王，
20 年前便已露鋒芒。
我美麗得像一幅圖畫，
能把任何人打垮。
……
他預告哪個回合取勝，
就像這是必然的事情。
他把敵人玩弄於掌中，
迅如雷，疾如風。

阿里的自信，給了自己以力量並最終獲得拳王的美譽，同時也使許多對黑人抱有成見的白人逐漸喜歡上了他，並因此逐漸改變了白人對黑人的歧視與仇視 —— 當然，改變種族歧視的功勞並不能完全記在阿里身上，

他只是做了很大的貢獻。現在，即便阿里已經離開拳壇很久了，但在世界的任何一個角落，依然聲名顯赫。

自信並非天生，而是後天中逐漸養成或喪失的。如何養成高度的自信，做一個強者呢？

第一，擁有成功的經歷，是形成自信心最重要的條件。任何一個人，或多或少總有過讓自己自豪及成功的經歷，要善於從自己的成功中總結一些規律性的東西。心理學的研究證明：一個人內在的動力、抱負的層次與其成功的經歷是密切相連的。成功的經歷越豐富、越深刻，他的期望就越高，抱負也就越大，自信心也就越強。而對於缺乏自信心的人來說，最重要的是尋求成功的機會，並確保首次努力獲得成功。一個接一個的成功，是給人自信的最佳途徑。

第二，正確地進行自我批評，有利於自信心的培養。每個人都會在自己前進的道路上設立一個又一個目標，近期目標的後面還會出現一個遠期目標，每一個目標的設立都應建立在正確的自我評價基礎之上。每個人都有自己的長處，也都有自己的短處，倘若你既能正確對待自己的長處，又能認清自己的不足，揚長避短，目標就會實現，自信心的培養也就進入良性循環。

第三，重視榜樣的作用。一個人不管是自覺的還是不自覺的，事實上都在受周圍人們的影響。為了充實自信心，你不妨在所熟悉的人中，找尋一個值得自己學習、仿效的榜樣，設法趕上並超過他。同時，你應該多交有自信的朋友，遠離那些自卑心強的朋友。

能戰勝恐懼者即是勇士

一位功勳顯赫的老兵在回憶一場惡戰時，對前來採訪他的記者說：在衝出壕溝發起衝鋒的瞬間，我當然也害怕，心裡也有恐懼，只不過我戰勝了心中的恐懼。

　　強者並非無所畏懼的鹹蛋超人，他也會有恐懼，他與弱者的區別是：弱者會聽從恐懼的話，屈服與恐懼的淫威；而強者勇於正視恐懼，迎接挑戰，就像魯迅先生所說的 —— 真的勇士，勇於面對慘淡的人生。明知山有虎，但緣於責任與擔當，強者選擇的是偏向虎山行。

　　當你像克里斯多福‧哥倫布（Cristoforo Colombo）一樣，去到人跡未至的大海之中，你會有恐懼，而且是很深的恐懼，因為你不知道後頭將會發生什麼事。你離開了安全的陸地，從某個角度看，在陸地上的一切都很好，唯獨欠缺一樣 —— 冒險。一想到未知，你全身汗毛豎起，心再度跳動起來，你的每一根纖維都變得生龍活虎，因為你接受了未知的挑戰。

　　不管一切恐懼，接受未知的挑戰就叫勇敢。恐懼會在那裡，但當你一次又一次地接受挑戰，慢慢、慢慢地，那些恐懼就會消逝。伴隨未知所帶來的喜悅和無比的狂喜，這些經驗會使你堅強、使你完整，啟發你的敏銳才智。生平頭一次，你開始覺得生命不是了無生趣的，生命其實是一場冒險，於是恐懼逐漸消失了，之後你會總是去探索冒險所在的地方。

　　基本上，勇氣是從已知到未知、從熟悉到陌生、從安逸到勞頓的一趟冒險之旅，這趟朝聖路上充滿險阻，而你不知道目的地在哪裡，也不知道你是否到得了，這是一場較量，唯有強者才知識人生是什麼。

　　美印第安人喜歡這樣一句話：「不敢面對恐懼，就得一生一世躲著它。」

　　如果自己不能戰勝恐懼，那麼它的陰影就會跟著你，變成一種無法逃避的遺憾。我們不應該允許自己到了七老八十，才用蒼涼的聲音說：「我本來想當一名作家的 ……」或者「我小學的時候曾經得到演講比賽第一名，只是現在 …… 我 …… 我 …… 我一在大家面前講話就發抖。」

　　我們總不會因為擔心別人嫌自己醜而永不出門吧！

　　不要因為懼怕空難和車禍而不敢去旅行，始終掩藏著自己渴望看到新奇事物的心情。

　　不要因為恐懼失望而害怕愛情 ……

以此類推，很多恐懼都會被擊敗。

頹廢是埋葬天才的墓地

世間有一種最難治也是最普遍的毛病就是「頹廢」，「頹廢」往往使人完全陷於絕望的境地。

一個人如果精神頹廢，那麼他的行動必然緩慢，臉上必定毫無生氣，做起事來也一定會一塌糊塗、不可收拾。他的身體看上去就像沒有骨頭一樣，渾身軟弱無力，彷彿一碰就倒，整個人看起來總是糊裡糊塗、呆頭呆腦、萎靡不振。

一個萎靡不振、沒有主見的人，一遇到事情就會習慣性的「先放在一邊」，說起話來又是吞吞吐吐、毫無力量；更為可悲的是，他不大相信自己會做成偉大的事業。反之，那些意志堅強的人習慣「說做就做」，凡事自有他的主見，並且有很強的自信心，能堅持自己的意見和信仰。如果你遇見這種人，一定會感受到他精力的充沛、處事的果斷、為人的勇敢。這種人只要認為自己是對的，就會大聲地說出來；遇到確信應該做的事，就肯定會盡力去做。

對於世界上任何事業來說，不肯專心、沒有決心、不願吃苦，就絕不會有成功的希望。獲得成功的唯一道路就是下定決心、全力以赴地去做。

頹廢者從來無法給別人留下好的印象，自然也就無法獲得別人的信任和幫助。只有那些精神振奮、踏實肯做、意志堅決、富有魅力的人，才能在他人心目中建立信用。可以肯定地說，不能獲得他人信任的人是無法成功的。

對於手邊的任何工作，我們都應該集中全部精力。即使是像寫信、打雜等微不足道的小事，也應集中精力去做，與此同時，一旦做出決策，就要立刻行動。否則，一旦養成拖延的不良習慣，人的一生大概也不會有太大希望了。

　　世界上有很多人都埋怨自己的命不好，別人為什麼容易成功，而自己卻一點成就都沒有呢？其實，他們不知道，失敗的源頭是他們自己。如他們不肯在工作上集中全部心思和智力；做起事來，他們無精打采、萎靡不振；他們沒有遠大的抱負，在事業發展過程中也沒有去排除障礙的決心；他們沒有使全身的力量集中起來，匯成滔滔洪流……

　　以無精打采的精神、拖泥帶水的做事方法，隨隨便便的態度去做事，誰也不可能有成功的希望。只有那些意志堅定、勤勉努力、決策果斷、做事敏捷、反應迅速的人，只有那些為人誠懇、充滿熱忱、血氣如潮、富有思想的人，才能把自己的事業帶入成功的軌道。

　　年輕人最易感染這種可怕的疾病，即沒有明確的目標和沒有自己的見地，正是因為這一點，他們的境況常常越來越差，甚至到了不可收拾的地步。他們苟安於平庸、無聊、枯燥、乏味的生活中，得過且過的想法支配著他們的頭腦。他們從來想不到要振奮精神，拿出勇氣，奮力向前，結果往往使自己淪落到自暴自棄的境地。之所以如此，都是因為在他們的心目中缺乏遠大的目標和正確的思想。隨後，自暴自棄的態度竟然成為了他們的習慣，他們從此不再有計畫、不再有目標、不再有希望。

　　弱者好頹廢，強者卻高舉熱忱的火炬。熱忱，是指一種熱情的種子深植人人的內心而生長成一棵勃勃生機的參天大樹。拿破崙‧希爾喜歡稱之為「抑制的興奮」。如果你內心裡充滿做事的熱忱，你就會興奮。你的興奮從你的眼睛、你的面孔、你的靈魂以及你整個為人多個方面輻射出來，令你的精神振奮。

　　熱忱是一把火，它可燃燒起成功的希望。要想獲得這個世界上的最大獎賞，你必須擁有過去最偉大的開拓者將夢想轉化為全部有價值的獻身熱忱，來陪伴自己走過長長的探索之路。

　　賽謬爾‧斯邁爾斯（Samuel Smiles）的辦公桌上掛了一塊牌子，他家的鏡子上也吊了同樣一塊牌子，巧的是道格拉斯‧麥克阿瑟（Douglas MacArthur）將軍在南太平洋指揮盟軍的時候，辦公室牆上也掛著一塊牌

子，上面都寫著同樣的座右銘：

信仰使你年輕，
疑惑使你年老；
自信使你年輕，
畏懼使你年老；
希望使你年輕，
絕望使你年老；
歲月使你皮膚起皺，
但是失去了熱忱，
就損傷了靈魂。

這是對熱忱最好的讚詞。培養並發揮熱忱的特性，我們就可以對我們所做的每件事情，加上了火花和趣味。

一個熱忱的人，無論是在挖土，或者經營大公司，都會認為自己的工作是一項神聖的天職，並懷著深切的興趣。對自己的工作熱忱的人，不論工作有多少困難，或需要多大的訓練，始終會一如既往地向前邁開步子。只要抱著這種態度，你的想法就不愁不能實現。愛默生說過：「有史以來，沒有任何一件偉大的事業不是因為熱忱而成功的。」事實上，這不是一段單純而美麗的話語，而是邁向成功之路的指標。

實際上，熱忱與內在精神的含義基本上是一致的。一個真正熱忱的人，他內心的光輝熠熠發光，一種炙熱的精神實質就會深深地植根於人的內在思想中。

無論是誰心中都會有一些熱忱，而那些渴望成功的人們的內心世界更像火焰一樣熊熊燃燒，這種熱忱實際上是一種可貴的能量，用你的火焰去點燃別人內心熱忱的火種，那麼你又向成功邁進了一大步。

紐約中央鐵路公司前總經理有一句名言：「我愈老愈加確認熱忱是勝利的祕訣。成功的人和失敗的人在技術、能力和智慧上的差別並不會很大，但如果兩個人各方面都差不多，擁有熱忱的人將會擁有更多如願以償

地機會。一個人能力不夠，但是如果具有熱忱，往往一定會勝過能力比自己強卻缺乏熱忱的人。」

不過，熱忱不是面子上的功夫，如果只是把熱忱溢於表面而不是發自內心，那便是虛偽的表現，不僅不能使自己獲得成功，反而會導致自己失去成功的機會。

因此，訓練熱忱的方法是訂出詳細的計畫，並依照計畫執行，培養對熱忱的持久感受，盡量使人的熱忱上升，不使人的熱忱逐漸下墜。

現在，告訴你如何建立熱忱加油站，使你滿懷工作熱忱。

首先你要告訴自己，你正在做的事情正是你最喜歡的，然後高高興興地去做，使自己感到對現在的事業已很滿足；其次，是要表現熱忱，告訴別人你的事業狀況，讓他們知道你為什麼對自己的事業感興趣。

告別空虛擁抱充實人生

空虛，即無實在內容，不充實的意思。空虛心理指一個人的精神世界一片空白，沒有信仰，沒有寄託，百無聊賴。在漫長的人生道路上，心裡空虛是令人煩惱的事。為了排除愁緒，擺脫寂寞，有人借酒澆愁，也有人用菸解煩，還有人尋求其他刺激，這些都是愚蠢的方式，並不能填補心中的空虛。精神空虛是一種社會病，它的存在極為普遍。當人們生活失去精神支柱，或因社會價值多元化導致某些人無所適從時，或者個人價值被抹殺時，就極易出現這種病態心理。

個人因素是產生空虛心理的重要原因，若一個人對自己缺乏正確的認知，總是覺得自己不如別人，對自己的能力估計過低，那就會導致整日抑鬱、心靈空虛。再者，有的人對社會現實和人生價值存在錯誤的認知，以偏概全將社會看得一無是處，他們將個人價值與社會價值對立起來，只講個人利益，不盡社會義務，當社會責任與個人利益發生衝突時，過分考慮個人得失，一旦個人要求不能得到滿足，就「萬念俱灰」。當然也還有些人有事業心、上進心和理想，但因與自己的能力和實際處境相差太遠，而

陷入「志大才疏」、「心比天高」的窘境之中，因而常感到沮喪、空虛。

人是需要有精神支柱的。也就是說，一個人要有理想、有抱負、有志氣，才能迎接挑戰，有為於世界。如何走出精神空虛的低谷，使我們的心靈充實起來呢？

▶ **調整需求目標**：有的人心中的空虛往往是在胸無大志，沒有追求、沒有理想的情況下，覺得自己的生活沒有新的內容而出現的。因此，生活目標的調整是十分必要的。根據個人的具體情況，制訂出生活的長期規畫和近期目標，以求實現，從而調動自己的潛力，就會覺得生活是非常有意義的了。

▶ **求得社會支持**：當一個人處於猶豫與徘徊之時，特別需要有人給以力量，予以同情、理解和支持。只有在獲得支持時，才不會感得孤立無援。廣交朋友，以求好朋友的勉勵和幫助，這是社會支持的重要方面。當然親屬之間的支持也是不可少的。

▶ **從知識中吸取力量**：讀書是填補空虛的良方，知識是人類生活與工作經驗的結晶，是智慧的源泉。讀書會使人找到解決問題的鑰匙，使人從寂寞和空虛中解脫出來。人的知識越多，心靈就越充實，生活也就越豐富多彩。

▶ **從工作中獲得希望**：工作是擺脫空虛的極好方式。因為當一個人的專注於工作時，就會有一種忘我的力量，使人生充滿希望，解除不良心態的痛苦。

▶ **轉移目標，求得樂趣**：除了工作、學習外，還可以用轉移目標的方法，緩解壓力求得樂趣。透過繪畫、書法、音樂、雕刻、養花等方式，使困擾的心境平靜下來，從空虛的狀態下解脫出來。當有了新的樂趣後，會產生一種新的追求，這就逐漸完成了生活內容的調整，從而體會到生活的意義，並填補了心理的空虛。

擁有贏的熱情無所不能

西元 1923 年 5 月 27 日，薩莫‧雷石東（Sumner Murray Redstone）出生在美國波士頓一個清貧的猶太人家庭。17 歲時，進入哈佛大學。31 歲時，薩莫‧雷石東第一次創業，經營「全國娛樂公司（National Amusements, Inc.）」，30 年後，累積了 5 億美元財富。50 歲時，薩莫‧雷石東經歷一場火災，險些喪命。63 歲時，他第二次創業，收購維亞康姆公司（Viacom）。78 歲時，薩莫‧雷石東被《富比士》評為全球第十八位富豪。現在，80 多歲的他管理著全球最大的傳媒娛樂公司 —— 維亞康姆公司。

50 多年間，雷石東大膽的擴展使自己從一個汽車影院的老闆，成為一個年收入達 246 億美元的傳媒帝國的領袖，他崇尚的信條是「A Passionto Win」（贏的熱情）。這也是他的自傳的名字，沒有埋怨，只有頑強鬥志。

「我的價值觀始終不曾改變，那就是永遠追求贏的熱情，這種熱情展現了我生命全部的意義。」正是這種贏的熱情和堅忍不拔的毅力使雷石東度過了生命中最艱難的歲月，並且樂觀向上。他曾說：

什麼事情都是可能的，要想真正成功的話，必須要有想當第一的願望才行，並不在於他們是商人，是醫生、律師還是老師。我對工作的熱情始終未減，贏的意志就是生存的意志。我心中那股贏的熱情使我感到永遠年輕。

西元 1973 年的某天，為了參加華納兄弟娛樂公司（Warner Bros. Entertainment, Inc.）一個部門經理的聚會，薩莫‧雷石東來到了波士頓。入駐 Copley 大廈。按照計畫，他應該在第二天趕往紐約。他們正計畫在紐約大都會地區開張第一家室內影院 Sunrise Multiplex，有很多工作要做。而在酒店舉辦的聚會可能要持續到深夜，所以他只好在 Copley 大廈住一晚，第二天再趕往紐約。然而，正是這看似平常的一夜，卻險些斷送他性命 —— 一場火災襲擊了他。以下是他的自述：

夜已經很深了，我開始漸漸進入夢鄉，腦子裡仍然在想著明天的工作。時近午夜時分，我突然聞到了一股煙味。

從來沒有人教過我如何處理這種情況。在入住一家旅館的時候，通常人們不會料到這樣的事情。所以我犯了一個很「經典」的錯誤：打開門。住在隔壁的那個部門經理犯了更大的錯誤：他直接衝到了走廊，結果窒息而死。我身陷火海。大腿開始被燒傷。看來我要被活活燒死了。雖然情況這麼危急，但我還是清醒地意識到，這樣死可不好看。

我開始慢慢靠近窗戶。窗子被釘死了，我試著打開另一個窗戶，成功了。我努力爬了出去，跪在一個小小的窗櫺上，剛好能容下一隻腳。當時我在四樓，如果跳下去的話，我就死定了。大火從屋裡向外蔓延，我努力低頭避開從窗子中射出來的火焰，但手指卻不得不緊緊死扣住窗戶的邊框，右手和肩膀被火燒得嗞嗞作響。

大火熊熊，讓人聞聲喪膽。從屋子裡噴出的火焰燒著了我的睡衣、腿部，手臂也被燒得斑痕纍纍。雖然痛得揪心，但我還是不能放棄，那是死路一條！我開始數數，努力使自己忘記眼前的傷痛，從一到十，再從一到十……當時唯一希望的事情就是消防車趕快來救我。

他們並沒有出現。由於擔心旅館的名譽受到損害，旅館方面並沒有打電話通知消防隊。這太讓人難以忍受了！我掛在那裡，時間一秒一秒地過去，對我而言，時間好像停止了一樣。

終於，一個帶著鉤子的梯子伸到了我身邊，一名消防隊員爬了上來，把我帶回地面。在城市醫院，我被放到了一張手術臺上，隱隱約約聽到醫生們在討論，給他來這麼多這個，來那麼多那個。他們說的一定是指嗎啡，因為燒傷的痛苦簡直讓人難以忍受。然後我就昏了過去。我的家人都來到了醫院，醫生告訴我的家人，我可能活不過今晚。

第二天醒來以後，醫生告訴我診斷結果：三度燒傷，燒傷面積45%以上；我在大火時懸掛的右手腕幾乎已經脫離了身體。但我卻沒有感到自己燒傷的面積是如此之大，相反，我感覺還不錯。能活下來真是太好了！還得感謝那些藥物。畢竟，對於一個55歲的人來說，能否繼續生存是一個非常嚴肅的問題。但大家都認為，即使我能活下來的話，恐怕我這一輩子再也無法站起來走路了。

　　我身體 45％的皮膚都被燒掉了，為了覆蓋傷口，醫生必須進行皮膚移植：他們要從我身體的其他部分取下一些皮膚，移植到那些被燒掉的地方，希望能夠再生。而通常只有在手術非常成功的時候，這種情況才可能出現，但這是能讓我重獲血肉之軀的唯一辦法。

　　我已經感覺不到傷痛了，燒傷地區的所有神經都已經壞死了，但皮膚被一條條撕掉的疼痛也是常人無法想像的。當安靜地躺在那裡的時候，我還能勉強忍受，而只要稍微移動一下身體，就像掉進了地獄一樣。我想，如果我的孩子面臨這樣的處境的話，我寧可讓他們死去。剛開始的時候，護士還給我注射了一些嗎啡，但隨後就停止了 —— 並非因為我比較堅強，而是注射嗎啡根本沒用。當我知道這種藥物不僅無法減輕我的痛苦，卻反而可能會使我感染上毒癮的時候，為什麼還要繼續使用它呢？醫生們為我動了 6 次手術，一共是 60 個小時。我在醫院裡躺了好幾個月。最後，在進行了第三次手術之後，大家都開始相信：我能活下來了。醫生們開始拆開我的繃帶，檢查皮膚移植是否成功。即使手術成功的話，完全恢復也需要幾個月的時間；如果不幸失敗的話，後果將是不堪設想的。伯克（Burke）醫生看了看傷口，然後對我說：「恭喜。」「恭喜？」我開始慢慢坐起來。「你在恭喜我？我能活下來了！」

　　然後我開始進入漫長的恢復期，在接下來的幾個月裡，我必須重新學會行走。每天早晨，我都被從床上拽下來，開始練習走路，我必須在兩個護士的攙扶下才能站直，然後試著把一隻腳放到另一隻腳的前面。剛開始的時候，這是非常困難的，我經常突然癱軟，直到幾週以後，這種情況才開始改變。我開始能勉強邁出一步，兩步，然後是幾步。漸漸地，我能夠開始正常行走了。一天，當我穿著拖鞋和睡衣慢慢沿著走廊練習走路的時候，黛兒（Dell）突然出現在走廊的盡頭。我已經好幾個星期沒有見到她了。雖然剛剛經歷了一場家庭悲劇，但當她看到我的時候，還是突然臉色一亮，忍不住歡呼起來，「雷石東先生，你能走路了！」

　　幾個月之後，我終於可以回家了。我走出了麻省總醫院（Mass General）。

火災打開了我生活中的新頁，與死亡擦肩而過的遭遇使我對生活有了新的理解，在體會到了生命的可貴之後，我以投入更多的精力到了新生活之中。

緊緊死扣住窗戶的邊框，即使是右手和肩膀被火燒得嗞嗞作響也不放手！這就是燒不死、打不垮的強者薩莫・雷石東！

生命的樂章要奏出強音，必須依靠熱情；青春的火焰要燃得旺盛，必須仰仗熱情。

有人說，熱情猶如火焰，當陰霾蔽日之時，指給你奔向光明的前程；有人說，熱情宛似溫泉，當冰凌滿谷之時，沖蕩你身心暖融融；有人說，熱情好比葛藤，當你向險峰攀登之時，引你拾級而上；也有人說，熱情就像金鑰匙，當你置身於人生迷宮之時，助你擷取皇冠上的明珠。

雷石東所說的贏的熱情，換句話說，就是堅定的信念。懷疑是信念之星的霧靄，在人迷離的時候，遮住了人的雙眼；動搖是信念之樹的蛀蟲，在颶風襲來的時候，折斷挺拔的枝幹；朝秦暮楚是信念之舟的礁嶼，在潮汐起落的時候，阻止了奔向理想彼岸的行程。

信念在人的精神世界裡是挑大梁的支柱，沒有它，一個人的精神大廈就極有可能會坍塌下來。信念是力量的源泉，是勝利的基石。一個人擁有堅強的信念是最重要的，只要有堅定的信念，強大的力量會自然而生。

「這個世界上，沒有人能夠使你倒下。如果你自己的信念還站立的話。」這是著名的強者、黑人領袖馬丁・路德金的名言。

縱觀在事業上有成就的每一個強者，他們都具有堅強的信念。巴夫洛夫曾宣稱：「如果我堅持什麼，就是用炮也不能打倒我。」高爾基指出：「只有滿懷信念的人，才能在任何地方都把信念沉浸在生活中並實現自己的意志。」事實已經反覆證明，自卑，是心靈的自殺。它像一根潮濕的火柴，永遠也不能點燃成功的火焰。許多人的失敗在於，不是因為他們不能成功，而是因為他們不敢爭取。而信念，則是成功的基石。道理很簡單：人們只有對他所從事的事業充滿了必勝的信念，才會採取相應的行動。如

果沒有行動，再壯麗的理想也不過是沒有曝光的底片，一幅沒有彩圖的畫框而已。

對科學信念的執著追求，促使瑪里‧居禮（Marie Curie）以百折不撓的毅力，從堆積如山的礦物中終於提煉出珍貴的物質 —— 鐳。就此，她曾如是說：

「生活對於任何一個男女都非易事，我們必須有堅忍不拔的精神，最要緊的，還是我們自己要有信念。我們必須相信，我們對每一件事情都具有天賦和才能，並且，付出任何代價，都要把這件事完成。當事情結束的時候，你要能夠問心無愧地說：『 我已經盡我所能了 』。」

信念如處子，堅貞最可貴，雷擊而不動，風襲而不搖，火熔而不化，冰凍而不改。擁有堅定信念的人，生活更加充實，生命更加絢爛。擁有堅定信念的人，是人生的強者。

多一份快樂少一份煩惱

為什麼要讓自己快樂呢？這是因為人一旦擁有愉悅的情緒，就可以減輕工作的壓力，更利於創造出好的成果。強者相信，少一份煩惱，就多一份快樂。正如拿破崙所說：「 忘卻煩惱，學會讓自己快樂 」。

那麼，怎樣才能讓自己快樂呢？

生活得快樂與否，完全決定於個人對人、事、物的看法如何；因為生活是由思想造成的。

古時候有一位國王，夢見山倒了，水枯了，花也謝了。便叫王后給他解夢。王后說：「 大勢不好。山倒了，指江山要倒；水枯了，指民眾離心，君是舟，民是水，水枯了，舟也不能行了；花謝了，指好景不長了。」國王嚇出一身冷汗，從此患病，且越來越重。一位大臣要參見國王，國王在病榻上說出了他的心事，哪知大臣一聽，大笑說：「 太好了，山倒了指從此天下太平；水枯了指真龍現身，國王，您是真命天子；花謝

了，花謝見果子呀！」國王放鬆心情，很快就痊癒了。

　　積極的人對待事物，不看消極的一面，只取積極的一面。如果摔了一跤，把手摔出了血，他會想：多虧沒把手臂摔斷；如果遭了車禍，撞折了一條腿，他會想；大難不死必有後福。

　　強者把每一天都當做新生命的誕生而充滿希望，儘管這一天有許多事情麻煩他。弱者喜歡自尋煩惱，將自己裝入一個無形的、痛苦的牢籠。

　　任何自尋煩惱的習慣都是在自己折磨自己。一個人完全沒有煩惱是不可能的，關鍵要看你如何跳出煩惱，享受快樂的心境。

● 滾雪球式地擴大事態

　　當問題第一次出現時就正視它，那麼就容易使其化為烏有。如果讓問題成堆而不去解決，它們就會像滾雪球一樣，不斷地擴大並惡化下去。

　　最愛滾雪球的人總是照一條簡單的規則行事：「如果錯過了解決問題的時機，索性再往後拖拖。」比如，在婚姻關係中，把你對伴侶的憤怒和苦惱埋在心底幾個月甚至幾年，這就會積聚起足夠的壓力來拆散你們的婚姻。

● 代人受過

　　有一次，小劉和朋友共乘的一輛汽車正要靠在一個十字路口的停車指示牌前，他來不及把車停穩，後面那輛車裡的司機就開始按喇叭了。「那個傢伙有點沒耐性了。」朋友說。

　　小劉一面讓車慢慢向前滑行，一面環顧兩邊的路，說：「那是他的問題，而我要確保安全通過這個十字路口這才是最重要的。」

　　小劉完全不去管別人的問題。但是，如果我們反其道而行之，就只會自尋煩惱。假如你設想某個人不喜歡你，然後一味地反省，把責任歸於自己，「這都是我造成的」，那麼你要不了多久就會憂鬱成病。你這樣代人受過，引咎自責，又有誰能理解你呢？！

● 盯著消極面，不遵從實事求是的積極原則

真正有力量的是積極的思想方法。要牢牢記住當你受到不公正的待遇，或者別人對你說話的態度不友善時，你經常對自己說：「我總是被所有的人曲解和欺負」，你拒絕回憶那些愉快的事情。如果你忽然會想到自己有什麼優點，就會趕快記起一件與此相對應的弱點。只要把注意力集中在那些不好的、吃虧的事情上，就能熟練地運用這種消極的思考方法製造出自尋煩惱的種種症狀。如果你預料到有什麼壞事會出現，它們多半是會兌現的。比如說，你準備參加一個舞會，你料想自己一定會十分難堪和狼狽，於是你就孤零零地站在一旁，呆若木雞。然後，你就可以為無人理會而嘆息了。

● 做不可能實現的夢

世界上最可憐的一些人，是那些慣於抱有不切實際希望的人。不過，如果你不想灰心喪氣，就不要把自己的目標制訂得高不可攀吧！

有位心理專家曾經為一名婦女提供諮詢服務，她正在自修兩門課程、她又很喜歡學彈鋼琴、同時還要照看孩子並照顧體弱多病的父母 —— 所有這一切都是在她平時的工作之外完成的。她很有信心地說，如果她自學的成績達不到甲等，她會很不滿意。你們看，她是不是一個不切實際的人呢？

● 蠢人的黃金定律

簡而言之，這條定律就是「把其他人都看得一錢不值」。運用這條定律的關鍵，是首先嫌棄自己，對你自己說；「我是不堪造就的，我是毫無價值的。」一旦你貶低了自己的價值，接下來就會覺得其他人也同樣淺薄，於是便對他們採取不屑一顧的態度。這樣，保證你會變得眾叛親離。

● 以受苦受難者自居

那些把自己比作受難者的人總是能找到適當的藉口。母親們過度地承擔家事，然後對自己說：「沒有一個人真正心疼我，在我們家裡，我不過是一個僕人而已。」父親們也能採取同樣的方法：「我的骨頭都累散了，誰也不把我當回事。大家都在利用我。」

如果你總愛把自己放在受苦受難的地位上，不僅自己很容易產生惡劣的情緒，而且還能使周圍的人感到討厭 —— 這樣會使你的感覺變得更糟。

● 被小事絆住

我們通常都能很勇敢地面對生活裡面那些大的危機，可是，卻會被一些小事搞得垂頭喪氣。

這也是在南極工作站考察的理查德·伯德（Richard Byrd）上將，曾在又冷又黑的極地之夜裡所發現的另外一些怪事，他手下的人常常為一些小事情而難過，卻不在乎大事。「他們能夠毫無怨言地面對在浮冰上危險而艱苦地工作，在零下 50℃ 的嚴寒中克服一個又一個困難，可是，」伯德上將說，「我卻知道好幾個同室的人彼此不講話，因為懷疑對方把東西亂放，占了他們自己的地方。我還知道，隊上有一個講究所謂空腹進食、細嚼健康法的傢伙，每口食物一定要嚼過 28 次才吞下去；而另外有一個人，一定要在大廳裡找一個看不見這傢伙的位子坐著，才能吃得下飯。」「在南極的營地裡，」伯德上將說，「像這一類的小事情，都可能把最有教養的人逼瘋。」而你還可以加上一句話，小事如果發生在夫妻生活裡，也會把人逼瘋，還會造成世界上眾多家庭的傷心事。

如果你在上述故事中發現了自己的影子，我希望你能夠猛然悔悟：「嘿！我就是這樣做的，以後我絕不能繼續這樣了！」

在生活中，你不可能永遠去做你高興的事。但是，你有權利從你的所作所為中得到最多的樂趣。生活中你可能會遇到許多矛盾，也會自尋煩

惱，同樣，你也一定能克服它們。這個選擇權就在於你自己了。

　　莎士比亞在《哈姆雷特》中是這樣鼓勵人們成為強者的：「拿起武器來，與你心中跟無限的煩惱戰鬥吧！」

強者登場：蘇東坡

蘇東坡是北宋著名的文學家。除此以外，他還是一個無可救藥的樂天派、一個偉大的人道主義者、百姓們的朋友、大書法家、創新派的畫家、造酒試驗家、工程師、瑜伽修行者、佛教徒、政治家、皇帝的祕書、酒仙、厚道的法官、幽默大師。但這還不足以道出他的全部……

在漫長的歷史上，宋代文人一個顯著的特點是偏重自我的修養，從現實生活中個人的境遇超脫出來，在萬物中自得其樂。所以宋代被貶的文人很多，但幾乎都心境豁達。而蘇東坡應該是其中境界最高的一位。他曾經任杭州通判，並先後任密州、徐州、湖州的父母官。後來因為作詩「謗訕朝廷」罪貶黃州。哲宗時任翰林學士，曾出任杭州、潁州等，官至禮部尚書。後又貶謫惠州、儋州。有人曾經作過統計，蘇軾一生擔任過 30 個官職，遭貶 17 次，頻頻往返於廟堂和江湖之間，還坐過 130 天監牢。然而，他一生豪放豁達，留下的詩文中很少悲觀厭世之作。至於蘇東坡歷次被貶的原因，真正可以稱得上是「莫須有」。

在「烏臺詩案」中，蘇東坡受到牽連，被貶到黃州。他弟弟蘇轍曾經說過一句話：「東坡何罪？獨以名太高。」他太出色、太出眾，能把四周的筆墨比得十分寒磣，能把同代的文人比得有點狼狽，引起一部分人酸溜溜的嫉恨，所以你一拳我一腳地糟踐，這幾乎是不可避免的。

在「烏臺詩案」中，全家人都為他擔心而哭泣，但他卻仍跟妻子開玩笑，讓妻子作一首滑稽詩給他送行。他被貶官黃州，妻子生了一個兒子讓他提詩，他調侃道：「人皆養子望聰明，我被聰明誤一生，唯願孩兒愚且魯，無災無難到公卿」。

蘇東坡被貶黃州為布衣時，決心要為自己建築一個舒適的家。他把精力全用在築水壩，建魚池上，還從鄰居處移樹苗，從老家四川託人找菜種。他在田間地頭似乎忘掉了貶謫在外的煩惱，他像孩子一樣快樂地生活在田間，當得知每一個好消息，如說他們打的井出了水，或是他種的地上冒出針尖般小的綠苗，他會歡喜得像孩子般跳起來。他看著稻莖立得挺

直，在微風中搖曳，或是望著莖上的露滴在月光之下閃動，如串串的明珠，他感到得意而滿足。他過去是用官家的俸祿養家餬口，現在他才真正知道五穀的香味。他秋末種麥子時，一個好心的農夫來指教他說，麥苗初生之後，不能任其生長，若打算豐收，必須讓牛羊吃去初生的麥苗，等冬盡春來時，再生出的麥苗才能茂盛。等到小麥豐收時，他對那個農夫的指教無限感激。在這種自然的環境中，他的心境逐漸地開朗，開始坦蕩地過起他愜意的日子，漸漸地他能夠以愉快的眼光看待周圍的人，並愉快地與他們相處。

蘇東坡在曲折的人生道路上，能隨遇而安也是和樂觀、開朗的心態分不開的。蘇軾熱愛生活，具有愛人之心。珍視親朋師友之間的情誼，對人生，對美好事物執著追求，至死不渝。蘇東坡的內兄在東坡來到黃州的第一年，曾來此和他們住了一段日子。第二年，弟弟蘇轍的幾個女婿曾輪流來此探望。蘇東坡落魄之時，卻還有當月下老人的閒情逸致，給弟弟物色到一個女婿。他根據子由的詩牽線，居然促成了一樁婚事。

蘇東坡最好的朋友是陳季常，當年蘇東坡少壯時曾和他父親意見不合，終致交惡，但這些並不影響兩人的情誼。陳季常這個朋友，蘇東坡是可以隨便和他開玩笑的。蘇東坡在一首詩裡，開陳季常的玩笑說：「龍丘居士亦可憐，談空說友夜不眠，忽聞河東獅子吼，拄杖落地心茫然。」因為這首詩，在文言裡用「河東獅吼」就表示懼內，而陳季常是怕老婆的丈夫，直到今天，「河東獅吼」還是指悍妻怒語，這個名字也因蘇東坡的這首打趣的詩而千古流傳了。

這位大詩人甚至對烹飪也非常有研究，十分擅於做菜，而且做菜的水準絕非一般，他尤其擅長製作紅燒肉。回贈肉便是蘇軾在徐州期間創製的紅燒肉。宋神宗熙寧十年四月，蘇軾赴任徐州知州。七月七日，黃河在澶州曹村埽一帶決口，至八月二十一日洪水圍困徐州，水位竟高達二丈八尺。蘇軾身先士卒，親荷畚插，率領禁軍武衛營，和全城百姓抗洪築堤保城。經過七十多個晝夜的艱苦奮戰，終於保住了徐州城。全城百姓無不歡欣鼓舞，他們為感謝這位領導有方，與徐州人民齊呼吸、共存亡的好知

州，紛紛殺豬宰羊，擔酒攜菜到府慰勞。蘇軾推辭不掉，收下後親自指點家人製成紅燒肉，又回贈給參加抗洪的百姓。百姓食後，都覺得此肉肥而不膩、酥香味美，一致稱之為「回贈肉」。此後，「回贈肉」就在徐州一帶流傳，並成徐州傳統名菜。他組織民工疏濬西湖，築堤建橋，使西湖舊貌變新顏。杭州的老百姓很感謝蘇軾做的這件好事，人人都誇他是個賢明的父母官。聽說他在徐州、黃州時最喜歡吃豬肉，於是到過年的時候，大家就抬豬擔酒來給他拜年。蘇軾收到後，便指點家人將肉切成方塊，燒得紅酥酥的，然後分送給參加疏濬西湖的民工們吃，大家吃後無不稱奇，把他送來的肉都親切地稱為「東坡肉」。

　　面對人生諸多的無奈，蘇東坡經歷了一次整體意義上的脫胎換骨，也使他的藝術才情獲得了歷練和昇華，他真正地成熟了──與古往今來許多名人一樣，成熟於一場災難之後的奮起，成熟於滅寂後的再生，成熟於窮鄉僻壤，成熟於幾乎沒有人在他身邊的時刻。蘇東坡甚至覺得，如果一生能夠這樣平靜地生活在田間，未嘗不是一件快樂的事情。

　　元豐三年二月一日，蘇東坡再次被貶到黃州任團練副使。他依舊重新開始自己開荒種地，怡然自得地生活，把自己稱作「東坡居士」，這也就是「蘇東坡」的由來。蘇東坡認為在黃州豬肉極賤，可惜「富者不肯吃，貧者不解煮」，他頗引為憾事。他告訴人一個燉豬肉的方法，極為簡單。就是用很少的水煮開之後，用文火燉上數小時，當然要放醬油。他做魚的方法也頗有創意。先選一條鯉魚，用冷水洗，擦上點鹽，裡面塞入白菜心；然後放在煎鍋裡，放幾根蔥，不用翻動，一直煎，半熟時，放幾片生薑，再澆上一點鹹蘿蔔汁和一點酒；快要好時，放上幾片橘子皮，趁熱端到桌上吃。

　　他還發明了一種青菜湯，就叫做東坡湯。這原本是窮人吃的，他推薦給和尚吃。方法就是用兩層鍋，米飯在菜湯上蒸，飯菜同時全熟。下面的湯裡有白菜、蘿蔔、油菜心、芥菜，下鍋之前要仔細洗好，放點薑。在古時候，湯裡照例要放進些生米。在青菜已經煮得沒有生味之後，蒸的米飯就放入另一個漏鍋裡，但要留心莫使湯碰到米飯，這樣蒸汽才能進得

均勻。

　　善於探究人間美好的東西之人，才有福氣！蘇東坡能夠處處享受快樂滿足，就是因為他對人生持這種豁達的看法。

　　但是厄運並沒有因為蘇東坡的釋然而停止，在你言我語的惡意詆毀中，蘇東坡的罪似乎愈來愈大，於是蘇東坡的貶謫之地越來越偏遠，他被流放到嶺南。當時的嶺南是個蠻荒之地，生活清苦，一年也沒辦法吃到幾次豬肉，唯一的好處便是盛產荔枝。蘇東坡從早到晚，邊看書邊吃荔枝，再苦再累，耳根清淨也就樂得舒服。他不唱歌了，但詩還常寫來寫去，全是關於荔枝。當權的人見到他的詩怒不可遏，貶到嶺南還磨不滅他的精神，乾脆貶到最南邊去吧！於是蘇東坡跨洋過海，到了海南島。

　　晚年貶謫海南，這已是十足的流放。蘇東坡剛到海南之時，思想感情上的確曾經產生過短暫的徬徨與苦悶，但他很快便以他獨特的人生觀打破了這層隔膜。他曾寫到：「吾始至海南，環視天水之際，淒然傷之，曰：何時得出此島耶？已而思之，天地在積水中，九州在瀛海中，中國在少海中，有生孰不在島？念此可以一笑。」這樣的認知假如不以科學的觀點去看，「有生孰不在島者」倒是一個很豁達而深邃的哲學命題。誰都會在煩惱的包圍之中，誰都擺脫不了身處社會中環境的束縛，想要求得解脫，只有對這種與生俱來的現象付諸一笑。這就是蘇東坡在海南島上頓然獲取的哲理啟示。他一再高歌：「他年誰作輿地誌，海南萬里真吾鄉」、「九死南荒吾不恨，茲遊奇絕冠平生」……表現了對流放海南的不悔不怨之情。這樣達觀的態度是歷代被流放海南的眾多政客們無法相比的。

　　蘇東坡依舊不忘自嘲調侃，當地無醫無藥，他就告訴朋友說：「每念京師無數人喪生於醫師之手，予頗自慶幸。」這種樂觀精神簡直讓人耳目一新！他出外訪友，遇上急雨，便戴上竹笠，穿木屐，惹得群兒爭笑，村犬爭吠；他依然不改其樂，覺得九州之外皆環海，也不過是一個大島罷了，沒有什麼優劣。每天他高興地大吃荔枝三百顆，沒事在三岔路口數著來往行人。出門不怕迷路，因為家在牛欄邊，只要循著牛屎就能找到歸路；他與當地人士閒逛夜市，置酒相邀；他食芋飲水，著書為樂；他行醫

治病，蒐集藥方；他還認真探討佛道二教的「養生」之術，並認真加以體驗、實行⋯⋯就在人們認為「海外炎荒，非人所居」的海南島上，自得其樂的生活。詩酒自娛，不棄平生愛好，人在煩惱苦悶或精神過度緊張的時候，能以另一種愛好轉移注意力，對於健康大有好處。蘇東坡流放海南的三年間，無日不飲酒賦詩，作文寫字。這不僅為我們留下了一筆寶貴的文學遺產，而且也幫助他在窮愁潦倒的情況下，自娛身心，度過難關。他不僅飲酒，還親自釀酒，釀出各種各樣的酒，有一首詩的標題是〈庚辰歲正月十二日，天門冬酒熟，予自漉之，且漉且嘗，遂以大醉，二首〉。所謂的漉，就是用布巾來過濾酒。在海南，除了飲酒賦詩，東坡仍不間斷他的書法藝術，還把它當成娛樂身心，待客會友的活動。閒暇時，自書陶淵明、杜甫、柳宗元等名家的詩文贈送朋友、客人。也有大陸上那些不怕「罪臣」牽連的和尚、道士渡海遠道前來索取他的墨跡。此外，愛郊遊，愛訪友，愛談禪論佛等愛好，東坡在海南一樣也沒丟。在寂寞困頓之中，這些習慣幫了他的大忙，不至於終日憂愁嘆息。當地人也不勢利，對於這樣一位失去了權勢的老人，並不因為從他身上撈不到什麼「油水」而疏遠他，使他總算還有一個可以娛樂自我，修煉身心的環境。

　　海南島炎熱多雨，北方人多不習慣。但東坡經過觀察和分析，終於領悟到，這只是適應的問題。他盡量改變自己原有的生活習慣以適應該地的自然環境。終於他覺得海南的氣候是十分宜人的。「海南無夏」，「四時皆似夏，一雨即成秋」等是他的評價。對氣候是如此，對飲食，東坡也努力適應，對過去一聽到就想吐的東西也開始品嚐了，還稱讚「色味香皆奇絕」。在殘酷的迫害面前，他信奉佛道「齊生死，等榮辱」的觀念，在旁人看來無法忍受的「炎荒」生活中，闖出了自己安然閒適的新境界。他依舊像在別處一樣，更加的深入到生活的底層，與普通老百姓建立了深厚的感情，融化在普通群眾之中，因而感到了生活中各種質樸純真的樂趣。他宣言「我本儋耳人，寄生西蜀州」，所以不僅環境相宜，人情更是珍貴。人們幫他蓋房子，分給他豬肉，送給他蔬果⋯⋯這種自然環境與社會環境的和諧統一，使逆境中的東坡終於安然無恙，熬過了三年的謫居生活。

沒有這種樂觀的心態，在那個遠離家鄉遠離親人的孤獨小島上，蘇東坡可能早就駕鶴西歸了。

當然蘇東坡最快樂就是寫作之時。蘇東坡覺得他勞而有獲，心中歡喜，他寫出：「某現在東坡種稻，勞苦之中亦自有其樂。有屋五間，果菜十數畦，桑百餘本。身耕妻蠶，聊以卒歲也」的詩句。不管怎麼說，能使讀者快樂，的確是蘇東坡作品的一個特點。蘇東坡曾寫信給朋友說：「我一生之至樂在執筆為文之時。心中錯綜複雜之情思，我筆皆可暢達之。我自謂人生之樂，未有過於此者也。」蘇東坡的文字使讀者的感受亦暢快如此。歐陽修說，每逢他收到蘇東坡新寫的一篇文章他就歡樂終日。雖然貶謫在外，但是蘇東坡的詩詞仍然流傳很廣，似乎沒有受到地域的阻隔。就連遠在京城的宋神宗仍然能夠經常看到蘇東坡的詩詞，宋神宗身邊的一位侍臣告訴人說，每逢皇帝陛下舉箸不食時，必然是在看蘇東坡的文章。即使在蘇東坡貶謫在外的時候，只要有他這新作的詩到達宮中，神宗皇帝必當諸大臣之面感嘆讚美之。

在蘇東坡積極樂觀的心態裡，生長出的是一股浩然之氣。人的生活也就是心靈的生活，這種力量形成人的事業及品格。正如蘇東坡在潮州韓文公廟碑中所說：「浩然之氣，不依形而立，不恃力而行，不待生而存，不隨死而亡矣。故在天為星辰，在地為河嶽，幽則為鬼神，而明則復為人。此理之常，無足怪者。」

雖然一生仕途坎坷，被流放蠻荒之地生活貧困，甚至被嚴刑拷打、幾乎喪命，蘇東坡依然自得其樂，微笑接受，不改他頑皮、快樂的天性。他童心不老，蘇轍說他晚年寫詩：「精深華妙，不見老人衰敗之氣。」因為他以心態上的年輕，抵消了生理上的衰老；他心源不死，因此，生活之水長流；他才華卓著，根本不用去忌妒別人，所以，他從不因妒火中燒而傷神；他胸懷寬廣坦蕩，宰相肚裡能撐船，對一切得失、榮辱都視同兒戲，一笑置之，所以人們都非常喜愛他。他的積極樂觀心態影響到創作，所以，看他的作品都感到了一種曠達豪邁之感。蘇軾博學百家，善於旁徵博引，並不為一家之見所障目，而是取眾家之所長，化為己用。他的樂觀心

態又幫助他揚棄眾學之糟粕，所以，積極樂觀精神在他身上得到充分表現，使他成為獨異於眾的，在厄運面前亦能引吭高歌的樂天派詩人。林語堂先生稱他是「一個快樂的天才」，或許就是這樣樂天、幽默的性格，使他成為無可替代的蘇東坡吧！

強者的思想與心靈，不過在這個人間世上偶然呈現，曇花一現而已。蘇東坡已死，他的名字只是一個記憶。但是他留給我們的，是他那心靈的喜悅，是他那思想的快樂，這才是萬古不朽的。

第十一章
不顯山露水，惜銳利鋒芒

聰明過露者德薄，才華太盛者福淺。—— 傅昭

自高者處危，自大者勢孤，自滿者必溢。—— 傅昭

大賢虎變愚不測，當年顧似平常人。—— 李白

性有巧拙，可以伏藏。——《陰符經》

是故德高者愈益偃伏，才俊者尤忌表露，可以藏身遠禍也。
—— 呂坤

在一般人的眼裡，強者就是那些總是站在聚光燈下高談闊論的人，強者就是那些活躍於擂臺上技壓群雄的人。總之，強者的一言一行，皆應盡顯高明出眾。其實，這種人並非真正的強者。

鷹是天空的霸主，虎是陸地的國王。牠們皆是動物世界當之無愧的強者，但牠們並非處處將自己的強大顯露無遺。鷹立如睡，虎行似病，不但絲毫不妨礙牠們成為強者，還替牠們成為強者增添了不同的風貌。

唐朝詩人李白有一句耐人尋味的詩，叫「大賢虎變愚不識，當年頗似尋常人」。詩中之「大賢」指的是姜子牙，「虎變」語出《易經・革》之「大人虎變」，意為虎身上花紋的變化，比喻有雄才大略之人行動變化莫測。像姜子牙這樣的大賢，當年也像平常人一樣不顯山不露水。可見，即使是強者，必要的場合也要有猛虎仗林、蛟龍沉潭那樣的伸屈變化之胸懷，讓人難預測，而自己則可在此其間從容行事。

元末的朱元璋在攻占了南京後，因為群雄並峙，為了避免成為眾矢之的，他採用耆老朱升的建議，以「高築牆，廣積糧，緩稱王」的策略贏得了各個擊破的時間與力量，在眾人的眼皮底下暗度陳倉，最後吞併群雄當上了大明皇帝。

事成於密，敗於疏，做到在眾人眼皮底下暗度陳倉，正是強者為人處世的上乘功夫。

適度抬高他人

有道是：休長他人志氣，滅自家威風。這話在特定的情景下有一定道理。但在大多數情況下，抬高他人，長長他人的志氣，是一種既保護自己又和諧人際關係的小技巧。

英國大文豪蕭伯納（George Bernard Shaw）贏得了很多人的尊敬和仰慕。據說他從小就很聰明，且言語幽默，但是年輕時的他特別喜歡嶄露鋒芒，說話尖酸刻薄，誰要是跟他對一次話，便會有受到奚落之感。後來，

一位老朋友私下對他說：「你現在常常出語幽他人之默，非常風趣可喜，但是大家都覺得，如果你不在場，他們會更快樂。因為他們比不上你，有你在，大家便不再開口了。你的才能確實比他們略勝一籌，但這麼一來，朋友將逐漸離開你。這對你又有什麼益處呢？」老朋友的這番話使蕭伯納如夢初醒。

有些人雖然思路敏捷，口若懸河，但他並不受歡迎，為什麼？因為他的表現狂妄，令人不舒服，導致他人心裡對其產生排斥感。這種人多數都是因為喜歡表現自己，總想讓別人知道自己很有能力，處處想顯示自己的優越感，從而能獲得他人的敬佩和認可。但結果卻往往適得其反，反而失掉了在他人心中的威信。

在心理交往的世界裡，那些謙讓而豁達的人們總能贏得更多的朋友；相反，那些妄自尊大、高看自己小看別人的人總會引起別人的反感，最終在交往中使自己走到孤立無援的地步。呂坤在《呻吟語》中說：「氣忌盛，心忌滿，才忌露。」把心滿氣盛、賣弄才華視為待人處世的大忌。

在交往中，任何人都希望能得到別人的肯定性評價，都在不自覺地強烈維護著自己的形象和尊嚴。如果他的談話對手過分地顯示出高人一等的優越感，那麼無形之中就是對他自尊和自信的一種挑戰與輕視，排斥心理乃至敵意也就不自覺地產生了。

因為當我們的朋友表現得比我們優越時，他們就有了一種重要人物的感覺，但是當我們表現得比他還優越時，他們就會在心裡產生自卑感，由羨慕而生嫉妒。

聰明的有錢人，絕不會和別人大談他優越的生活，他會談他創業的坎坷，或者談對方擅長的話題。例如，當他碰上作家時可能會說：「真羨慕您，我童年時就夢想成為一個作家，年輕時我怎麼努力也沒有敲開文學的大門。」

強者身處高位不自傲，身處低位不自卑。處身高位時，盡量拿自己的短處來和他人的長處相比；身處低位時，讚美他人卻不至於諂媚。此謂之適度。

聰明卻不張揚

　　《孟子·盡心章句下》中記載：盆成括做了官，孟子斷言他的死期到了。盆成括果然被殺了。孟子的學生問孟子如何知道盆成括必死無疑，孟子說：盆成括這個人有點小聰明，但卻不懂得君子的大道。這樣，小聰明也就足以傷害他自身了。小聰明不能稱為智，充其量只是知道一些小道末技。小道末技可以讓人逞一時之能，但最終會禍及自身。《紅樓夢》中的王熙鳳，機關算盡太聰明，反誤了卿卿性命，聰明反被聰明誤就是這個意思。只有大智才能使人伸展自如，只有大智才是人生的依憑。

　　生怕別人不知道自己聰明的人，只能算是精明人。而「古今得禍，精明人十居其九」。為什麼精明人的下場如此不堪呢？

　　太精明的人往往工於心計，善於撥弄自己的小算盤，卻不願推己及人為別人著想。事實上，人與人之間的利益存在著不少交集，交集的部分屬於你也可以屬於對方，你若全部算計著給了自己，誰會那麼寬宏大量？這種情況之下，比你更精明的人一定會反過來算計你，令你「算來算去算自己」。和你同等精明的人也不甘示弱，和你鬥法，鹿死誰手暫時不談，讓你搞得身心俱疲。而不如你或不屑於精明的人，他們中了你的算計，惹不起就躲你，勞心勞力，遍體鱗傷，眾叛親離——這種下場和你所得到的利益相比，孰重孰輕，不言自明。

　　其次，太精明的人通常也是一個斤斤計較的人，總是糾結於雞毛蒜皮的小事，看重「小利」而忽視「大利」，斤斤計較卻不知輕重，機關算盡而本末倒置。為了眼前的一塊錢，錯失將來的 100 塊錢，這難道不是最愚蠢的嗎？

　　再者，太精明的人會過的很累。他們總是處處擔心、事事設防、時時警惕、小心翼翼的過日子。別人很隨意說的一句話，做的一件事，也許沒有什麼目的，但過於精明的人就會敏感地「察覺」出什麼。等到晚上回到家裡，躺在床上也要反覆思索，生怕別人有什麼陰謀會使他吃虧。這樣，他在處理人際關係上就顯得不誠實，不大方，甚至很做作。

時代大政治家呂坤以他豐富的閱歷和對歷史人生的深刻洞察，寫出了《吟呻語》這一千古處世奇書。書中說了一段十分精闢的話：「精明也要十分，只需藏在渾厚裡作用。古今得禍，精明者十居其九，未有渾厚而得禍者。今人之唯恐精明不至，乃所以為愚也。」

這就是說，聰明是一筆財富，關鍵在於使用。財富可以使人過得很好，也可以將人毀掉。凡事總有兩面，好的和壞的，有利的和不利的。真正聰明的人會使用自己的聰明，那主要是深藏不露，或者不到刀刃上、不到火候時不要輕易使用，一定要貌似渾厚，讓人家不眼紅你。一味耍小聰明，其實是笨蛋。因為那往往是招災惹禍的根源。無論是從政，是經商，是做學問，還是治家務農，都不能耍小聰明，給人以精明的形象。

不要有小聰明，要有大智慧。只有大智才是人生的依憑，只有大智才能使人伸展自如。那麼究竟要怎樣才稱得大智？蘇東坡在《賀歐陽少師致仕啟》中，認為「大智若愚」。而在他提出「大智若愚」觀點之前的1,500多年前，老子早就有過類似的看法。在《老子》第四十五章中，我們可以看到「大直若屈，大巧若拙，大辯若訥」的表述。

強者，就是那種大智若愚的人。他們看上去憨厚敦和，平易近人，虛懷若谷，不好張揚，甚至有點木訥，有些遲鈍，有些迂腐。他們看透而不說透，知根卻不亮底，才華在內，混沌在外。

難怪古時候的聖人君子一旦背負了聰明的名聲，唯恐避之不及。而現在的很多人都喜歡將聰明放在臉上。其實這應該說是一種不明智的表現，真正聰明的人是不會表現出來的。他們形成了一種智慧，這種智慧的前提就在於他們明白人們不會認可聰明人。他們明白一個團體就是害怕有人聰明過頭。一個團體難免會有一些矛盾，也難免會有些摩擦。當矛盾和摩擦出現的時候，人們最先懷疑的就是那些急於表現的聰明人。似乎團體中只有聰明人是最陰險的，因為他們過於聰明，那些「聰明的意見」就可能製造出矛盾和摩擦。

「大智若愚」的強者雖說是大智大勇的人，總是含而不露，絕無虛狂

驕傲之氣，修養達到了很高的境界。成語「木雞養到」說的也是這個意思。據《莊子‧達生》記載，春秋時期齊王請紀渻子訓練鬥雞。才養了十天，齊王催問道：「訓練成了嗎？」紀渻子說：「不行，牠一看見別的雞，或聽到別的雞一叫，就躍躍欲試，不夠沉著。」又過了十天，齊王又問道：「現在該成了吧？」紀渻子說：「不成，牠心神不寧，火氣還沒有消除。」又過了十天，齊王又問道：「怎麼樣？難道還是不成嗎？」紀渻子說：「現在差不多了，驕氣沒有了，心神也安定了；雖有別的雞叫，牠也好像沒聽到似的，毫無反應，不論遇到什麼突發狀況，都不動不驚，看起來真像隻木雞一樣。這樣的鬥雞，才算是訓練到家了，別的雞一看見牠，準會轉身認輸，鬥都不敢鬥。」果然，這隻雞後來每鬥必勝。後人稱頌涵養高深，態度穩重，大智若愚的人，就用「木雞養到」來形容。唐代詩人張祐在〈送韋正字赴制舉〉一詩中就曾經寫道：「木雞方備德，金馬正求賢」，稱頌韋正字品德修養和學識高深。

　　備受古人推崇的「木雞」，在今天卻被大多數人棄如敝帚。浮躁的空氣瀰漫在各個角落，虛榮的塵土矇蔽了許多眼睛。在我們的周圍，不凡有把一分才能當成十分使、把一分才能當成百分吹的人，他們喜歡招搖過市，把自己擅長的技能在眾人面前顯示，以此招攬別人的羨慕與寵愛。他們唯恐別人不知道自己的小聰明與小技能，也懼怕被別人當作傻瓜，才會上演一幕幕引火燒身的悲劇。

　　沒有本事的人，要達到自己的目的，就只能耍小聰明或鋒芒畢露，虛張聲勢。然而，真正的強者是沒有虛榮心的。他們不計較一時的得失，不管吃多大的虧都是樂呵呵的，看其外表，恰似愚人一樣。

　　智與愚，在現實人生中其深奧處須久經世事後方能體悟。所謂「樹大招風」，「人怕成名豬怕肥」，拋棄其消極態度，這些話的確自有洞察事物的智慧包蘊其中。

出頭從不勉強

在秦始皇陵兵馬俑博物館，一尊被稱為「鎮館之寶」的跪射俑前總是有許多觀賞者駐足，他們為跪射俑的姿態和寓意而感嘆。導遊介紹說，跪射俑可謂兵馬俑中的精華，是古代雕塑藝術的傑作。

仔細觀察這尊跪射俑：它身穿交領右衽齊膝長衣，外披黑色鎧甲，脛著護腿，足穿方口齊頭翹尖履。頭綰圓形髮髻。左腿蹲曲，右膝跪地，右足豎起，足尖抵地。上身微左側，雙目炯炯，凝視左前方。兩手在身體右側一上一下做持弓弩狀。據介紹：跪射的姿態古稱之為坐姿。坐姿與立姿是弓弩射擊的兩種基本動作。坐姿射擊時重心穩，省力，便於瞄準，同時目標小，是防守或設伏時比較理想的一種射擊姿勢。秦兵馬俑坑至今已經出土清理各種陶俑一千多尊，除跪射俑外，皆有不同程度的損壞，需要人工修復。而這尊跪射俑是保存最完整和唯一一尊未經人工修復的兵馬俑，仔細觀察，就連衣紋、髮線都還清晰可見。

跪射俑何以能保存得如此完整？導遊說，這得益於它的低姿態。首先，跪射俑身高只有 1.2 公尺，而普通立姿兵馬俑的身高都在 1.8～1.97 公尺之間。天塌下來有高個子頂著，兵馬俑坑都是地下坑道式土木結構建築，當棚頂塌陷、土木俱下時，高大的立姿俑首當其衝，而低姿的跪射俑受損害就小一些。其次，跪射俑做蹲跪姿，右膝、右足、左足三個支點呈等腰三角形支撐著上體，重心在下，增強了穩定性，與兩足站立的立姿俑相比，更不容易傾倒而破碎。因此：在經歷了兩千多年的歲月風霜後，它依然能完整地呈現在我們面前。

我們可以想像，即使是在活生生的戰場上，跪射也比站立者的生存機會大得多。這個跪射俑身上，我們不妨反思一下自己為人處世的姿態是否過高？是否有勉強出頭的衝動？

我們每天忙碌奔走，都希望自己能夠有一天出人頭地。想出人頭地並不是什麼錯，一個對自己有事業心的人、一個對家人有責任感的人，都

有一種出人頭地的慾望，只不過有些人隱藏得深一點，有些人隱藏得淺一點。

做人做事，我們要出頭，但不可強出頭。所謂「強出頭」，「強」有兩層意思。

第一，「強」是指「勉強」。也就是說，本來自己的能耐不夠，卻偏偏要勉強去做。當然，我們承認一個人要有挑戰困難的決心與毅力，但挑戰一定要有尺度。明知山有虎，偏向虎山行，如果沒有一定的能耐，何必去送死？如果一定要打虎，先練練功夫才是最明智的選擇。失敗固然是成功之母，但我們不是為了成功而去追求失敗。自不量力的失敗，不僅會折損自己的壯志，也會惹來一些嘲笑。

第二，「強」是指「強行」。也就是說，自己雖然有足夠的能力，可是客觀環境卻還未成熟。所謂「客觀環境」是指「大勢」和「人勢」，「大勢」是大環境的條件，「人勢」是周圍人對你支持的程度。「大勢」如果不合，以本身的能力強行「出頭」，不無成功機會，但會多花很多力氣；「人勢」若無，想強行「出頭」，必會遭到別人的打壓排擠，也會傷害到別人。

一般來說，越是有能力的人，越喜歡出頭。三國時期，群雄四起。第一個大張旗鼓跳出來的人是袁術。袁術最大的一個失策是不應該率先稱帝。在亂世之下，大家都想當皇帝，又都不敢帶頭，袁術迫不及待地，終於成為了出頭椽子。在群雄割據、勢力相當的情況下，誰起這個頭，誰就會成為眾矢之的。袁紹他們懂得這個道理，因此儘管心裡癢癢的，也只好忍住。曹操本來是最有資本稱帝的，孫權一度力勸他稱帝，他一眼看穿孫權的詭計。袁術卻不懂。他以為只要他一搶先，便占了上風，別人也就無可奈何。結果是用血的教訓為「出頭椽子最先爛」作了一個令人信服的注腳。

其實，在袁術剛起稱帝念頭時，就有不少人勸他不要去搶這頂獨有其名的皇冠，帶上容易取下難。與他關係好一點的，沛相陳珪不贊成，

下屬閻象和張範、張承兄弟不贊成。閻象說:「當年周文王『三分天下有其二』,尚且臣服於殷。明公比不上周文王,漢帝也不是殷紂王,怎麼可以取而代之?」張承則說:「能不能取天下,『在德不在眾』。如果眾望所歸、天下擁戴,便是一介匹夫,也可成就王道霸業。」可惜這些忠言逆耳,袁術全都當成了耳邊風。

袁術一宣布稱帝,曹操、劉備、呂布、孫策四路人馬殺向壽春城,大敗袁術。袁術逃往汝南,繼續作皇帝。後來,在汝南實在是呆不下去了,袁術只得北上投奔庶吏袁紹。不想在半路途中被向曹操借兵的劉備擊潰。逃離壽春後,在《三國志·袁術傳》裴松之注引《吳書》中有這樣的文字記載:「問廚下,尚有麥屑三十斛。時盛暑,欲得蜜漿,又無蜜。坐櫺床上,嘆息良久,乃大咤曰:『袁術至於此乎!』因頓伏床下,嘔血斗餘而死。」其大意為:(沒有了糧食)袁術詢問廚子,回答說只有麥麩三十斛。廚子將麥麩做好端來,袁術卻怎麼也嚥不下。其時正當六月,烈日炎炎,酷暑難當。袁術想喝一口蜜漿也不能如願。袁術獨自坐在床上,嘆息良久,突然慘叫一聲說:我袁術怎麼會落到這個地步啊!喊完,倒伏床下,吐血而死。

袁術算不上一個強者,他只是一個外強中乾的人。相比袁術而言,明朝的開國皇帝朱元璋就要實際多了。當他起兵攻打下現在的南京後,採納了謀士朱升的建議:「高築牆、廣積糧、緩稱王」。高築牆是做好預防工作,不讓別人來進攻自己;廣積糧是做好準備工作,準備好兵、馬、錢、糧;緩稱王是做好輿論工作,不讓自己成為別人攻擊的目標。這個九字真經,可以說是朱元璋成就帝業之本。

朱元璋的不出頭,實質上也是為了出頭。時代在進步,當今的人與人之間雖然沒有了古時那麼多的鉤心鬥角,但因「出頭」的慾望還是沒有改變,「強出頭」而導致的被動的局面也屢見不鮮。因此,在出頭之前,請你不妨評估一下自己的實力,盤算一下機會,觀察一下環境。力不從心莫勉強,時機不成熟莫勉強,環境不利莫勉強。

藏巧還須藏拙

有道是：蛟龍未遇，潛身於魚蝦之間；君子失時，拱手於小人之下。在很多情況下，實力並不與地位和發展成純粹的正比關係，這時就需要有效地把自己的實力和意圖隱蔽起來，等待機會，即韜光養晦。所謂「韜」原意是指劍和弓的外套，韜光養晦是說故意將才華掩蓋起來，收斂鋒芒，使別人不注意自己。

韜光養晦有時是為了麻痺對手，使他驕傲輕敵，以為自己軟弱無能，然後趁其不備而攻殺之；有時是為轉移對手的注意力，把他引向東邊，而自己卻在西邊出擊。

所以，為了有效地打擊對手，首先要有效地隱蔽自己、保護自己，也就是要做出假象來迷惑敵人，讓他朝著自己希望的方向去行動。我強時，不急於攻取，須以恭維的言辭和豐厚之禮示弱，使其驕傲，待其暴露缺點、有機可乘時再擊破之。

韜光養晦的智謀有幾種：委婉和順但不因循，稱作委蛇；隱藏起來不顯露，稱作藏鋒；欺騙敵人，使自己不受損失，稱作權奇。若不婉順，那麼事情就受阻；若不隱藏，就有危險出現；若不欺騙，就可能被敵人消滅。

北宋丁謂任宰相時期，把持朝政，不讓同僚在退朝後單獨留下來向皇上奏事。只有王曾非常乖順，從沒有違背他的意圖。

一天王曾對丁謂說：「我沒有兒子，老來感覺孤苦，想要把親弟弟的一個兒子過繼來為我傳宗接代。我想當面乞求皇上的恩澤，又不敢在退朝後留下來向皇上啟奏。」

丁謂說：「就按照你說的那樣去辦吧！」

王曾趁機單獨拜見皇上，迅速提交了一卷文書，同時揭發了丁謂的行為。丁謂剛起身走開幾步就非常後悔，但是已經晚了。沒過幾天，宋仁宗上朝，丁謂就被貶到崖州去了。

　　王曾能順服丁謂的要求，而終於實現揭發丁謂的目的，不能不依賴韜光養晦之功。

　　《陰符經》說：「性有巧拙，可以伏藏。」它告訴我們，善於伏藏是事業成功和克敵制勝的關鍵。一個不懂得伏藏的人，即使能力再強，智商再高，也難戰勝敵人。

　　伏藏的內容又可分為兩層：一是「藏巧」，一個人過於顯露出自己高於一般人的才智，往往會使自己不利，甚至招來外力的攻擊。一是「藏拙」，藏住自己的弱點，不給對方乘虛而入的機會，露出自己的長處，給對方以有力的威懾。

　　關於「藏巧」，我們已經說了不少了，如「大智若愚」、「韜光養晦」。現在我們重點談談「藏拙」。

　　《增廣賢文》中有句話：「害人之心不可有，防人之心不可無。」用現代人的觀點來看，恐怕可以這樣來理解：人人在其工作、謀生的圈子裡都有可能遇到種種「陷阱」，而這些「陷阱」足以挫敗人的成功熱情。特別是在某些行業，表面稱兄道弟、互相幫助，暗地裡互相拆臺，搞小動作的現象層出不窮。雖然我們未必會成為設「陷阱」的人，但是如果要做贏家，就必須連別人的想法也考慮進去，以防可能會出現的麻煩。

　　的確，「害人之心不可有」，因為害人會有法律和道德上的問題，而且也會引發對方的報復；如果你本來是「好人」，害了人反而會引起良心上的愧疚，實際上對自己的傷害更大。然而，在社會上光是不害人還不夠，還得有防人之心。

　　《孫子兵法・形篇》中說：「善守者，藏於九地之下。」意思是說，善於防守的人，像藏於深不可測的地下一樣，使敵人無形可窺。在現實中，正人君子有之，奸佞小人有之；既有坦途，也有暗礁。在複雜的環境下，將自己暴露在壕溝外的人，有時會連開槍者都不知道是誰就倒下了。因此，說話小心些，為人謹慎些，守住自己「命門」的祕密，牢牢地掌握人生的主動權，無疑是有益的。況且，一個毫無城府、喋喋不休的人，會顯得淺薄俗氣，缺乏涵養而不受歡迎。

善用擬態保護

一個偉大的人出生之後，後人總喜歡附會一些「異相」，或天降祥雲，或地動山搖，似乎偉人天生就應該與眾不同。偉人也好，強者也罷，他們其實並非處處彰顯自己的與眾不同。他們更懂得入鄉隨俗，更懂得與周圍環境協調。他們只在該顯露時顯露，在不該顯露自己時，他們和平常人看上去沒有什麼區別。

有這樣一件趣事。在美國紐約的一個既髒又亂的候車室裡，靠門的座位上坐著一個滿臉疲憊的老人，背上的塵土及鞋子上的汙泥說明他走了很多的路。列車進站，開始檢票了，老人不疾不徐地站起來，準備往檢票口走。忽然，候車室外走來一個胖太太，她提著一個很大的箱子，顯然也要趕這趟列車，但箱子太重，累得她氣喘吁吁。胖太太看到了那個老人，對他大喊：「喂，老頭，你幫我提一下箱子，我給你小費。」那個老人想都沒想，接過箱子就和胖太太朝檢票口走去。

他們剛剛檢票上車，火車就開動了。胖太太抹了一把汗，慶幸地說：「多虧有你，不然我一定會耽誤這趟車程。」說著，她掏出一美元遞給那個老人，老人微笑著接過。這時列車長走了過來，對那個老人說：「洛克斐勒先生，你好。歡迎你乘坐本次列車。請問我能為你做點什麼嗎？」「謝謝，不用了，我只是剛剛做了一個為期三天的徒步旅行，現在我要回紐約總部。」老人客氣地回答。

「什麼？洛克斐勒？」胖太太驚叫起來，「上帝，我竟讓著名的石油大王洛克斐勒先生幫我提箱子，還給了他一美元小費，我這是在做什麼啊？」她急忙向洛克斐勒道歉，並誠惶誠恐地請洛克斐勒把那一美元小費退給她。

「太太，你不用道歉，你根本沒有做錯什麼。」洛克斐勒微笑著說，「這一美元是我賺的，所以我收下了。」說著，洛克斐勒把那一美元鄭重地放在口袋裡。

洛克斐勒低調的「平民作風」，是一種極佳的「保護色」。在動物世

界裡，「擬態」和「保護色」是很重要的生存法寶。「擬態」是指動物或昆蟲的形狀和周圍的環境很相似，讓人分辨不出來。例如有一種枯葉蝶，當牠停在樹枝上時，褐色的身體就像一片枯葉一樣，如不細看，根本發現不了牠。「保護色」是指動物身體的顏色和周圍環境的顏色接近，當牠在這個環境裡時，天敵便不容易找到牠。比如蚱蜢愛吃農作物，牠的身體是綠色的，這顏色便是牠的保護色。

因為有「擬態」和「保護色」，大自然的各種生物才能代代繁衍，維持基本的生存空間。而一般來說，具有擬態的生物往往兼有保護色，其生存條件較只具保護色的生物要好。

在人的世界裡，也存在「擬態」和「保護色」。最具體的例子便是間諜，從事這種工作的人要隱藏自己的身分，並且要避免被人識破，他們所使用的「擬態」和「保護色」就是在角色扮演上盡量和周圍人接近，讓人分不出他是「外來者」。所以間諜執行任務時，都要先模擬當地人的生活習慣，穿當地人的衣服，說當地人的話，吃當地的食物，研究當地的歷史、民俗，為的是把自己「變成」那裡的人。這是人類對「擬態」和「保護色」的運用。

我們不是間諜，也不太可能有機會當間諜，可是在生活中，你有必要對「擬態」和「保護色」有所了解，並且好好運用。尤其當你和周圍環境相比較呈現明顯的差異時，你最好先「假裝」溶入這個大團體再說。

例如初到一個新單位，應盡量入境隨俗，認同這個單位的文化，隨著這個單位的脈搏跳動和呼吸。也就是說，遵守這個單位的「規矩」和價值觀念。就是說要尋找「保護色」，避免自己成為與周圍環境格格不入的另類人物，否則會造成別人對你的排斥和排擠。如果你鶴立雞群，特立獨行，自以為是，那麼你在工作中處處受掣肘的感覺就會相伴而生。當你的顏色和周圍環境取得協調後，你也就成為這個環境中的一分子而達到「擬態」的效果了。

「擬態」的特色之一是靜止不動。有保護色，又靜止不動，那麼誰都

不會注意你，你也就能免遭許多麻煩。因此在社會生活中，你為了避免不必要的災禍，必須嚴守「靜止不動」的原則，也就是說，不亂發議論，不顯露你的企圖，不拉幫結派，好讓人對你「視而不見」，那麼你就可以把危險降到最低程度。

　　值得指出的是：我們所謂的「擬態」保護，並非鼓勵你與周圍的人同流合汙，「擬態」要建立在合乎法律與道德的基礎之上。也就是，「擬態」是有原則、有底線的，「擬態」在外，實質在內，這和「大智若愚」的道理有些相似。

看準出手時機

　　一個人若無能，那就是庸才。所以，人有能並不是一件壞事。對於不少人來說，有能不逞如同「衣錦夜行」，實在心有不甘。然而，能若是用來逞，則易釀成大禍。能力如刀鋒之芒，而你就像一個擁有利刃的刀客，若經常抽刀出鞘，即使不傷別人樹敵、不害自己受傷，也會導致寶刀變鈍。

　　那麼，一個人是否就應該將能力深藏呢？－否也。利刃最大的價值是出鞘，能力的鋒芒若永久深藏，與沒有能力的庸才又有什麼差別？

　　因此，我們說：能力要露，但不能「逞」。在適當的時候與場合顯露出自己的能力，讓周圍的人看到意氣風發的你、能力超卓的你，你會贏得來自周圍的信任與信服，並擁有更多發展的機會。特別是身處在這個高效率、快節奏、強競爭的社會，你默默無聞，很快就會被貼上庸才的標籤而得不到重用。至於什麼「三年不鳴，一鳴驚人」，那是過去式了；你三年不鳴，公司如果沒有把你炒魷魚，就是把你放在一個平庸低級的職位—— 在一個狹窄的舞臺，你如何演出一場一鳴驚人的大戲？

　　新時代的人，大都有些知識與才能，也知道努力推銷自己、表現自己，以博得個好價錢。他們的缺點一般不是「鋒芒不露」，而是「鋒芒畢露」式的逞能。我們經常看到一些人，有十分的才能，就要十二分地表現

出來。生怕別人不知道，還要十三分地說出來。他們往往有著充沛的精力，很高的熱情以及一定的能力。他們說起話來咄咄逼人，做起事來不留餘地。

一個熱衷於逞能的人，即使是碰上自己沒有把握的事情，也容易因為高估自己的能力、或顧忌面子問題而霸王硬上弓。其結果不用多說，十有八九是把事情搞砸。若是幫自己做事，事情搞砸了的苦酒由自己品嚐；若是替人做事，同事們不僅不會在你危難時候伸出援手，甚至有可能落井下石——因為你的逞能導致你的人際關係不和諧。木秀於林，風必摧之；堆出於岸，流必湍之；行高於人，眾必非之。熱衷於逞能的人終究是成不了氣候的。

能力當然要露，因為能力存在的意義就在於露；但一定要「露」在適當的時機，「露」得其所。

強者在等待顯露能力的時機時，尤其有耐心。耐心是強者克敵制勝的有效武器之一。在政治鬥爭中，需要耐心地等待時機，在激烈的商戰中，同樣需要耐心地等待時機。而一旦時機成熟，就必須毫不遲疑地發展自己，把對手擠垮。

歷代奸相中，大概沒有誰比嚴嵩的影響「更大」了。在他當政二十多年裡，「無他才略，唯一意媚上，竊權罔利」，「帝以剛，嵩以柔；帝以驕，嵩以謹；帝以英察，嵩以樸誠；帝以獨斷，嵩以孤立。」與昏庸的嘉靖帝「競能魚水」。

嚴嵩之所以當政長達二十餘年，與嘉靖帝的昏庸有著十分密切的關係。世宗即位時年僅 15 歲，是一個乳臭未乾的孩子。加之不學無術，在位 45 年，竟有二十多年住在西苑，從來不回宮處理朝政。正因為如此，才使得奸臣有機可乘。事實上，在任何一個國家的任何朝代，昏君之下必有奸臣，這已成了一條規律。

雖然嚴嵩入閣時已年過 60，老朽糊塗。但其子嚴世蕃卻奸猾機靈。他曉暢時務，精通國典，頗能迎合皇帝。故當時有「大丞相、小丞相」之

說。在嚴嵩當政的二十多年裡，朝中官員升遷貶謫，全憑賄賂多寡。所以很多忠臣都被嚴嵩父子加害致死。

為了反對嚴嵩弊政，不少忠臣為此進行了前仆後繼、不屈不撓的鬥爭，也有不少人因此獻出了生命。在對嚴嵩的鬥爭中，徐階造成了決定性的作用。

徐階在起初始終深藏不露，處理朝政既光明正大又善事權術。應該說，在官場角逐中既能韜光養晦，又會出奇制勝，是一位應變能力很強又有謀略的政治家。他的圓滑被剛直的海瑞批評為「甘草國老」。雖然他「調事隨和」，但仍與嚴嵩積怨日深。在形勢對徐階尚不利時，徐階一方面對皇帝更加恭謹，「以冀上憐而寬之」；另一方面，對嚴嵩「陽柔附之，而陰傾之」，雖內藏仇恨，表面上卻做出與嚴嵩「同心」之姿態。為了打消嚴嵩的猜忌，徐階甚至不惜以其長子之女婚許於嚴世蕃之子。

時機終於來了。嘉靖四十年十一月二十五日夜，嘉靖皇帝居住近二十年的西苑永壽宮付之一炬。大火過後，皇帝暫住潮濕的玉熙殿。工部尚書雷禮提出永壽宮「王氣攸鍾」，宜及時修復；而眾公卿卻主張遷回大內，這樣既省錢又可恢復朝政。皇帝問嚴嵩的意見。嚴嵩提出皇帝應暫住南宮 —— 這是明英宗被蒙古瓦剌部也先俘虜放回後景帝將其軟禁的地方。嘉靖當然不願意住在這樣一個「不吉利」的地方。嚴嵩的這個建議鑄成了導致他失寵於嘉靖皇帝並最終垮臺的大錯。

徐階覺得這樣一個千載難逢的好機會，當然不會輕易放過。所以他表現出十分忠誠的樣子，提出儘快修復永壽官，並拿出了具體規畫。次年3月，工程如期竣工，皇帝喜不自禁，從此將寵愛轉移到徐階身上。

為達到置嚴嵩於死地的目的，徐階還利用皇帝信奉道教的特點，設法表明罷黜嚴嵩是神仙玉帝的旨意。他把來自山東的道士藍道行推薦入西苑，為皇帝預告吉凶禍福。不久，便借助偽造的乩語，使嚴嵩被罷官，嚴世蕃被斬。

強者就是這樣，不出手則已，一出手則快、準、狠。就像我們在本章

前所說的鷹立如睡，虎行似病，而一旦展開行動，有雷霆萬鈞之勢，不達目的誓不罷休。

強者登場：李忱

　　唐朝第十六位皇帝李忱（除武則天外），是第十一位皇帝唐憲宗的十三子。李忱自幼笨拙木訥，與同齡的孩子相比似乎略為弱智。隨著年歲的成長，他變得更為沉默寡言。無論是多大的好事還是壞事，李忱都無動於衷。平時遊走宴集，也是一副面無表情的模樣。這樣的人，委實與皇帝的龍椅相距甚遠。當然，與龍椅相距甚遠的李忱，自然也在權力傾軋的刀光劍影中得以保護自己。

　　命運在李忱 36 歲那年出現了轉折。會昌六年（846 年），唐朝第十五位皇帝唐武宗食方士仙丹而暴斃。國不可一日無主，在選繼任皇帝的問題上，得勢的宦官們首先想到的是找一個能力弱的皇帝 —— 這樣，才有利於宦官們繼續獨攬朝政、享受榮華富貴；於是，身為皇太叔的李忱，就在這一背景下被迎回長安，黃袍加身。但李忱登基的那一天，令大明宮裡所有人都驚呆了。在他們面前的，哪是什麼低能兒；簡直就是一個聰明睿智的人。

　　不懷好意的宦官們都被皇帝的不凡氣度所震驚，暗暗後悔選了李忱作為皇帝。唐宣宗李忱登基時，唐朝國勢已很不景氣，藩鎮割據，牛李黨爭，農民起義，朝政腐敗，官吏貪汙，宦官專權，四夷不朝。唐宣宗致力於改變這種狀況，他先貶謫李德裕，結束牛李黨爭。宣宗勤儉治國，體貼百姓，減少賦稅，注重人才選拔，唐朝國勢有所起色，階級矛盾有所緩和，百姓日漸富裕，使暮氣沉沉的晚唐呈現出「中興」的局面。宣宗是唐朝歷代皇帝中一個比較有作為的皇帝，因此被後人稱之為「小太宗」。另外，唐宣宗還趁吐蕃、回紇衰微，派兵收復了河湟之地，平定了吐蕃，名義上打通了絲綢之路。無奈大中年間唐朝已積重難返，國力衰退，社會經濟千瘡百孔，只依靠統治階級枝枝節節的改革已無法改變唐帝國衰敗之勢。大中十三年（859 年），唐宣宗去世，享年 50 歲。謚號聖武獻文孝皇帝。

　　李忱的裝傻功夫可謂爐火純青。他自信沉著地演了 36 年戲，將愚不

可及的形象深入人心，在保全自己的同時，用內智成就了一番偉業。

　　古人云：「鷹立如睡，虎行似病，正是其攫鳥噬人的法術。故君子聰明不露，才華不逞，才有任重道遠的力量。」唐宣宗李忱的人生軌跡，為這句話作了絕佳的注腳。一般說來，人性都是喜直厚而惡機巧的，而胸有大志的人，要達到自己的目的，沒有機巧權變，又絕對不行，尤其是當他所處的環境並不如意時，那就更要既弄機巧權變，又不能為人所厭戒，所以就有了鷹立虎行如睡似病外愚內智的處世方法。

第十二章
能戰勝自己，做人生強者

知人者智，自知者明；勝人者有力，自勝者強。 —— 老子

能勝強敵者，先自勝也。 ——《商君書‧畫策》

莫見乎隱，莫顯乎微，故君子慎其獨也。 —— 孔子

人誰無過，過而能改，善莫大焉。 ——《左傳》

什麼叫「強者」？老子在《道德經》的第三十三章有如下定義：「知人者智，自知者明；勝人者有力，自勝者強。」意思是：了解別人是智慧，了解自己是聖明；戰勝別人是有力量，戰勝自己才是強大。一個能夠戰勝自我的人，沒有什麼不能戰勝的。只有「自勝者」才是真正的強者。

強者所面臨的最大敵人不是命運，不是他人，而是自己本身。在成為強者的路上，倒下了不少聰明絕頂的人、能力超群的人，他們最後沒有成為強者，只源於他們不能戰勝自己內心的欲念。

立身莫為浮名累

誰都不想做默默無聞的星辰去陪襯別人，都想成為醒目、耀眼的太陽和眾星相拜的明月。所以，人們都奔走在求取功名的路上，有的人為了功名甚至不擇手段，為了圖一個虛名而走入歧途。

唐朝著名詩人宋之問有個外甥叫劉希夷，很有才華，是個年輕有為的詩人。一日，劉希夷寫了一首詩，詩名叫〈代悲白頭翁〉，到宋之問家中請宋指點。當劉希夷讀到：「古人無復洛陽東，今人還對落花風。年年歲歲花相似，歲歲年年人不同」時，宋之問情不自禁連連稱好，忙問此詩可曾給他人看過，劉希夷告訴他剛剛寫完，還沒有給別人看。宋之問覺得詩中「年年歲歲花相似，歲歲年年人不同」這兩句寫得非常好，可以憑這兩句而聲震文壇，名垂青史，便要求劉希夷把這兩句詩讓給他。劉希夷說那兩句話是他詩中的詩眼，如果去掉了，那整首詩就索然無味了，因此沒有答應舅舅的要求。

晚上，宋之問睡不著覺，翻來覆去只是念這兩句詩。心中暗想，此詩一面世，便是千古絕唱，名揚天下，一定要想辦法據為己有。於是起了歹意，居然命家僕將親外甥劉希夷活活害死。這真是一起荒唐的殺人案，可見浮名過重之人心理是何等扭曲！

君子好名，小人貪利。客觀地說，求名並非壞事。一個人有名譽感就有了進取的動力；有名譽感的人同時也有羞恥感，不想玷汙了自己的名

聲。但是，什麼事都不能過度，一旦超過了「度」，又不能一時獲取，求名之心太切，有時就容易產生邪念；走歪門邪道。結果名譽沒求來，反倒臭名遠颺，又是何苦呢？

古今中外，為求虛名不擇手段，最終身敗名裂的例子很多，確實發人深思。有的人已小有名聲，但還想名聲大振，於是邪念膨脹，做了不該做的事情，使原有的名氣也遭人懷疑，多麼可悲啊！

在中世紀的義大利，有一個叫尼科洛·塔爾塔利亞（Niccolò Tartaglia）的數學家，在數學擂臺賽上享有「不可戰勝者」的盛譽，他經過自己的苦心鑽研，找到了三次方程式的新解法。這時，有個叫吉羅拉莫·卡爾達諾（Girolamo Cardano）的人找到了他，聲稱自己有上萬項發明，只有三次方程式對他是不解之謎，並為此而痛苦不堪。

善良的塔爾塔利亞被哄騙了，把自己的新發現毫無保留地告訴了他。誰知，幾天後，卡爾達諾以自己的名義發表了一篇論文，闡述了三次方程式的新解法，將成果據為已有。他的做法在某個時期欺瞞了人們，但真相終究還是大白於天下了。現在，卡爾達諾的名字在數學史上已經成了科學騙子的代名詞。

宋之問、卡爾達諾等也並非無能之輩，他們在各自的領域裡都是很有建樹的人。就宋之間來說，即使不奪劉希夷之詩，也已然名揚天下了。糟糕的是，人心不足，欲無止境！俗話說錢迷心竅，豈不知名也能迷住心竅。一旦被迷，就會使原來還有些才華的「聰明人」變得糊裡糊塗，使原來還很清高的人變得既不「清」也不「高」，以致弄巧成拙，美名變成惡名。

其實求名並無過錯，關鍵是不要死盯住不放，盯花了眼。那樣，必然要走向沽名釣譽、欺世盜名之路。

人對名聲的追求，如果超出了限度，超出了理智時，常常會迷失自我，不是你想做什麼就做什麼，而是名聲要你做什麼你就得做什麼。

西元 1900 年代初，法國巴黎舉行過一次十分有趣的小提琴演奏會，

這個滑稽可笑的演奏會，是對追求名聲的人的莫大諷刺。

巴黎有一個水準不高的小提琴演奏家準備開獨奏音樂會，為了出名，他想了一個主意，請喬治‧艾內斯科（George Enescu）為他伴奏。

喬治‧艾內斯科是羅馬尼亞著名作曲、小提琴家、指揮家、鋼琴家——被人們譽為「音樂大師」。大師經不住他的哀求，終於答應了他的要求。並且還請了一位著名鋼琴家臨時幫忙在臺上翻譜。小提琴演奏會如期在音樂廳舉行了。

可是，第二天巴黎有家報紙用了道地法式的俏皮口氣寫道：「昨天晚上進行了一場十分有趣的音樂會，那個應該拉小提琴的人不知道為什麼在彈鋼琴；那個應該彈鋼琴的人卻在翻樂譜；那個頂多只能翻樂譜的人，卻在拉小提琴！」

這個真實的故事告訴世人，一味追求名聲的人，想讓人家看到他的長處，結果人家卻偏偏看到了他的弱點。

德國生命哲學的先驅者阿圖爾‧叔本華（Arthur Schopenhauer）說：「凡是為野心所驅使，不顧自身的興趣與快樂而拚命苦幹的人，多半不會留下不朽的遺作。反而是那些追求真理與美善，避開邪念，公然向惡勢力挑戰並且蔑視它的人，往往得以千古留名。」

西元 1903 年美國發明家萊特兄弟發明了飛機，並首次飛行試驗成功後，名揚全球。一次，有一位記者好不容易找到兄弟兩人，要替他們拍照，弟弟奧維爾‧萊特（Orville Wright）謝絕了記者的請求，他說：「為什麼要讓那麼多的人知道我們的相貌呢？」

當記者要求哥哥威爾伯‧萊特（Wilbur Wright）發表講話時，威爾伯回答道：「先生，你可知道，鸚鵡叫得呱呱響，但是牠卻不能翱翔於藍天。」就這樣，兄弟兩人視榮譽如糞土，不寫自傳，從不接待新聞記者，更不喜歡拋頭露面展現自己。有一次，奧維爾從口袋裡拿手帕時，帶出來一條紅絲帶，姐姐見了問他是什麼東西，他毫不在意地說：「哦，我忘記告訴你了，這是法國政府今天下午發給我的榮譽獎章。」

瑪里‧居禮（Marie Curie）是發現鐳元素的著名科學家，為人類做出了卓越的貢獻，她又是怎樣對待名聲和榮譽的呢？

一天，瑪里‧居禮的女性朋友到她家做客，忽然看見她的小女兒正在玩英國皇家學會剛剛頒發給她的；一枚金質獎章，便大吃一驚，忙問：「瑪麗亞，能夠得到一枚英國皇家學會的獎章，這是極高的榮譽，你怎麼能給孩子玩呢？」瑪里‧居禮笑了笑說：「我是想讓孩子從小就知道，榮譽就像玩具，只能玩玩而已，絕不能永遠守著它，否則就將一事無成。」

諺語云：「名聲躲避追求的人，卻去追求躲避它的人。」這是為什麼？著名哲學家叔本華回答得很好，「這只因前者過分順應世俗，而後者能夠大膽反抗的緣故。」

就名聲本身而言，有好名聲，也有壞名聲，還有不好不壞的名聲。每個人都喜歡好名聲，鄙視壞名聲，這是人之常情。有人稱名聲為人生的第二生命，有人認為名聲的喪失，有如生命的死亡。蒙古族還有一句諺語：寧可折斷骨頭，也不損壞名聲。這些話都是教育人們要維護自己的好名聲，做人就要做個堂堂正正的人，不做那些損壞名聲之事。名聲是一個人追求理想，完善自我的努力過程，但不是人生的目標。一個人如果把追求名聲作為自己的人生目標，處處賣弄自己，顯示自己，就會超出限度和理智，並無形中降低了自己的人格。

「立身莫為浮名累，凡事當作本色真。」這是已故的國學、書畫大師啟功曾寫過的一副對聯。一般來說，有強者之志、有強者之能的人，內心深處的名譽感要比平常人強烈一些。如何戰勝自己內心蟄伏的名譽感，不讓其過度膨脹，是每一個有志成為強者的人所應時時警醒的。

面子不必太看重

魯迅先生在《說「面子」》一文中說過，「每一種身分，就有一種面子」。人們的「面子」觀念往往是與他在社會上的地位、職業相稱的，例

如自古以來，讀書人就不屑於與商人為伍，他們的面子只是與學問連在一起的，而作為商人，他們的面子恐怕也跟「財富」密切相關。人們在心裡都有一種對自我形象的定位，做了與這種形象不相稱的行為，他們就認為「丟臉」了，而若是做了令這種形象光彩的行為，他們就會覺得「很有面子」。

「很有面子」的人貌似強者，他們被大眾所喜歡、尊敬、信任、羨慕，成為結交朋友、吸引他人的一種資源，成為滿足人們的自尊需要、交際需要的重要手段；可以獲得他人的讚揚、羨慕、敬重等，以此滿足自己的榮譽感，滿足自己的虛榮心理；可以說話有人聽，行為有人仿，他們擁有對他人更大的影響力和感染力，可充分滿足自己對權的需要、對他人的支配慾望；可以給自己更大的信心、尊嚴，因而成為自己進一步行動的重要驅動力 …… 由於這些因素的綜合作用，就會促使一些人不顧一切地去「講面子」、「愛面子」，可以說它幾乎成了一些人們的一種「本能」，一種比較「原始」的心理需求及其行為的「原動力」。

要「面子」在一定程度上可以理解為要臉。人要臉，樹要皮。但要臉也應該注意一個限度，不要因為自尊心的過強而演變成「死要面子」。

那麼，究竟是哪些類型的人會過分地去追逐「面子」呢？甚至達到「死要面子活受罪」的程度呢？

第一，虛榮心越是強烈的人越是要「面子」。

所謂虛榮，指的是虛假的榮耀，表面上的榮譽。譬如，有的人，在長輩活著的時候從不盡自己的孝心，甚至扔在一邊不照顧，然而長輩一過世，卻大肆鋪張講排場以及豪華葬禮。顯然，這並不是對死者的孝心，而是為了做給他人看的，以此表明自己對長輩是如何如何的「孝」，即僅僅是為了自己的榮譽而舉辦豪華的葬禮。因此，虛榮，本是一種無聊的騙人術，然而有許多人卻致力於追求它。究其實質，就是為了一種「面子」：即使是假的，也要打扮、裝飾自己一下。因此，虛榮心越強烈的人也就越要「面子」。

第二，成就欲越是強烈的人越是要「面子」。

成就欲，指的是人們想完成重要的工作，做出傑出成績的動機。一個人成就欲是否強烈，會很大程度上影響其完成工作的決心，因此持有強烈的成就慾望，這本是一件好事。然而當個人意識到自己所掌握的「資源」（如知識水準、能力以及社會關係等）不足以使他完成自己設想的目標時，從而使他感覺到有可能失去他人較高的評價、承認和讚揚時，他就會變得「矯揉造作」，總想以其他的方式「彌補」自我資源的不足，從而產生各種各樣的虛假的「面子行為」。

第三，自尊心越是過於強烈的人越要「面子」。

自尊心，這是個人對自我感覺的一種體驗。自尊感強的人，往往對自己生活的方式感到滿意，對自己存在的價值感覺到重要，因而喜歡自己、尊重自己。然而當一個人不切實際地持有過高的自尊心時，就會刻意地維護、追求自我的形象，誇大自己，千方百計地粉飾、點綴自己，表現出一種強烈的「要面子」的心理。

第四，權力慾越是旺盛的人越是要「面子」。

所謂權力慾，指的是試圖影響、支配、控制他人的一種慾望。權力慾過於旺盛的人一般都有兩大缺點：一是過於自信，過於相信自己的力量；二是過於自負，過於自以為是。因而在行為上必然要求他人對他「絕對信任」、「絕對服從」，不能有絲毫懷疑，誰如果違背了他的意志，或如果當面頂撞了他，那麼就等於觸犯了他的「神經」，他就會暴跳如雷，就會千方百計地整你。為何他會這樣做？其中有一點，那就是他強烈的面子觀念起了很大的作用，為了要保全自己的面子，就不得不犧牲自己部下的面子。

總之，在上述多種動機的支配下，有許多人變得「死要面子」，甚至達到「活受罪」的程度。

譬如，有的人經濟上原本十分拮据，完全沒有實力與他人比闊，然而為了「死要面子」，就節衣縮食，「勒緊了自己褲腰帶」，甚至「舉了

債」，也要與他人比闊。

有的人為了「死要面子」，自己本無多大的實力和「後臺」，然而卻偽造假象，矇騙他人，有的四處吹噓自己如何如何「有能耐」，有的則無限誇大自己的「後臺」是如何如何的「硬」，因而什麼東西都能要得到，什麼事情都能辦得到。

有的人為了「死要面子」，明明自己是「普通一兵」，然而一到某些場合就顯得尤其活躍，硬是往「名流」裡去靠，借「名流」的聲望來抬高自己。

有的人為了「死要面子」，明明是靠偶然的意外獲得一次成功，明明自己是「喜出望外」，內心異常激動萬分，然而卻裝得很有「修養」，異常地「深沉」，還顯出若無其事的樣子來，一副過於謙虛、故作姿態的樣子。

有的人為了「死要面子」，還不惜採取卑劣的手段誣陷他人，透過打擊他人的方式來抬高自己。

有的人為了「死要面子」，見榮譽就爭，見利益就搶，不放過任何的機會來抬高自己、打扮自己。

有的人為了「死要面子」，自己犯了錯誤還「死不認帳」，即使當面被人揭穿也要死撐到底，有的甚至還要倒打一耙，將原因推給他人，或是避重就輕，將原因歸之客觀，總之，千方百計地開脫自己的責任。

有的人在學術上明明是「草包」一個，然而為了「死要面子」，也不顧自己是不是理解，裝腔作勢、咬文嚼字、拿腔拿調、引經據典，一副假斯文的樣子。

有的人為了「死要面子」，對那些不給自己「面子」的人或是威脅到自己「面子」的人，往往採取主動地貶抑他人的攻擊性態度，以及「一報還一報」的報復態度，以維護自己所謂的尊嚴。

總之，當一個人陷於「死要面子」的迷思時，他的心理，他的行為就會變得不可思議起來，其結果無外乎「受罪活該」。

君子必慎其獨也

所謂慎獨，是指一個人在單獨活動、無人監督的情況下，仍然能夠堅持正確的人格信念，自覺按正確的道德原則去行動，不做任何壞事。某雜誌上登過這樣一篇短文，說有一個老木匠，總是用帶著老繭的手掌把木箱裡邊也打磨得光光溜溜，從不偷工。徒弟笑他：「別人看不見，何必這麼傻費力。」師傅說：「我自己心裡知道。」是的，即使沒有人在身邊監督，也要認認真真對待每一件事，因為「我自己心裡知道」。

《中庸》說：「莫見乎隱，莫顯乎微，故君子慎其獨也。」《大學》則強調：「君子必慎其獨也。」古語說：「不自重者取辱，不自畏者招禍，不自滿者受益，不自是者博聞。」它們講的都是一個「獨行不愧影，獨寢不愧衾」的慎獨問題。

慎獨，就是強調不管有無人知，都要一絲不苟地按照道德規範做人做事，絕不因「不為人知」而做不該做之事，也不因「以為人知」而做表面文章。

心理學研究認為，人格形成一般取決於三個因素：一是遺傳，二是環境，三是自我的實踐活動。自我的實踐活動是第一位的，正所謂「外因是變化的條件，內因是變化的根據」。人們處於監督之下往往能夠做到循規蹈矩，但在沒有監督的時候，則容易放鬆自己的行為。

注重慎獨意味著要自重、自省、自警、自勵。自重，就是尊重國格、人格，珍惜名譽，注意言行，切實把公共權力用來為公眾服務，而不用來謀私；自省，就是要時常反思自己的行為，檢點自己的作風；自警，就是經常警示和告誡自己，使自己的道德行為始終不渝道德規範；自勵，就是要時常激勵自己，培養浩然正氣，抵禦歪風邪氣。否則，如果明一套，暗一套，說一套，做一套，以權謀私，那下場將會是可悲的。

「慎獨」是《四書》中《大學》、《中庸》裡面的說法。古時候的讀書人，從小熟讀《四書》、《五經》，所以，這一「理論」是無人不知的，但光知道理論，不加實踐，不過是夢中吃飯而已，無補於實際。曾國藩的

高明，不在於他創造了一套什麼新的理論，而是對這一古老真理做了一輩子的實踐，既使自己大受其益，又使家庭大受其益，更使社會大受其益。他在逝世前的一年零一個月，即同治九年十一月初二、初三日，總結自己一生的處世經驗，寫了著名的「日課四條」，即：慎獨、主敬、求仁、習勞。這四條，慎獨是根本，是「體」；其他三條是枝葉，是「用」。我們在下面著重講一講他是如何慎獨的。

慎獨是一種情操；，慎獨是一種修養，慎獨是一種自律，慎獨是一種坦蕩，也是一種自我的挑戰與監督。柳下惠坐懷不亂，曾參守節辭賜，蕭何慎獨成大事。東漢楊震的「四知」箴言，「天知、地知、你知、我知」慎獨拒禮；三國時劉備的「勿以惡小而為之，勿以善小而不為」。范仲淹食粥心安，宋人袁采「處世當無愧於心」，李幼廉不為美色金錢所動。元代許衡不食無主之梨，「梨雖無主，我心有主」；清代林則徐的「海納百川，有容乃大；壁立千仞，無慾則剛」，葉存仁「不畏人知，畏己知」，曾國藩的「日課四條」：慎獨、主敬、求仁、習勞，其所謂慎獨則心泰，主敬則身強。以上種種，無一不是慎獨自律、道德完善的展現。但，這些慎獨的故事不老。

「吾日三省吾身」，即是慎獨的功夫。三省其身，即面對自己，澄清自己的內部生命，純粹是為己之學。魯迅曾說：「我的確時時解剖別人，然而更多和更無情的是解剖我自己」。曾國藩認為，踐行慎獨先要「降服自心」，也就是征服自己，也就是《大學》裡所說的「正心」、「誠意」，用功的方法就是「慎獨」。曾國藩四條日課中的第一條這樣寫道：

「一日，慎獨則心安。自修之道，莫難於養心，心既知有善知有惡，而不能實用其力，以為善去惡，則謂之自欺。方寸之自欺與否，蓋他人所不及知，而己獨知之。故《大學》之『誠意』章，兩言慎獨。果能好善如好好色，惡惡如惡惡臭，力去人欲，以存天理，則《大學》之所謂『自慊』，《中庸》之所謂『戒慎恐懼』，皆能切實行之，即曾子之所謂自反而縮，孟子之所謂仰不愧、俯不作，所謂養心莫善於寡慾，皆不外乎是。故能慎獨，則內省不疚，可以對天地質鬼神，斷無行有不慊於心則餒之時。

人無一內愧之事，則天君泰然，此心常快足寬平，是人生第一自強之道，第一尋樂之方，守身之先務也。」

「他人所不及知，而己獨知之」的心念，是最難控制的。所以，內省就成了第一步的功夫，善念也罷，惡念也罷，首先要能夠省察清楚；然後才談得上第二步的功夫：「實用其力，以為善去惡。」而要清楚地察知自己的每一個念頭，「心靜」又是前提。一個人若是天性恬靜，自知極明，則沒有話說；若這一方面的稟賦有所不足，則不得不借助於靜坐等手段，以牢鎖心猿，緊拴意馬。

慎獨雖然是古人提出來的，但並沒有因時代的更迭變遷而失去現實意義，是因為它是懸掛在他心頭的警鐘，是阻止你陷進深淵的一道屏障，是提升你自身修養走向完美的一座殿堂。所謂「舉頭三尺有神明」，或「若要人不知，除非己莫為」，都是在鼓勵與鞭策人們慎獨。

最後，讓我們來看一則有關慎獨的小故事。

一個小孩和他父親去湖中夜釣。小孩的運氣很好，居然釣到一隻大鱸魚。大鱸魚在皎潔的月光下神氣而又漂亮，小孩想將牠放進魚簍，卻被父親制止了。

「你必須放掉它。」父親說。

「為什麼？」孩子疑惑地問。

「現在離鱸魚開釣的季節還有 1 小時。」父親揚了揚手錶。手錶的指針指向 11 點。

「可是，沒有人看到。」孩子快要哭了。

「我看見了，你自己看見了。」父親的話不容置疑。

孩子哭著將鱸魚放生。

34 年後，這個小孩已經是一名卓有成就的商人。他說這麼多年來，他再也沒釣到過像他幾十年前那個晚上釣到的那麼棒的大鱸魚了。可是，這條大鱸魚一再在他的眼前閃現 —— 每當他遇到品德課題的時候，就看見這條鱸魚了。也正是這條大鱸魚，讓他擁有了一家資產過億的大企業。

剛愎自用最誤身

有點本事的人，最容易盲目相信自己，陷入剛愎自用的沼澤。這些人大抵做出過一些矚目的成績，也有剛愎自用的「本錢」——他的輝煌證明了自己的能力。

剛愎自用這個詞，絕對是個貶詞，因而誰都不希望自己有這個缺點，也不希望他人指責自己有這個缺點。這個詞也比較「特殊」，普通人還鉤不太著，一般都是用在「有頭有臉有身分的人」身上，都用在那些對某一領域或某一方面比較精通的專業人士身上。越是有權勢的人，若是存在這個問題，麻煩就越大。為它，本來可以成功的事會變得一團糟；為它，原本是很有威望的人會身敗名裂；為它，甚至會導致禍國殃民的可怕後果。

凡剛愎自用的人都非常自負、傲氣十足，都認為自己是窮盡了真理的人。應該說沒有一點「資格」、「本領」，是不能擁有剛愎自用這個「稱號」的。這類人有一定的能力，在自己的工作、事業上還做出過一定的成績，因而自信到了極點，自大自傲，自我感覺一直良好，甚至達到了自我陶醉，不可一世的地步。有的剛愎自用的人還是典型的自我崇拜狂，看人是「一覽眾山小」，自己什麼都是對的，別人通通都是錯的，這類人個性孤傲，對人冷若冰霜。儘管他沒有跑到大街上宣布：「我就是上帝」，但是，他的所作所為卻是無聲地宣布自己就是上帝。

凡剛愎自用的人都是頑固、守舊、偏執的。對於某種理念過於專注，一股腦地認為自己是在堅持原則，堅持真理。實際上，他們認的卻是過時的老教條，或是不符合實情的框架，一點靈活性都沒有。這類人面對世界的發展進步，認為是不可思議或是在胡搞；自己的想法明明是與時代潮流相違背，卻反過來認為是時代在倒退，是一代不如一代。這類人看不慣新事物、新人物、新現象、新趨勢，視為洪水猛獸。

凡剛愎自用的人都是極其愛面子的人。這類人自尊心強極了，一點都冒犯不得，誰若是當面頂撞了他，尤其是在大庭廣眾之中頂撞了他，他就會火冒三丈，認為這是故意和他過不去，故意讓他下不了臺，是在故意挑

釁，從此他就會銘記在心上。這個「傷口」很難癒合，往往是一輩子都難以忘掉，以後一有機會就會對「發難者」進行報復，以報這個「宿怨」。若「發難者」是在他手下工作的，就會因此而失去信任，也會很隨便地找個「理由」就給他穿小鞋，這個人便很難再會有「發跡」的機會。

凡剛愎自用的人都是從來不認錯的人，這類人對自己的眼光和能力從來都不懷疑，有時明明是自己錯了，卻就是不承認；明明是將事情搞得很糟，但就是不認帳；明明是自己的指導思想出了問題，卻偏偏說是別人將他的思想理解錯了……總之，黑的說成是白的，錯誤變成了真理，成績永遠是自己的，錯誤永遠是他人的。即便是有錯，也是「一個指頭和九個指頭」的關係，是「七分成績和三分缺點」，因而經常反誣批評者不懷好心。不僅如此，為了杜絕批評者的反對聲音，利用權勢壓制那些批評者。鑒於剛愎自用者的不肯悔改又不聽他人的勸告，往往是在錯誤的路上越走越遠，其結果就會與自己原來理想的目標南轅北轍，背道而馳，越走越遠。

凡剛愎自用的人都是好大喜功的人。這類人喜歡自我肯定、自我表彰，做了一點點有益的事就沾沾自喜，到處表功，唯恐他人不知道。這類人也只喜歡聽好話，聽吹捧的話，聽不進不同的意見，更不喜歡聽反對的話，因而在他的周圍聚集著一群獻媚於他的小人，這些小人會投其所好，在他的面前搬弄是非，結果這類有權勢的剛愎自用者離「忠良」就會越來越遠。

剛愎自用是一種非常可怕的缺點。如果不設法改正這個缺點，其惡劣的人際關係將愈演愈烈。那麼，怎麼糾正或消除剛愎自用者這一缺點呢？

一是虛榮心不要太強，應虛心地聽取別人的意見。心太滿，就什麼東西都裝不進來；心不滿，才能有足夠裝填的空間。古人說得好：「滿招損，謙受益。」做人應該虛懷若谷，讓胸懷像山谷那樣空闊深廣，這樣就能吸收無盡的知識，容納各種有益的意見，從而使自己豐富起來。

二是不要輕易否定別人的意見。要理解別人，體貼別人，這樣就能少一分盲目。要善於發現別人見解的獨到性，只有這樣才能多角度、多方

位、多層次地觀察問題，這是一個現代人必須具備的素養。無論如何，不能一聽到不同意見就勃然大怒，更不能利用權勢將他人的意見壓下去、頂回去。這樣做是缺乏理智的表現，是無能的反映，只能是有百害而無一益。

三是要有平等、民主的精神，而這種精神形成的前提條件是有一種寬容的心態。只有互相寬容，才能做到彼此之間的平等和民主。學會寬容，就必須學會尊重別人。人們一般容易做到尊重主管，但要尊重比自己「低得多」的人，尊重普通人，尊重被自己領導的人，卻很難很難。什麼叫尊重？就是認真地聽，認真地分析，對的要吸收，要在行動上改正，即便是不對的，也要耐心聽，耐心地解釋，做到不小氣、不狹隘、不尖刻、不勢利、不嫉妒，從而將自己推到一個新的、更高的思想境界。

四是要建立正確的思想方法。一個人為什麼會剛愎自用？重要原因之一就在於他的思想方法成了問題，經常明明是一己之見卻還要沾沾自喜，經常是一葉障目，還要自得其樂。這類人不懂天外有天，不懂世界的廣闊，因而夜郎自大，所以必須在思想方法上來一個脫胎換骨。

五是要多做調查研究。剛愎自用者的最大問題就是自以為是，就是想當然，認為自己在書房裡想的一切都是千真萬確的，明明是脫離實踐的，卻還要堅持下去。為什麼？就是因為他們的性格缺陷，過於相信自己，而且實踐知識太少。所以建議這類人要多進行實地調查研究，看一看實踐是怎麼回事，這樣就很容易避免剛愎自用的產生。

總之，只有當本領高強的人克服了自己性格上的這些缺點之後，他們才能走得更遠，成就更大。

強者登場：保羅・蓋提

西元 1892 年 12 月 15 日，37 歲的喬治・蓋提和 40 歲的莎拉・蓋提中年得子，即後來雄踞世界巨富榜榜首 20 年之久的讓・保羅・蓋提（Jean Paul Getty）。

喬治本來是個普通的教職員，在妻子莎拉的鼓勵和財政上的資助下，才讀完法學院，後來成為頗有成就的律師。

到了西元 1903 年，即保羅・蓋提 11 歲的時候，喬治的淨產值財產已經超過 25 萬美元。1903 年，他又以 500 美元在包特維爾西邊的奧色治印第安人的領地買下了 1,100 英畝土地，稱為「50 號地」，並組成了「明尼荷馬石油公司」。喬治是公司主要的股票持有人，並任公司的總經理。喬治的油井不斷地往上冒油，家產越來越雄厚。

和絕大多數富家子弟一樣。年輕時的保羅・蓋提沾染了所有富家子弟的一切惡習，生活放蕩而又糜爛。完成了高中教育之後，他就開始在各大學徘徊。西元 1912 年 4 月，學業上不思進取的保羅請假兩個月到日本旅行。此次之行對他以後的人生觀影響頗大。

在日本，那裡的人都很有禮貌、節儉、勤勞、一絲不苟，讓他非常信任日本人。幾十年後，蓋提石油公司（Getty Oil）幾乎獲得了日本三菱石油公司 49％的股權。蓋提石油公司的幾艘油輪，都是在日本的造船廠製造的。此外，蓋提王國還與日本很多的大企業有著密切的往來。

「讀千卷書，行萬里路」，這句的古語，也許保羅・蓋提並不知曉。他雖然沒有興趣讀書，但社會的歷練，使他明白了許多事理。他終於浪子回頭，戰勝了自己對紙醉金迷、聲色犬馬的迷戀，振作起來。他在繼承父業後又將事業推向一個新的高峰。

有大把的金錢供自己揮霍，這是很多人夢寐以求的美事。身處其中的人，要戰勝自己的享受之心，的確需要一定的定力。那麼，昔日的放蕩公子是如何戰勝自己的呢？

保羅・蓋提年輕時不愛讀書愛旅遊。有一次，他開著車在法國的鄉村疾馳，直到夜深了，天下起大雨，他才在一個小城鎮找一家旅館住下來。

　　他倒在床上，準備睡覺時，忽然想抽一支菸。取出菸盒，不料裡面卻是空的。由於沒有菸，他就更想抽菸了。他索性從床上爬起來，在衣服裡、旅行包裡仔細搜尋，希望能找到一支不小心遺漏的菸。但他什麼也沒有找到。

　　他決定出去買菸，但在這個小城鎮，居民沒有過夜生活的習慣，商店早就關門了。他唯一能買到菸的地方是遠在幾公里之外的火車站。當他穿上雨鞋、披上雨衣，準備出門時，心裡忽然冒出一個念頭：「難道我瘋了嗎？居然想在半夜三更，離開舒適的被窩，冒著傾盆大雨，走好幾公里路，目的只是為了抽一支菸，真是太荒唐了！」

　　他站在門口，默默思考著這個近乎失去理智的舉動。他想，如果自己居然被菸支配，還能做什麼大事？

　　他決定不去買菸，重新換上睡衣，躺回被窩裡。

　　這天晚上，他睡得特別香甜。早上醒來時，他渾身舒爽，心情愉快。第二天，他決定挑戰自己，開始戒菸。從這天開始，他再也沒有抽過菸。

　　戰勝了菸癮後的蓋提，開始信心百倍地重塑自我，一改往日浪蕩公子的模樣。後來，蓋提在給一些渴望學到成功經驗的年輕人講述戒菸這件事時，說：「我並不是想用這件事指責香菸和愛好香菸的人。我只是想告訴大家，我當時已被一些壞習慣控制，快到了不可救藥的地步，幾乎成了它的俘虜。」原來，蓋提是將戒菸作為一個戰勝自己的契機，一個開端。

　　戰勝自我，就要克服慾望，七情六欲，乃人之常情。食色美味，高屋亮堂，凡人即所想得，但得之有度，遠景之事，不可操之過急，欲速則不達也，故必控制自己。否則，舉自身全力，力竭精衰，事不能成，耗費枉然。又有些奢華之事，如著華衣，娛耳目，實乃人生之瑣事，但又非凡人所能自克，沉溺其中而不能自拔，就不是力竭精衰的小事了，必然會頹廢不振，空耗一生。

　　人最難戰勝的是自己。換句話說，一個人成為強者的最大障礙不是來自於外界，而是自身。除了力所不能及的事情做不好之外，有多少事情我們自身能做好事卻沒有去做或沒有努力去做？

　　不停地挑戰自己，超越自己，發揮自身的最大潛能。這樣的人即使沒有做出一番驚天動地的事業，他們也無愧於「強者」兩個字！

弱者即地獄，強者即真理：

鴻鵠之志 × 遠見卓識 × 應變能力，複製贏家心態，不怕被淘汰！

編　　著：謝偉哲，江城子

發 行 人：黃振庭

出 版 者：崧燁文化事業有限公司

發 行 者：崧燁文化事業有限公司

E-mail：sonbookservice@gmail.com

粉 絲 頁：https://www.facebook.com/
　　　　　sonbookss/

網　　址：https://sonbook.net/

地　　址：台北市中正區重慶南路一段六十一號八
　　　　　樓 815 室

Rm. 815, 8F., No.61, Sec. 1, Chongqing S. Rd.,
Zhongzheng Dist., Taipei City 100, Taiwan

電　　話：(02)2370-3310

傳　　真：(02)2388-1990

印　　刷：京峯彩色印刷有限公司（京峰數位）

律師顧問：廣華律師事務所 張珮琦律師

定　　價：350 元

發行日期：2023 年 01 月第一版

◎本書以 POD 印製

國家圖書館出版品預行編目資料

弱者即地獄，強者即真理：鴻鵠之
志 × 遠見卓識 × 應變能力，複製
贏家心態，不怕被淘汰！ / 謝偉哲，
江城子編著 . -- 第一版 . -- 臺北市：
崧燁文化事業有限公司 , 2023.01
　　面；　公分
POD 版
ISBN 978-626-332-964-5(平裝)
1.CST: 成功法
177.2　　111019574

電子書購買

臉書